交通运输部科技项目"基于职业能力测评的高职汽车运用技术专业教育质量评价研究"（编号：2012-319-284-310）

基于职业能力测评的
高职汽车运用技术专业教育质量评价
研究与实践

魏庆曜　秦兴顺　杨小燕◎编著

JIYU ZHIYE NENGLI CEPING DE
GAOZHI QICHE YUNYONG JISHU ZHUANYE JIAOYU ZHILIANG PINGJIA
YANJIU YU SHIJIAN

西南交通大学出版社
·成都·

图书在版编目（CIP）数据

基于职业能力测评的高职汽车运用技术专业教育质量评价研究与实践／魏庆曜，秦兴顺，杨小燕编著. —成都：西南交通大学出版社，2015.8
ISBN 978-7-5643-4079-7

Ⅰ.①基… Ⅱ.①魏… ②秦… ③杨… Ⅲ.①汽车－应用－教育质量－教学研究－高等职业教育 Ⅳ.①U471.2-4

中国版本图书馆 CIP 数据核字（2015）第 170335 号

基于职业能力测评的高职汽车运用技术
专业教育质量评价研究与实践

魏庆曜　秦兴顺　杨小燕　编著

责 任 编 辑	胡晗欣
封 面 设 计	墨创文化
出 版 发 行	西南交通大学出版社 （四川省成都市金牛区交大路 146 号）
发行部电话	028-87600564　028-87600533
邮 政 编 码	610031
网　　　　址	http://www.xnjdcbs.com
印　　　　刷	四川煤田地质制图印刷厂
成 品 尺 寸	170 mm×230 mm
印　　　　张	15.5
字　　　　数	276 千
版　　　　次	2015 年 8 月第 1 版
印　　　　次	2015 年 8 月第 1 次
书　　　　号	ISBN 978-7-5643-4079-7
定　　　　价	48.00 元

图书如有印装质量问题　本社负责退换
版权所有　盗版必究　举报电话：028-87600562

前　言

　　随着我国职业教育课程和教学改革的深入，如何对学生的职业能力进行有效的评价成为社会关注的重点问题。目前的研究多从某个课程、专业、院校或区域出发，尝试建立能够促进学生的学习与发展、促进教师教学工作、提高学校教育教学质量、提高学生就业质量的学生职业能力评价体系。已有职业能力评价体系较多体现了职业能力的结构特点，但对职业能力的层级关系反映不够，且多具有校本或区域性特点，通适性不够强，难以进行校际或区域的比较，也无法为职业院校的教育教学改革提供共同的参照和引导。《国家中长期教育改革和发展规划纲要（2010—2020年）》明确提出"把提高质量作为教育改革发展的核心任务。树立科学的质量观，把促进人的全面发展、适应社会需要作为衡量教育质量的根本标准……改革教育质量评价和人才评价制度。改进教育教学评价。根据培养目标和人才理念，建立科学、多样的评价标准"。交通职业教育无论是规模和整体实力都处于全国职业教育的前列，在国家把提高质量作为未来十年教育发展的战略重点，把改革教育教学评价作为体制改革的重要措施的背景下，树立科学的交通高职教育质量观，进行科学的专业教育质量评价研究和实践，对提高我国高职教育质量，促进高职教育健康发展具有重要的战略意义。

　　在新的形势下，我们不能仅仅培养学生机械性的操作技艺和技能，而应更多的关注学生适应未来行业发展需求的能力，在学生与其未来的工作世界之间架起一座桥梁，让学生获得未来职业世界中所需要的、重要的能力，即综合职业能力。综合职业能力是人们在真实的工作情境中整体化地解决综合性问题的能力，是从事一个职业所必需的本领，是科学的工作方法和学习方法的基础，也是人的综合素质的具体体现。从综合职业能力的内涵可以看出，从事职业活动所需要的职业能力不仅需要普遍性的职业知识，更要依靠个体性的职业知识，即工作过程知识。工作过程知识中的很大一部分是经验性知识，无法通过传统的考试来测试，这就给职业能力的考核和评价提出了新的挑战。

德国不莱梅大学职业教育研究所所长，工作过程系统化课程理念创始人劳耐尔教授及其研究团队通过大量的实证研究建立了职业能力与职业认同感测评（KOMET）的能力模型理论框架，它是世界上第一次采用严格的心理测评技术，对职业院校学生职业能力和职业承诺进行大规模标准化测评的理论模型。其灵感来自于经济合作组织（OECD）的国际学生学业成就评价项目（Programme for International Student Assessment，简称PISA），它以建立在教学理论基础上的标准化能力模型和测评模型为基础，以职业典型工作任务为载体确定综合化、开放性的测试题目，对特定职业领域的认知能力特征进行诊断和测量，以确定职业院校的教育是否促进了学习者综合职业能力发展和职业素质提高。职业能力测评与资格考试不同，不考核以行动方式表现出来的职业能力，这样便可实现大规模、标准化的职业能力诊断与测评。在进行能力诊断的同时，还可以收集被试者的背景资料，通过对背景资料的分析，对被试者的职业认同感发展及职业承诺进行评价。通过测评获得大量关于职业教育质量的数据和认识，实现对职业教育质量的科学监控，同时还可以在不同类型的教育体制之间，对职业教育质量和学生能力水平进行比较研究。职业能力测评基于科学的职业能力模型，测试题目反映职业的效度，大规模、标准化的测评使测评结果较好地反映专业质量的整体水平。可以专业为单位发布职业能力发展水平年度报告，便于决策者掌握全国该专业教育质量总体情况，而那些测评不理想的院校则会感到危机和压力，从而为职业教育管理决策提供可靠的实证基础，同时有利于促进学院的课程改革和教师的教学方法改革。

本书依托交通运输部科技项目"基于职业能力测评的高职汽车技术专业教育质量评价研究",在高职教育质量及评价的理论研究基础上,借鉴德国职业能力诊断的最新研究成果 KOMET 职业能力测评模型理论框架,以职业的工作要求为出发点,结合我国实际优化职业能力测评工具,在全国范围内选取部分交通类职业院校作为研究对象,对汽车运用技术专业学生在完成和处理汽车维修典型工作任务时所需要的认知能力进行测评,同时从学校教育的角度调查学生职业能力发展的影响因素状况,通过量化分析结果从学生职业能力的视角描述高职汽车运用技术专业教育质量状况,分析学校教育因素与学生职业能力发展之间的关系,进而为职业院校完善教育教学改革措施提供依据和参考。通过研究最终形成一套符合中国国情、基于职业能力测评的专业教育质量评价工具和方法,以期在交通职业院校乃至全国同类院校汽车运用技术专业进行全面推广,也可为高职院校其他专业的质量评价提供参考与借鉴。

编　者
2015 年 6 月

目　录

第一部分　理论研究 ··· 1
　一、高职教育评价的基本理论 ··· 1
　二、职业能力测评的基本理论 ··· 8

第二部分　实证研究 ·· 15
　一、测评准备 ·· 15
　二、测评实践 ·· 20
　三、测评结果 ·· 23
　四、比较研究 ··· 206

第三部分　研究反思 ·· 217
　一、对测评结果的反思 ·· 217
　二、对测评本身的反思 ·· 228

第四部分　工作实录 ·· 231
　一、内化理念，首次测试 ··· 231
　二、论证分析、尝试开发 ··· 232
　三、积累经验，全面开发 ··· 233
　四、完成开发，实施预测 ··· 235
　五、选定题目，正式测试 ··· 236

参考文献 ·· 238
后　记 ·· 239

第一部分 理论研究

一、高职教育评价的基本理论

（一）高职专业教育质量评价的内涵

在我国的文字中，"评价"是评定价值的简称。《宋史·戚国文传》中有"重物不评价重人知而不欺"的记载，其意思包含着衡量人或事物的价值。其原意在评论货物价格，而现在泛指衡量人物或事物的价值。即便从"评价"一词的原意来看，由于价格是价值的货币表现，也应当理解为评定价值。在英语中，"evaluate"（评价）在辞源学上的含义是引出和阐发价值。从本质上来说，评价是一种价值判断活动，是对客体满足主体需要程度的判断。1971年，美国学者格朗兰德（Gronlund，N.E.）将评价表示为："评价＝测量（量的记述）或非测量（质的记述）＋价值判断"。在本书中，用"评价"一词来表达"测量（或非测量）和价值判断"。

1. 教育评价与教学评价

教育评价，是评价这一概念广泛运用而落实在教育领域中的一种体现，它译自英文 Educational evaluation。作为一门较新兴的学科，各国教育评价的专家、学者可谓是仁者见仁、智者见智，对其界定和解说至今尚未达成共识。最近，张武生教授提出了"教育评价是指人们根据一定的目的和标准，系统地对教育存在及其相关因素和方面所作的价值判断。"其中，"教育存在及其相关因素和方面"是一个非常宽泛的范畴，教育评价按其对象范围的大小也可分为宏观、中观和微观评价。教学评价是教育评价的一个重要方面和组成部分，它是以"教育存在及其相关因素和方面"中的教学这个方面为对象的教育评价。陈玉琨认为，教育评价是对教育活动满足社会与个体需要的程度作出判断的活动，是对教育活动现实的（已经取得的）或潜在的（还未取得，但有可能取得）的价值作出判断，以期达到教育价值增值的过程。①教学评价

---

① 陈玉琨：《教育评价学》，人民教育出版社1999年版，第7页。

就是根据教学目的和教学原则，利用所有可行的评价方法及技术对教学过程及预期的一切效果给予价值上的判断，以提供信息改进教学和对被评价对象作出某种资格证明。

2. 教育测量与教育评价

教育测量和教育评价是两个易于混淆的概念。教育测量是对学生的学业、智能及其他有关教育的心理属性从数量上给以正确的表现。概括地讲，它是从数量上去表现教育现象。具体来说，测量的主要任务是就学力、兴趣、适应性、智能、个性及性格等教育的和心理的现象，用一定的测定尺度去提供量化资料。这里虽然也有分析的性质，但一般不包括按照价值观去解释其意义。可见，测量是从数量上对资料进行描述，是为评价提供量化资料的，而其自身并不是评价。教育评价是按照一定的价值标准，对教育现象进行价值判断。换言之，它是从价值上去解释教育现实的。这就是说，教育评价是关系到明确教育的目标及其价值的概念，是按照教育目标和价值观来衡量学生的发展变化以及教育计划的实施成果的。评价的重心在于把教育目标作为标准进行价值判断。然而，要进行价值判断，就必须以可靠的资料为基础。这里所说的资料，当然包括两种类型的资料，即量化资料和非量化资料。前者是通过用一定尺度的测量取得的，后者是通过观察记录等手段获取的。

由此可见，评价离不开测量，测量在评价的过程中所承担的任务是从数量上提供资料。量化资料在现代教育评价中占有极其重要的地位，必须给予应有的重视。但又要看到，在评价中量化有一定的局限性。这是因为，在目前有些评价因素量化还有困难，有待于进一步去研究。因此，进行评价，必须同时尊重和利用上述两种类型的资料。

从教育测量到教育评价，这是评价观点的转化。导致从测量到评价的观点转化的理论背景，一般认为是受当代心理学和教育学的观点影响。第一次世界大战以后，新心理学舍去过去的人类要素观，采用了总体构造观；而新教育学接受了新心理学的观点，把全面发展人的能力作为主要目标，不再把教育看作是单纯的灌输知识了。因此，教育学就从社会的观点出发，就智慧、情感及身体等方面来研究人的全面发展教育。从这种新教育学的立场出发，只在数量上测量某些目标是不够的，还必须重视诸如态度、兴趣、创造及鉴赏能力等重要目标。对这些问题，即使是测量有困难，也必须作为重点进行评价。鉴于以上理论背景，在20世纪30年代发生了从测量到评价的基本观点的转化。为了说明这种观点的变化，在学术界开始有意识地、更多地用"评价"取代"测量"，但不管用哪一种语言来表达"评价"的意义，一般都注意它所包含的价值观念①。

3. 高职教育质量评价

高职教育是职业教育中的高等阶段，它是具有职业性、重视能力训练的高等教育，兼有普通高等教育和职业教育的双重属性，有其独特的人才培养模式、课程体系、教学方式、实训基地建设、师资队伍建设等方面的要求。影响教学质量的因素是多方面的，对教师的教学质量进行科学、全面、合理、有效的评价，是确保教学目标，最终实现人才培养目标的重要措施。高职教育作为一种教育类型，与普通高等教育有着显著的差别，有学者对高等职业教育与普通高等教育质量评价进行了比较，见表1.1.1。

表1.1.1 高等职业教育与普通高等教育质量评价的比较②

教育类型	普通高等教育	高等职业教育
评价重点	学校环境中的学术能力与学业成就	工作情景中的职业能力与操作能力
评价依据	课程专家与教师开发的学科课程	企业界与教师开发的职业能力标准
评价目的	选拔优秀，推测发展潜能	认可已掌握的职业能力，关注当前
评价者	以学科教师为主	以工作场所人员为主
评价证据	来源于学科作业和考试	来源于工作场所的实际操作表现
评价模式	常模参照评价	标准参照评价

4. 高职专业教育质量评价

《国家中长期教育改革和发展规划纲要（2010—2020年）》明确提出"把提高质量作为教育改革发展的核心任务。树立科学的质量观，把促进人的全面发展、适应社会需要作为衡量教育质量的根本标准……改革教育质量评价和人才评价制度，改进教育教学评价。根据培养目标和人才理念，建立科学、多样的评价标准"。对于高职教育而言，改革教育质量评价和人才评价制度的关键在于建立一种基于专业的、适应专业特性的评价模式。

高职教育的职业性决定了高职教育有较强的专业性，因而对于高职教育的质量，不能笼统地、不分专业地进行评价。这也是由高职专业教育所具备的"个性"决定的。因此，对于高职教育的评价，除了要基于教育评价的基本理论而言，还应在此基础上，探索一种具有专业特性的质量评价模式，即高职专业教育质量评价，这样的评价更符合高职教育专业的实际，因而评价

---

① 刘本固：《教育评价的理论与实践》，浙江教育出版社2000年版。
② 肖化移：《审视高等职业教育的质量与标准》，华东师范大学出版社2006年版，第188页。

的实效性更高。当然，对于专业教育质量评价而言，核心在于评价学生的综合职业能力。综合职业能力不仅包括普遍性的职业知识，更要依靠个体性的职业知识，即工作过程知识。工作过程知识中的很大一部分是经验性知识，无法通过传统的考试来测试，传统评价方式已不能适应综合职业能力的评价，这就给职业能力的考核和评价提出了新的挑战。因此，对于当前高职教育质量评价改革而言，迫切需要破解两个难题：一是如何有效评价不同专业的教育质量，由统一评价转变为个别评价，体现专业特性；二是如何有效评价学生的综合职业能力，由输入评价转变为输出评价，实现"评为所需"。这两个难题的突破归结为一点，即通过对传统评价方式的革新，实现对不同专业学生综合职业能力评价来反映专业教育质量。

（二）高职专业教育质量评价的理念

1. 开放性理念

开放性理念是基于以人为本的教育理念而言的，无论是何种教育评价，其评价的目的不在于为了评价而评价，从根本上来讲是为了学生的最大限度的发展而评价。客观性试题以及机械化的考核方式，都在一定程度上限制了学生的创造性，因此，对于高职专业教育质量评价而言，首要的就是要找到一种具有开放性的考核方式，让学生具有充分广阔的创造空间，实现对学生综合职业能力的评价，并最大限度地挖掘学生的创造力。

2. 可持续理念

学生的可持续发展是终身教育理念的重要体现。多数质量评价方式，无论是外部评价（如专业评估）还是内部评价（如专业课程考核），在一定程度上都将评价的重心放在学生当前的状态，而忽视了对学生长远发展、可持续发展潜力的测试和评价，因而评价结果对教育教学改革的指导意义没有最大限度的挖掘。基于此，应建立一种注重测试学生未来在本专业或本职业发展潜力的评价方式，让学生、教师、家长、企业、学校对学生在该专业或职业的发展潜力有清晰的了解，以尽早采取相应措施，服务于学生的职业生涯发展。

3. 高效化理念

尽管以技能大赛和实操考试为标志的高职专业教育质量评价方式能在很大程度上体现高职教育的特性和专业特性，然而，这种高投入的考核方式不仅对硬件有极高的要求，更是对软件（如评价者的水平以及相关单位的组织能力）有很高的要求，因而大规模的实施这种实操性的评价方式，对于当前高职院校的现状而言是不现实的。基于此，需要探寻一种既能兼顾高职教育的专业特性，又能评价学生综合职业能力，同时也能以较低的成本和较便捷的方式来实施的评价方式，以体现高效化理念。

表 1.1.2 为职业能力测评与高考、技能大赛对比。

表 1.1.2　职业能力测评与高考、技能大赛对比

	高考	技能竞赛	能力测评
基本功能	选拔	激励，引导	鉴别，科学分析
成本投入	较大	很大	很小
学生参与度	很高	较低	灵活，可高可低
评价内容	全面	不全面，注重技能	较全面，注重潜力，但无法测量技能
命题与测评技术	相关研究多，较为科学	偶然性很强	是国际职业教育研究的热点
标准化程度	高	低	高，但需要控制
信度	高	低	高，但需要控制
效度	（课程标准效度）高	低	（职业效度）高，但需要控制
公平性	高	低	高

4. 高职专业教育质量评价的内容

基于高职教育是有别于普通高等教育的一种教育类型，因而对高职专业教育质量的评价首先要体现高职教育的职业属性，基于此，有学者构建了高职教育专业教育评价的指标体系，见表 1.1.3。

表 1.1.3　专业评价指标体系

一级指标	二级指标
1.专业定位与人才培养模式	1.1 专业定位
	1.2 人才培养模式改革
	1.3 人才培养方案设计
2.专业校企合作管理平台	2.1 专业校企合作体制机制建设
	2.2 专业校企合作项目
3.教学团队	3.1 教学团队结构
	3.2 教学团队素质与水平
	3.3 教学团队建设

续表

一级指标	二级指标
4.课程体系	4.1 课程体系与教学内容改革
	4.2 教学方法与手段改革
	4.3 教学资料
5.实践教学	5.1 实践教学课程体系设计
	5.2 实践教学管理
	5.3 实践教学条件
	5.4 顶岗实习
6.教学管理	6.1 目标教学管理
	6.2 柔性教学管理
7.专业人才培养质量	7.1 基础理论与基本技能
	7.2 职业能力与职业素质
	7.3 学生满意度
	7.4 毕业生就业与社会声誉
8.社会服务	8.1 技术服务
	8.2 教育培训服务
专业特色或创新项目	专业特色建设规划

同时，对于专业建设中的品牌专业，也有学者提出了相应的评价指标体系，即包括人才培养符合度指标、师资力量指标、实践技能训练条件指标、人才培养质量与社会声誉指标。

此外，从对高职院校层面的评价而言，《高职高专院校人才培养工作水平评估方案》的指标体系包括办学指导思想（学校定位、产学研）、师资队伍建设（结构、质量与建设）、教学条件与利用（教学检查设施、实践教学条件、教学经费）、教学建设与改革（专业、课程、职业能力训练、素质教育）、教学管理（管理队伍、质量控制）和教学效果（知识能力素质、社会声誉）6个一级指标和15个二级指标。

《高等职业院校人才培养工作评估指标体系》的指标体系包括领导作用（学校事业发展规划、办学目标与定位、对人才培养重视程度、校园稳定）、师资队伍建设（专任教师、兼职教师）、课程建设（课程内容、教学方法手段、主讲教师、教学资料）、实践教学（实践教学条件、实践教学课程体系设计、教学管理、顶岗实习、双证书获取)、特色专业建设(特色)、教学管理(管理规范、学生管理、质量监控)、社会评价(生源、就业、社会服务)。

可以看出,从上述对高职专业教育质量评价的指标体系来看,其指标体系中既有输入性指标(师资队伍、课程体系)、过程性指标(如教学管理),又有输出性指标(如教学效果、职业能力)。在输入性指标、过程性指标和输出性指标中,输入性指标的评价较为容易,过程性指标适中,而最难在于输出性指标的评价,特别是学生的职业能力,难以找到一种适宜的、直接的评价方式来进行科学、客观的评价。而目前对于职业能力的评价大都采用对就业率、起薪点以及就业质量和用人单位评价等间接的指标来评价。然而,这些间接的指标实际上受到太多的社会相关因素的影响,如社会发展水平、政治背景、经济发展状况以及主观偏差等诸多不可控因素,因而难以真实地反映出学生真正获得的职业能力。

5. 高职专业教育质量评价的方法

当前,对于高职专业教育质量的评价主要有两种方式:一是量化评价,即通过对评价指标的量化,如对师生比、就业率、师资队伍结构数量、半年以上顶岗实习比例、双证率等指标进行统计、分析和评价;二是质性评价,对于难以量化的指标,通常采取质性评价的方式来进行评价,如课程体系、教学管理、专业定位等指标。另外,从评价的方式上看,正式的评价通常以外部评价为主,如教育部组织的对高职高专人才培养工作水平评估,采取的是组建专家评价团队,按照既定的指标体系,逐一对考核的院校或专业进行量化或质性评价,评价的依据主要依靠评价对象提供的大量数据资料和文本材料,辅以现场考察的方式进行。然而,基于教育是培养人的社会活动这一教育的最基本定义,无论是输入性指标还是过程性指标,其最终的目的在于服务于人才培养的质量,换言之,如果输出性指标不高,输入性指标和过程性指标的高分不具有实际价值,因此对于高职专业教育质量评价最为重要和最为直接的依据在于培养人的质量,即输出性指标。然而,就实际情况而言,现有的高职专业教育评价,由于难以找到适当的人才培养质量评价方法,只得通过对输入性和过程性指标的评价,来间接地评价人才培养质量。当然,其前提条件是假设输入性指标、过程性指标与输出性指标之间具有正相关关系。

基于此,我们试图构建一种具有专业特性的,并能够直接评价人才培养质量的,具有专业内通适性的评价方法,以便于进行校际或区域的比较,为职业院校的教育教学改革提供共同的参照和引导。

二、职业能力测评的基本理论

KOMET（德语能力测评 Kompetenzmessen 的缩写）项目是一个起源于德国的职业教育国际比较研究项目，其内涵相当于职业教育的 PISA 测评。OECD 从 2000 年开始进行国际学生评价项目，目的是通过一套能够测量教育结果的国际教育质量指标和对各国学生进行抽样测试所取得的结果，来描述各个国家的教育质量（关键能力）水平。它与以只关注"学校"的知识、主要考查学生对学校课程的学习情况的质量评价，有着显著的不同：第一，主要关注学生是否准备好去应对未来的挑战，他们是否具有有效地分析、推理与交流自己的思想观点及终身学习的能力；第二，强调通过在真实生活情景中，考查学生运用知识和思维能力的表现，来反映学生掌握关键能力的状态；第三，通过搜集各国学校教育、家庭、社会等方面的背景信息，运用评价框架对测试所取得的结果进行详细的解释，为各个国家和地区制定更加行之有效的教育政策提供依据。自 2009 年以来，北京教科院和北京师范大学也加入了这个科研项目。KOMET 采用大规模能力测评（Large-scale diagnostic）手段，其目的是对每个学生职业能力的多个维度的发展进行评价，诊断学生的职业承诺和职业认同感发展情况，在测评结果分析的基础上进行不同院校、地区间的教学质量比较，并利用测评结果促进职业院校的教学改革，为职业教育教学改革政策的制定提供依据。

本研究借鉴 KOMET 项目中的能力模型和测评方案，在全国交通类高职院校开展学生的职业能力测评研究，以期了解交通类职业院校学生的职业能力水平，并为交通高职教育教学改革提供参考。KOMET 职业能力诊断建立了一个跨职业领域的能力结构模型，该模型有 3 个维度，即"能力的级别"、"能力的内容结构"和"职业行动"维度，见图 1.2.1。

通过 3 个维度，能力模型可以满足跨职业的要求：
  • 职业能力级别（即能力要求维度）；
  • 以能力发展理论为依据的四种职业典型工作任务、学习范围（即能力内容维度）；
  • 完整的行动过程（即行动维度）。

KOMET 能力模型有 3 个能力级别、8 项能力指标和 6 个行动阶段，它们共同构成了对职业能力进行解释的框架，如图 1.2.2 所示。

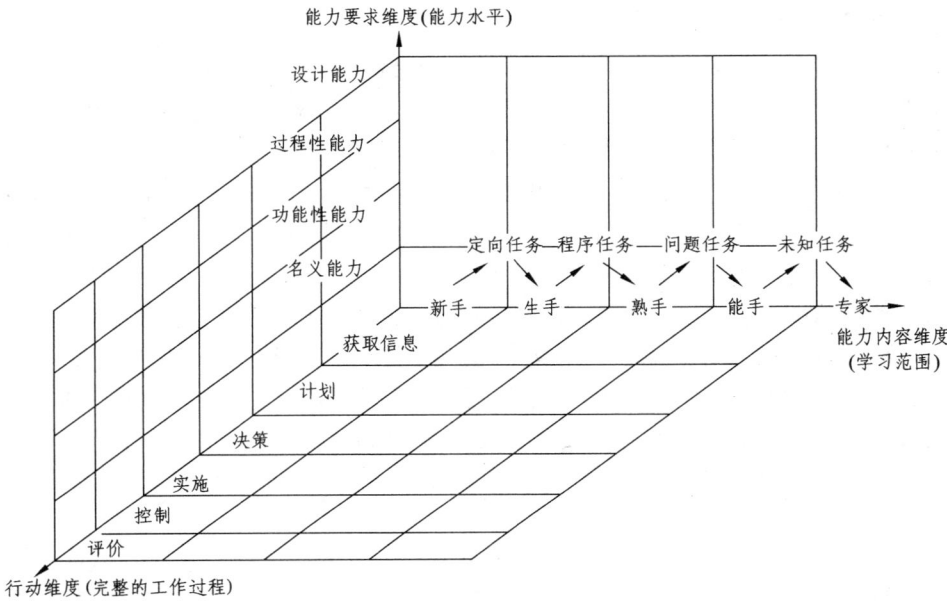

图 1.2.1　KOMET 职业能力模型（Rauner 等 2011）

（一）职业能力级别

1. 名义能力

职业能力水平的第一层次，要求学生具备表面的、概念性的知识。按照职业行动能力理论，这些基础知识还不足以用来引导行动。在专业术语的理解方面，只要求学生可以日常口语的形式运用即可。

2. 功能性能力

开展专业工作的基础能力，即基本知识和技能，不要求学生理解其相互之间的关系和对实际工作的意义。其主要内容是与情境无关的专业知识以及相应的技能。

3. 过程性能力

职业工作任务与企业的生产流程和工作情境联系密切。完成工作任务时，需要考虑到经济性、顾客导向和过程导向等多方面的要求。这个层次的能力，需要具备职业的质量意识和工作过程知识。

4. 整体化的设计能力（素质）

该级别要求学生将工作任务放到整个系统中去认识，不但注意任务的复杂性，而且要考虑多样化的企业和社会环境条件以及对于工作过程和结果的不同要求。完成工作任务是权衡不同利益与使用给定的技术可能性之间做出的一种妥协。这里要识别并测量出学生的设计能力，即从社会与可持续发展的角度，对职业工作任务进行反思并发展多种设计的可能性，包括普通文化教育。

按照 KOMET 能力模型，职业能力是职业教育成功的标志。参照 PISA 在自然科学教育的"名义能力"定义（即"风险学生"所在的能力水平），在第一级能力（即名义能力）水平的学生属于风险群体。他们不具备足够的职业能力，即在职业教育结束后无法按照职业标准独立完成专业任务[①]。

（二）学习范围

德莱福斯（S. E. Dreyfus）等的研究发现：人的职业成长遵循"从初学者到专家"的逻辑发展规律，其发展过程分为初学者、高级初学者、有能力者、熟练者和专家等五个阶段。后来，劳耐尔（F. Rauner）等发现和确认了各发展阶段对应的知识形态。据此，职业学习分为四个范围，其内容和特点分别如下：

范围一——职业入门教育，核心是学习本职业（专业）的基本工作内容，了解职业轮廓，完成从职业选择向职业工作世界的过渡并初步建立职业认同感。该层次的学习任务是日常或周期性的工作、设备装配制造和简单修理技术等，目的是帮助学生了解本职业的基本概念、标准化要求和典型工作过程。学生完成该任务须遵循特定的规则和标准，能逐步建立质量意识并有学习反思的机会。

范围二——职业关联性教育，其核心是让学生对工作系统、综合性任务和复杂设备建立整体性的认识，掌握与职业相关联的知识，了解生产流程和设备运作，思考人与人之间的关系以及技术与劳动组织间的关系，获取初步的工作经验并开始建立职业责任感。该层次典型的学习任务有设备检修、流程或系统调整等，其特征是：在职业情境中完成有一定难度的专业任务，利用专业规律系统化地解决问题，针对部分任务和环节独立制订计划、选择工艺和工具并进行质量控制，在此过程中注意与他人合作，体验任务的系统性

---

① 劳耐尔，赵志群，吉利：《职业能力与职业能力测评——KOMET 理论基础与方案》，清华大学出版社 2010 年版。

并发展相应的合作能力，养成反思的习惯。

范围三——职业功能性的教育，其核心是让学生掌握与复杂工作任务相对应的功能性知识，完成非规律性的任务（如故障诊断）并促进合作能力的进一步发展，成长为初步的专业人员并形成较高的职业责任感。完成这一层次的学习任务，学生无法简单按照现有规则或程序进行，需要学习课本之外的拓展知识，并综合运用理论知识和工作经验，需要按照自己确定的标准、流程和进度独立或合作完成任务，具备一定的质量和效益意识以及反思能力。

范围四——知识系统化的专业教育，其核心是培养学生完成结果不可预见的工作任务的能力、建立学科知识与工作实践的联系，并发展组织能力和研究性学习的能力，即培养"实践专家"。从第三层次到实践专家的过程是漫长的，需要不断地实践和高度的敬业精神。本层次典型的学习任务如复杂故障诊断和排除、技术系统优化和营销方案策划，其特征是：在一般技术文献中没有记录、相关信息不全面，学生需要自己确定问题情境和设计工作方法，甚至制作部分工具（如软件等），对完成任务的过程全面负责、具备高度的质量意识并关注环保和产品成本，具备较强的反思和革新能力（Rauner 1999）。

（三）完整的行动过程

按照行动导向的理论，完整行动过程可以分为六个阶段，这六个阶段的基本涵义是：

1. 明确任务

明确任务即明确工作任务和工作目标，并设法获取与完成任务有直接联系的信息。本阶段的重点是"明确问题情境"（Problem situation），即描绘出工作目标、弄清困难及需要做的工作。在复杂工作中，需要投入大量时间和精力去弄清问题的实质。从学习理论上讲，问题情境反映了工作过程学习的核心。

2. 制订计划

根据已明确的任务设想出工作行动的内容、程序、阶段划分和所需条件。这里首先要根据给定条件列出多种可能性，想象出具体的工作过程，这对学生的工作经验提出了较高要求，因此往往需要较大的学习支持。

3. 做出决策

做出决策即从上述多种可能性中选择最佳的解决途径，这需要科学和理性的决策能力和决策技术。决策常以小组的形式做出。

4. 实 施

实施即狭义的工作过程。实施过程与决策结果常有一定偏差。学生应及时观察、记录这些偏差并做出合理调整，在评估反馈中分析产生偏差的原因。

5. 控 制

教学中质量控制的基本手段是科学表述的学习目标，这既包括综合性的能力目标，也包括操作性强和可检验的行为目标，特别是技能目标。

6. 评价反馈

从多方面对工作和学习的过程及成果进行评价，不仅是找到缺陷，更重要的是找到产生缺陷的原因，并做出相应的修正（BIBB 1991）。

（四）职业能力的水平级别与评价指标

KOMET 测评方法和能力模型具备内在一致性和有效性，由此认识过程性知识的结构和发展阶段。为了设计测试题目，并对被测试者的任务解决方案进行解释和评价，KOMET 模型建立了 8 个能力指标，如图 1.2.2 所示。

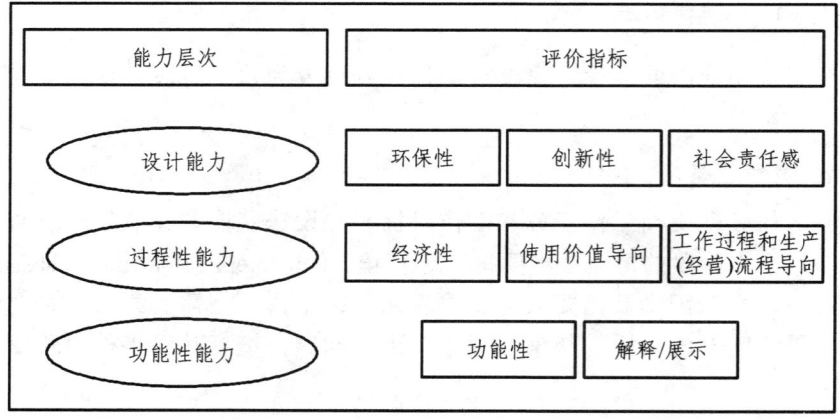

图 1.2.2　职业能力的水平级别与评价指标（Rauner/Grollmann/Martens 2007）

这些指标的涵义是：

1. 直观性/展示

在计划和准备阶段，技术工人提前设想出完成工作任务后的结果，将其记录下来并展示出来，使委托方（上级领导或顾客）能针对这一建议性方案提出意见并作出评价。形象而直观地展示任务解决方案是职业工作和职业学习的一个基本形式。技术工人通过语言或文字描述，利用图纸和草图，条理清晰、结构合理地向委托方展示完成工作任务后的结果，是工作交流必不可少的能力。描述是否恰当，取决于对专门化的职业行动的表述。

2. 功能性

功能性是评价工作任务解决方案的关键性指标。功能性指标包括工具性的专业能力、与具体情境无关的专业知识和技能。解决方案要想满足任务要求，实现功能是最基本、也是决定性的。

3. 使用价值导向

职业行动、行动过程、工作过程和工作任务始终要以顾客为导向，因为顾客的利益代表了工作成果（产品）的使用价值。使用价值导向指标也指特定工作情境下解决方案的使用价值的高低。如一个具有较高使用价值的解决方案，除了满足用户的直接使用要求和减少使用中的故障外，还要考虑后期保养和维修的便利性。解决方案有多大的持久性、有多少扩展的可能性，同样也是重要判据。

4. 经济性

职业工作受到经济成本的影响。将解决方案放到整个工作环境中考察它的经济性，这是一个专业人员解决实际问题能力高低的表现。在工作中，需要不断估算经济性并考虑各种成本因素。在对工作的经济性做出决策时，还必须考虑到未来可能产生的后续成本。决策时最重要的是权衡支出与收益之间的关系。

5. 企业生产流程和工作过程导向

本指标针对企业的上下级结构（企业内部的垂直组织管理）以及生产流程（企业生产的水平分工）的不同工作领域，特别是在自动化生产系统内、网络化管理和跨企业的生产过程中，这一指标具有十分特殊的意义。以企业生产流程为导向的解决方案会考虑与上下游过程之间的衔接，还考虑跨越每个人的工作领域的部门间的合作。

6. 社会接受度

社会接受度主要指人性化的工作设计与组织、健康保护以及其他超越工作本身的社会因素（如委托方、客户和社会的不同利益）。同时也考虑劳动安全、事故防范以及解决方案对社会环境造成的影响等。

7. 环保性

环保性对所有工作过程和生产流程都是一个重要的指标。它不仅是指一般的环保意识，而且针对生产过程和生产结果提出的特定要求。同时还要考虑解决方案多大程度上使用了对环境无害的材料，以及完成工作的计划多大程度上符合环保要求。解决方案中还要考虑节约能源和废物回收与再利用。

8. 创造性

创造性是评价解决方案的一个重要指标。创造性来自学生在特定情境下为完成任务预留的高度的设计空间。不同的职业对"创造性"指标的解释与评判不同。解决方案的创造性也体现在对问题情境的敏感性。在职业工作中，专家有时会对具有不寻常创造性的解决方案提出质疑，解决方案在满足创造性要求的同时要有助于目标的实现。

第二部分　实证研究

一、测评准备

基于职业能力测评的高职汽车运用技术专业（检测与维修专业）教育质量评价的本土化。

（一）本土化的缘由

由于本测试项目是一个国际项目，测试题目及背景问卷最初由德国专家开发，对于我国的引入，有一个本土化的适应性问题，因此，为适应我国高职汽车运用技术专业（检测与维修专业）教育的实际，我们通过专家咨询与研讨，建立了一个由教育专家、教育技术专家、高职汽车检测与维修专业教师、企业专家等组成的职业能力测评的本土化团队，实现测试题目、测试组织以及背景问卷的本土化。

（二）本土化的措施

1. 职业能力测评测试题目的本土化

测试题目的特点：

（1）涵盖职业及企业工作实践的现实问题；

（2）职业的典型工作任务，以及相关培训目标；

（3）针对专业，留出较大回旋余地，有多种不同深度和广度的答案；

（4）答案范围很广，除掌握专业能力之外，还需考虑经济性、使用价值导向和环保等因素；

（5）解题需要采用本职业所特有的形式，应以规划和方案为主，并用相应的形式记录；

（6）被试者用相关职业的专业方式和态度解答问题，记录解题过程和结果，并说明理由。

① 开发基础：

采用实践专家访谈会确定的职业的典型工作任务，如图 2.1.1、图 2.1.2 所示。

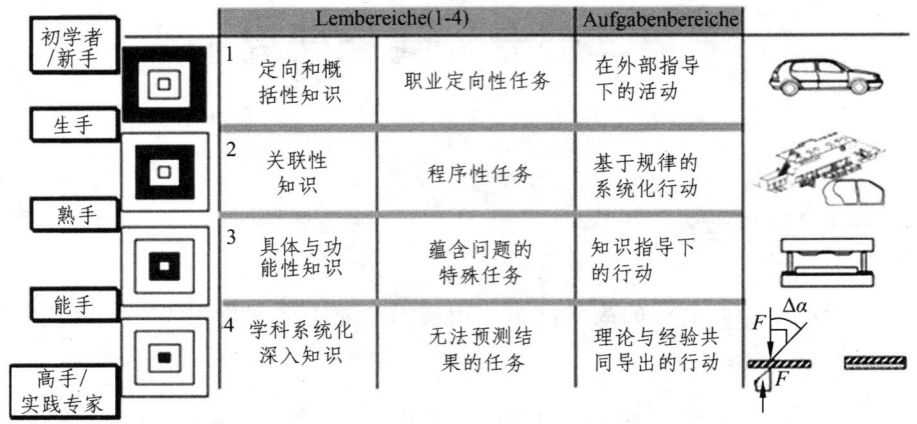

图 2.1.1　不同职业成长阶段典型工作任务的特征

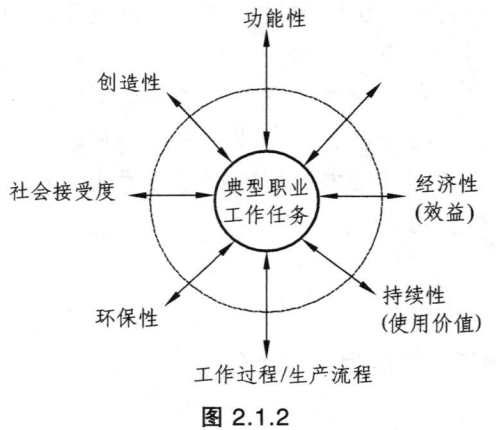

图 2.1.2

② 开发过程：

a）从现有的考试资料和课堂资料中收集考题；

b）系统收集编写测试题目的创意；

c）分组开发测试题目；

d）预先挑选出合适的试题；

e）开发小组评价试题在两个测试时间点是否都适用；

f）对所有测试题进行预测试，并对预测试结果进行评定；

g）选出 4 道用于正式测评的题目；

h）根据预测试结果，对测试题进行修改。

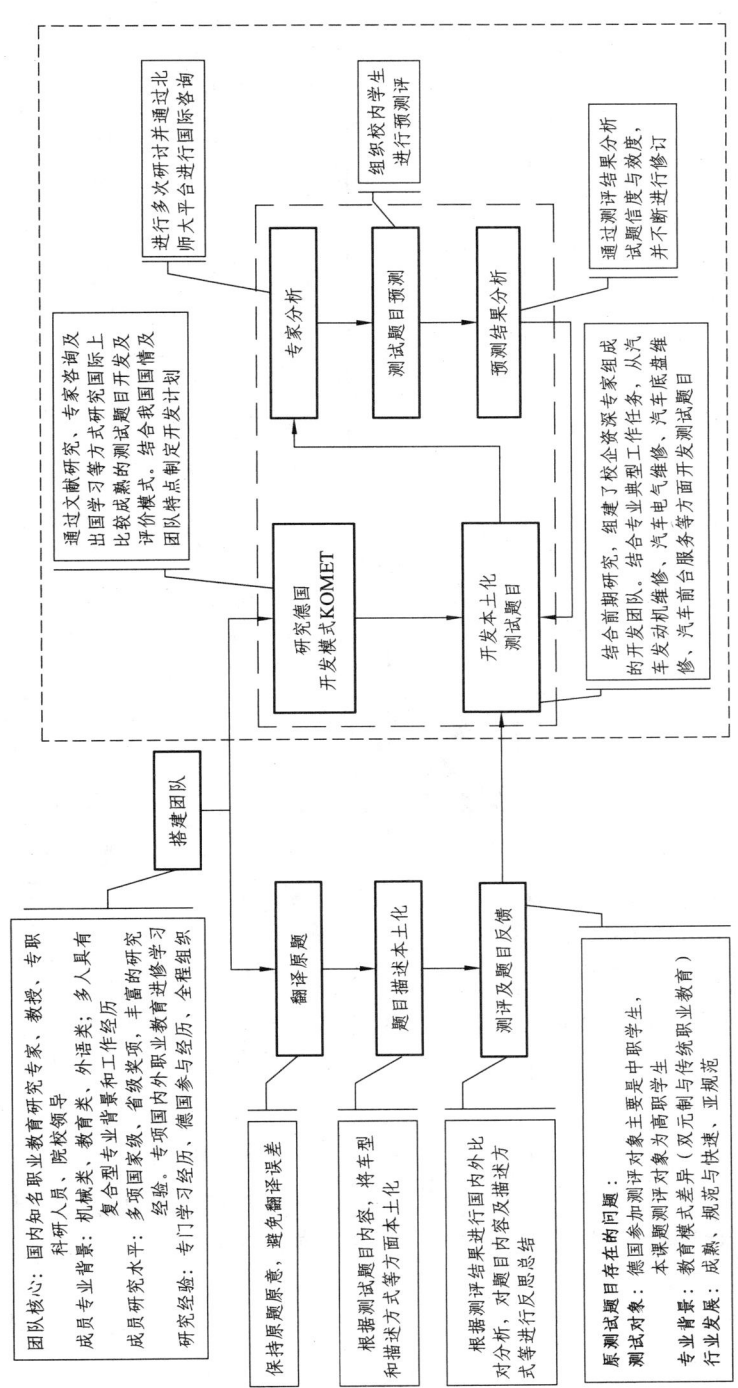

本土化测试题目的开发阶段

原测试题目	本土化后的测试题目
情景描述　　一名顾客想开车去瑞士度假，因此，他想先为车辆做一次冬季检查。他要去的地方在海拔 1 800 m 左右。按当地法律，轮胎必须加装防滑链。当地温度最低可至零下 28℃。　　待检车辆是一部宝马 330d 旅行版轿车，使用了将近 3 年，行驶里程 62 000 km。完成此次旅行后，该车必须进行一次全面检查。　　该车从未长途行驶。　　您负责检查此车。顾客希望自己的车辆在旅途中万无一失。**任务**　　请您给出一份详细而完整的车检方案。如果您还有不清楚的地方需要询问顾客或者自己的主管技师，请您把这些问题整理成一份提纲，以便面谈时进行沟通和协调。请您先对自己的车检方案进行概括性的介绍，然后进行具体的论证和解释。**参考资料**　　回答上述问题时，您可以使用所有教学资料，例如专业教科书、参数表格、计算器以及制造商提供的资料，如车辆参数、Teirep 专业信息等。	**情境描述**　　一名顾客想从北京开车到五台山度假，他要去的地方在海拔 1 800 m 左右，当地温度最低可至零下 28℃，按当地规定，轮胎必须加装防滑链。　　顾客的车辆是一部丰田花冠轿车，使用了将近 3 年，行驶里程已达 38 000 km，但从未进行过长途行驶。　　该车必须在完成此次旅行后，进行一次全面检查。　　顾客希望自己的轿车在旅途中万无一失。因此，顾客想先为车辆做一次冬季检查，您负责检查此车。**任务**　　请您制订一份尽可能翔实的与顾客沟通和完成此次检查任务的解决方案，并全面而细致地说明采取此方案的理由。如果您还有附加问题需要询问顾客或者自己的主管技师，请您把这些问题整理成一份提纲，以便面谈时进行沟通和协调。**参考资料**　　回答上述问题时，您可以使用专业教材。

2011 年测评题目：冬季检查

2. 职业能力测评背景问卷的本土化

1）背景问卷的基本结构（表 2.1.1）

表 2.1.1 背景问卷的基本结构

学生的背景特征			学校的背景特征			企业的背景特征		
社会经济背景	学校成绩和学习经历	职业教育动机	基本情况	教育背景特征	工作过程导向	基本情况	工作过程导向	企业培训环境
父母的支持、学历等	学历、高考成绩等	期望的职业、其他相关职业定向的信息	学校规模、教师的年龄结构和专业结构等	师生比、校园文化、学生的自信心等	课程与职业实践的关联、课程的实现形式等	员工人数、企业地位等	学习地点、培训组织等	工作氛围、实习任务特点等

2）本土化的内容

（1）修改：主要是与中国国情不符部分。如学生基本信息中生源、父母学历成绩、学生原毕业成绩等；强化对学校实训实习环节的调查，弱化对企业的调查。（因为调查对象为大二学生，此时企业参与度少）

（2）增加：研究需要。专业课程的课程内容、教学组织、教学方法、教学支持系统及课程评价；强化自我效能感的测查。

3）本土化的过程

本次测试的主要目的包括两个方面：一是实际测出学生所达到的职业能力水平；二是为高职院校汽车检测与维修专业的教育教学改革提供依据。基于此，我们按照拟定基本问题、专家咨询、预测、统计分析、确定的步骤，对背景问卷进行了修订。

对于背景问卷的本土化，我们的基本思路包括两个方面：一是符合我国的国情、符合交通类高职院校测评对象的具体情况；二是根据研究目的，对背景问卷作增删处理，具体包括以下内容：

（1）对于问卷中涉及学生的基本信息部分，原有问卷所涉及的选项与中国的实际情况不符，学生无法准确填写和选择。如在"原毕业学校"选项中，增加了"中职学校"选项；例如，对于高考成绩的提问，我们一方面增加了中考成绩的提问（有中职生源），另一方面对各科成绩进行了优、良、中、及格、不及格的自我评价选项（因为考虑到大部分学生记不清各科的具体分数，采用自我评价等级的评价方式）；例如，对于父母的学历，我们也根据中国国情进行了修订，分为研究生、本科、专科、中职、高中、初中及以下6个层次。

（2）原有背景问卷中，有诸多对三年级学生实习方面的问题，由于测试对象是二年级学生，实习环节还没有广泛开展，学生无法回答此方面的问题。基于此，我们将原有的对"实习"的提问，改为"实习实训"，学生则可根据在实训中的情况进行相应的回答。例如，将原有的"在实习中谁来指导你的实习"，修订为"在实习实训中，谁来指导你的实习实训"。

（3）对于问卷修订比较大的，是我们根据研究目的，拟分析学校课程与教学、学生自我效能感对于学生职业能力的影响度和关联度，因此，我们基于泰勒的课程基本原理，采用头脑风暴法、集体研讨法、专家指导法等各种方式，反复进行了5轮修订，在原有问卷的基础上，增加了33道关于课程与教学的题目，包括课程内容以及课程内容的组织、实施、评价等5个方面。经过2014年的测试所反映的情况，在2015年测试前，我们又组织对课程与教学部分的问题进行反复斟酌和数据分析，删除了部分相关度较小的题目。此外，我们还在背景问卷中增加了"自我效能感"的测试表，以测试学生的自我效能感，以分析学生自我效能感与职业能力测评之间的关系见表2.1.2。

表2.1.2 问卷修订

修订项目	修订内容	修订依据
学生基本信息	户籍、毕业学校类型	根据中国国情
删除三年级实习相关问题		测试的是二年级学生
实习相关问题	修订为"实习实训"	对于二年级学生，四川省大部分院校未安排实习
关于高考成绩的提问	修订为高考或中考成绩、分数和各科成绩自我评价	根据中国国情，有中职生源；大部分学生记不清具体各科分数
关于父母的学历		根据中国国情
增加了课程与专业课教学方面的问题		依据泰勒的课程基本原理，分别涉及课程内容、课程内容的组织、实施、评价等方面
增加了自我效能感的测试		根据研究目的，测试自我效能感与职业能力之间的关系

二、测评实践

（一）研究内容

本研究采用KOMET职业能力模型和测评方案，对四川省6所不同地区汽车检测与维修专业学生的职业能力发展水平进行诊断（Large-scale-diagnostic），对不同类型学校学生职业能力水平总体情况进行比较，对不同类型学校的实习实训情况、学校教学情况进行比较分析，以期为职业教育的课程和教学改革提供思路和参考。

（二）测评对象

参加汽车运用技术专业（检测与维修专业）学生职业能力测评的共有 6 所全国交通类高职院校的大二下期学生（以下以 A、B、C、D、E、F 代指各院校）。

（三）测评工具

本次能力测评的主要工具包括：
- 一道开放式的汽车维修专业综合测试题目（即典型工作任务）；
- 背景问卷；
- 认知能力测试问卷；
- 学生测试动机问卷；
- 教师关于学生动机的问卷，即考场情况问卷。

1. 开放式综合测试题目

开放式综合测试题目是 KOMET 测评方案的主要测试工具，该题目的形式与实际工作中的合同类似，它来源于职业的典型工作任务，且符合职业教育培养目标的要求。本次综合测试题目采用德国不来梅大学和黑森州文教部等开发的试题"冬季检查"，并根据中国的实际做了少许表达习惯上的修改。该题目已经在德国黑森州进行过测试，信效度满足要求。

在测评过程中，评分者对能力模型和评分指标的高接受度，会带来较高的评分者间信度。除了能力模型和评分标准外，测评中还采用了一系列工具来确保评分者间信度，如进行评分者的训练；为每位评分者提供针对该测评任务的"问题解决空间"，描述开放性测试题目可能出现的解决方案，等等。

KOMET 项目开发的评分指标共有 40 个评分点。其中第 3 个评分点（是否直观形象地说明了任务的解决方案）对所选题目不适合作答，故与德方项目组讨论后共同略去。根据评分规则和统计分析方法，略去此题不会影响最终结果。

2. 背景问卷

作为测试题目的补充，参加能力测评的被试者还需填写一份背景调查问卷。背景问卷主要针对被试者的背景特征以及职业学校和实习实训企业状况，主要内容如表 2.2.1 所示。

表 2.2.1 背景情境问卷的主要内容

个人特征	企业实习实训的情境特征	职业学校的情境特征
社会经济背景	企业的一般特征	学校的基本数据
在校成绩水平和就业前学历	企业实习的工作过程导向	教学情境特征
接受职业教育动机	企业内的实习情况	工作过程导向

本次测试的背景问卷以德国 KOMET 的背景问卷为基础，参考 2010 年 KOMET 中国项目组在北京进行的机电专业能力测评时使用的背景问卷，并对语言表述进行了完善，删减了部分不十分明确的题目，并增加了一些有关职业学校课程、专业课教学以及日常活动的题目。

为了便于与外方（德国，以及通过德国与南非方面）进行比较和交流，背景问卷中的题目编号沿用德国原始问卷的编号，被删除题目的编号则空出，补充的题目编号则从 201 题开始顺序编号（原始问卷编号至 151 题）。

3. 认知能力测试问卷

为了调查学生的认知能力和职业能力发展的相关性，测评中增加了一般认知能力测评。测评中使用的是认知能力测试（CAT）中非言语部分的一个子模块，即"图形类推"部分，测试被试的图形——空间能力。

认知能力测试问卷由 25 道题组成。在测试中，向学生提供了一对图形，两个图形之间存在一定的关系。被测试者要从五个备选图形中选出一个，与前面两个图形属于同一类关系，如图 2.2.1 所示。

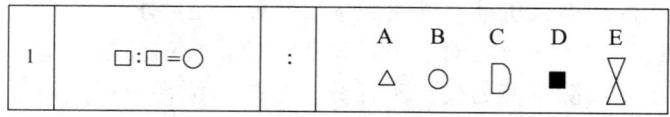

图 2.2.1 CAT 的图形测试部分实例

4. 测试动机：询问被测试者和监考教师

测评采用学生测评动机问卷来了解参加测评的学生的测试动机，主要涉及完成开放式综合测评任务的时间、对测试任务的兴趣和认识，以及学生对非常重要的东西付出努力的程度。

参加测试监考的教师也要填写一张问卷，从中可以获得关于该班级被测试者的测试动机和工作氛围的提示。除了评估被测试者在解答测试题目时的投入程度和确定有多少人拒绝参加测试外，监考教师还要说明学生是否提过问题，问过哪些问题，问了多少问题，以及被测试者使用了哪些辅助工具，使用的频率如何等。

（四）测评过程

2011年6月下旬，项目组在四川、云南等地分别组织了测评，所有参加测评的学生统一回到所在学校参加测评。测评监考教师每人都收到了相应的监考说明，并按说明组织学生参加测评，回收答卷并填写考场情况问卷。

每位参加测评的学生都依次完成了智力测试、背景问卷、开放式测试任务和测试动机问卷。其中，开放式综合测试任务用时2小时，智力测试需在8分钟内完成。

为了保证测评信度，2011年7月，项目组对所有参与评分的教师集中进行了评分者培训。共有30位教师参加了培训，并对四个真实案例进行了评分练习，见表2.2.2。

表2.2.2 评分者培训中四次评分的评分者信度

案例名称	机油损耗学生答卷	动机保养教师答卷	动机保养中国学生答卷	动机保养德国学生答卷
评分者人数/人	29	30	30	30
评分者信度	0.7	0.76	0.85	0.77

注：评分者信度在0.5以上为及格，0.7以上为良好。

通过评分者培训，30位评分者之间能达到较好的一致性，评分者间信度是令人满意的。

三、测评结果

（一）2011年测评概况及结果

1. 参加测评学生的基本情况

1）参加测评学生的年龄结构

参加测评学生的年龄主要分布在19～26岁，学生平均年龄为21.3岁（见表2.3.1）。

表 2.3.1　各类学校学生年龄基本信息

学校	人数/人	平均值/岁	标准差	最小值/岁	最大值/岁
交通类高职院校	336	21.30	1.035	19	26

可见，在年龄结构方面，各院校年龄分布差异较小。

2）原毕业学校的结构

从各院校学生普通教育的原先毕业学校来看，主要为普通高中，占95.5%；有个别来自中职学校和普通初中（五年制高职），占4.2%；还有0.3%的学生来自其他学校，见表2.3.2。其中，A校和E校学生全面来自普通高中。

表 2.3.2　不同类型学校学生原毕业学校分布

学校	数量和比例	普通高中	普通初中	中职学校	其他	合计
E	数量	92	0	0	0	92
	所占比例	100.0%	0.0%	0.0%	0.0%	100.0%
D	数量	39	0	1	1	41
	所占比例	95.1%	0.0%	2.4%	2.4%	100.0%
A	数量	60	0	0	0	60
	所占比例	100.0%	0.0%	0.0%	0.0%	100.0%
F	数量	39	1	6	0	46
	所占比例	84.8%	2.2%	13.0%	0.0%	100.0%
C	数量	51	1	2	0	54
	所占比例	94.4%	1.9%	3.7%	0.0%	100.0%
B	数量	40	3	0	0	43
	所占比例	93.0%	7.0%	0.0%	0.0%	100.0%
合计	数量	321	5	9	1	336
	所占比例	95.5%	1.5%	2.7%	0.3%	100.0%

3）学生先前的学校学习情况

通过调查显示，不同类型学校学生的学习自信心不一样。总的来看，各院校学生自信心较高，64%的学生认为自己能掌握。其中，B校的学生自信心最高，有76.98%的学生认为自己能掌握，见表2.3.3。

表 2.3.3　不同学校学生对"我相信我掌握了学校里所学的东西"的回答

学校	数量和比例	完全不正确	不太正确	部分正确	正确	合计
E	数量	5	35	45	7	92
E	所占比例	5.4%	38.0%	48.9%	7.6%	100.0%
D	数量	1	10	23	7	41
D	所占比例	2.4%	24.4%	56.1%	17.1%	100.0%
A	数量	4	16	37	3	60
A	所占比例	6.7%	26.7%	61.7%	5.0%	100.0%
F	数量	2	19	23	2	46
F	所占比例	4.3%	41.3%	50.0%	4.3%	100.0%
C	数量	3	15	30	6	54
C	所占比例	5.6%	27.8%	55.6%	11.1%	100.0%
B	数量	1	9	30	3	43
B	所占比例	2.3%	20.9%	69.8%	7.0%	100.0%
合计	数量	16	104	188	28	336
合计	所占比例	4.8%	31.0%	56.0%	8.3%	100.0%

卡方检验表明，$\chi^2=16.231$，$p>0.05$。

对于课堂测验和考试，78%的学生认为自己能取得好成绩，各院校整体情况基本一致，见表2.3.4。

表 2.3.4　不同学校学生对"我相信我在课堂测验和考试中能取得好成绩"的回答

学校	数量和比例	完全不正确	不太正确	部分正确	正确	合计
E	数量	4	17	49	22	92
E	所占比例	4.3%	18.5%	53.3%	23.9%	100.0%
D	数量	0	8	27	6	41
D	所占比例	0.0%	19.5%	65.9%	14.6%	100.0%
A	数量	0	14	31	15	60
A	所占比例	0.0%	23.3%	51.7%	25.0%	100.0%
F	数量	0	9	26	11	46
F	所占比例	0.0%	19.6%	56.5%	23.9%	100.0%
C	数量	0	11	28	15	54
C	所占比例	0.0%	20.4%	51.9%	27.8%	100.0%
B	数量	0	10	27	6	43
B	所占比例	0.0%	23.3%	62.8%	14.0%	100.0%
合计	数量	4	69	188	75	336
合计	所占比例	1.2%	20.5%	56.0%	22.3%	100.0%

卡方检验表明，$\chi^2=16.288$，$p>0.05$。

对于学校里最难教的学习内容，58%的学生认为自己能理解。各院校整体情况基本一致，见表2.3.5。

表2.3.5 不同学校学生对"我能理解学校里教的最难的学习内容"的回答

学校	数量和比例	完全不正确	不太正确	部分正确	正确	合计
E	数量	6	31	40	15	92
	所占比例	6.5%	33.7%	43.5%	16.3%	100.0%
D	数量	1	13	20	7	41
	所占比例	2.4%	31.7%	48.8%	17.1%	100.0%
A	数量	5	20	25	10	60
	所占比例	8.3%	33.3%	41.7%	16.7%	100.0%
F	数量	5	16	21	4	46
	所占比例	10.9%	34.8%	45.7%	8.7%	100.0%
C	数量	3	21	24	6	54
	所占比例	5.6%	38.9%	44.4%	11.1%	100.0%
B	数量	2	17	20	4	43
	所占比例	4.7%	39.5%	46.5%	9.3%	100.0%
合计	数量	22	118	150	46	336
	所占比例	6.5%	35.1%	44.6%	13.7%	100.0%

卡方检验表明，$\chi^2=6.926$，$p>0.05$。

4）家长对学生学习的支持情况

（1）家长的学历情况。

学生父母的学历主要为高中及高中以下。

在父亲学历方面，62%左右的学生父亲的学历为初中及以下，30%的学生父亲的学历为高中。在母亲学历方面，有78%左右的学生母亲的学历为初中及以下，17%的学生母亲的学历为高中。具体分布见表2.3.6、表2.3.7。

表2.3.6 不同院校学生父亲的学历分布

学校	数量和比例	初中及以下	高中	中职	专科	本科	合计
E	数量	62	16	2	4	7	91
	所占比例	68.1%	17.6%	2.2%	4.4%	7.7%	100.0%
D	数量	20	20	1	0	0	41
	所占比例	48.8%	48.8%	2.4%	0.0%	0.0%	100.0%
A	数量	27	25	1	7	0	60
	所占比例	45.0%	41.7%	1.7%	11.7%	0.0%	100.0%

续表

学校	数量和比例	初中及以下	高中	中职	专科	本科	合计
F	数量	36	7	1	1	1	46
F	所占比例	78.3%	15.2%	2.2%	2.2%	2.2%	100.0%
C	数量	37	13	2	0	1	53
C	所占比例	69.8%	24.5%	3.8%	0.0%	1.9%	100.0%
B	数量	26	15	0	1	1	43
B	所占比例	60.5%	34.9%	0.0%	2.3%	2.3%	100.0%
合计	数量	208	96	7	13	10	334
合计	所占比例	62.3%	28.7%	2.1%	3.9%	3.0%	100.0%

表 2.3.7 不同院校学生母亲的学历分布

学校	数量和比例	初中及以下	高中	中职	专科	本科	合计
E	数量	67	12	2	7	3	91
E	所占比例	73.6%	13.2%	2.2%	7.7%	3.3%	100.0%
D	数量	26	15	0	0	0	41
D	所占比例	63.4%	36.6%	0.0%	0.0%	0.0%	100.0%
A	数量	45	10	1	0	2	58
A	所占比例	77.6%	17.2%	1.7%	0.0%	3.4%	100.0%
F	数量	42	4	0	0	0	46
F	所占比例	91.3%	8.7%	0.0%	0.0%	0.0%	100.0%
C	数量	41	9	1	2	0	53
C	所占比例	77.4%	17.0%	1.9%	3.8%	0.0%	100.0%
B	数量	32	10	0	0	1	43
B	所占比例	74.4%	23.3%	0.0%	0.0%	2.3%	100.0%
合计	数量	253	60	4	9	6	332
合计	所占比例	76.2%	18.1%	1.2%	2.7%	1.8%	100.0%

（2）父母对学生接受职业教育感兴趣的情况。

从父母的支持情况来看，参评学生中 81% 的学生家长对学生接受职业教育感兴趣，支持孩子的学习。这说明，家长期望其子女获得更高水平的技能资格证书，见表 2.3.8。

表 2.3.8　不同学校中，家长对学生接受职业教育的兴趣

学校	数量和比例	完全不符合	比较不符合	比较符合	完全符合	合计
E	数量	2	11	48	31	92
	所占比例	2.2%	12.0%	52.2%	33.7%	100.0%
D	数量	0	7	23	11	41
	所占比例	0.0%	17.1%	56.1%	26.8%	100.0%
A	数量	8	8	25	19	60
	所占比例	13.3%	13.3%	41.7%	31.7%	100.0%
F	数量	1	7	24	14	46
	所占比例	2.2%	15.2%	52.2%	30.4%	100.0%
C	数量	2	10	29	13	54
	所占比例	3.7%	18.5%	53.7%	24.1%	100.0%
B	数量	1	8	28	6	43
	所占比例	2.3%	18.6%	65.1%	14.0%	100.0%
合计	数量	14	51	177	94	336
	所占比例	4.2%	15.2%	52.7%	28.0%	100.0%

（3）家长对学生专业学习的帮助情况。

从家长对学生专业学习的帮助来看，41.6%的学生认为家长对他的专业学习有帮助，见表 2.3.9。

表 2.3.9　不同学校家长对学生专业学习的帮助情况

学校	数量和比例	完全不符合	比较不符合	比较符合	完全符合	合计
E	数量	22	35	22	13	92
	所占比例	23.9%	38.0%	23.9%	14.1%	100.0%
D	数量	9	13	13	6	41
	所占比例	22.0%	31.7%	31.7%	14.6%	100.0%
A	数量	12	19	15	14	60
	所占比例	20.0%	31.7%	25.0%	23.3%	100.0%
F	数量	15	11	15	5	46
	所占比例	32.6%	23.9%	32.6%	10.9%	100.0%
C	数量	18	19	12	5	54
	所占比例	33.3%	35.2%	22.2%	9.3%	100.0%
B	数量	11	13	12	7	43
	所占比例	25.6%	30.2%	27.9%	16.3%	100.0%
合计	数量	87	110	89	50	336
	所占比例	25.9%	32.7%	26.5%	14.9%	100.0%

卡方检验表明，$\chi^2=11.622$，$p>0.05$。

5）选择本专业的原因

在如何看待本专业，即对本专业的认同感方面，超过一般的学生表示愿意从事本专业工作，达到56.9%，见表2.3.10。

表 2.3.10　不同学校学生对"我想一直从事这一专业"的回答情况

学校	数量和比例	完全不符合	比较不符合	比较符合	完全符合	合计
E	数量	12	29	36	15	92
	所占比例	13.0%	31.5%	39.1%	16.3%	100.0%
D	数量	6	8	24	3	41
	所占比例	14.6%	19.5%	58.5%	7.3%	100.0%
A	数量	10	12	17	21	60
	所占比例	16.7%	20.0%	28.3%	35.0%	100.0%
F	数量	10	18	13	5	46
	所占比例	21.7%	39.1%	28.3%	10.9%	100.0%
C	数量	9	17	18	10	54
	所占比例	16.7%	31.5%	33.3%	18.5%	100.0%
B	数量	5	8	26	4	43
	所占比例	11.6%	18.6%	60.5%	9.3%	100.0%
合计	数量	52	92	134	58	336
	所占比例	15.5%	27.4%	39.9%	17.3%	100.0%

卡方检验表明，$\chi^2=36.964$，$p<0.05$。

总体来看，在一开始选择专业时，58.2%左右的学生表示汽修是他们的首选专业，见表2.3.11。

表 2.3.11　不同学校学生对"我本想学习另一个专业，
但我考上了这一专业"的回答情况

学校	数量和比例	完全符合	比较符合	比较不符合	完全不符合	合计
E	数量	16	23	17	36	92
	所占比例	17.4%	25.0%	18.5%	39.1%	100.0%
D	数量	1	13	11	16	41
	所占比例	2.4%	31.7%	26.8%	39.0%	100.0%
A	数量	6	9	15	30	60
	所占比例	10.0%	15.0%	25.0%	50.0%	100.0%

续表

学校	数量和比例	完全符合	比较符合	比较不符合	完全不符合	合计
F	数量	15	10	11	10	46
F	所占比例	32.6%	21.7%	23.9%	21.7%	100.0%
C	数量	11	19	8	16	54
C	所占比例	20.4%	35.2%	14.8%	29.6%	100.0%
B	数量	4	14	12	13	43
B	所占比例	9.3%	32.6%	27.9%	30.2%	100.0%
合计	数量	53	88	74	121	336
合计	所占比例	15.8%	26.2%	22.0%	36.0%	100.0%

卡方检验表明，$\chi^2=32.694$，$p<0.05$。

各类学校中有51.82%的学生表示：如果有其他机会，他们想学习另一个专业，见表2.3.12。我们认为，这个数据反映了学生总体上的专业和职业的认同感不高，这在将来会造成很大的质量和责任心问题，这一现象需引起院校的重视和反思。

表2.3.12 不同类型学校学生对"如果有其他机会，我想学习另一个专业"的回答情况

学校	数量和比例	完全符合	比较符合	比较不符合	完全不符合	合计
E	数量	15	22	35	20	92
E	所占比例	16.3%	23.9%	38.0%	21.7%	100.0%
D	数量	6	19	11	5	41
D	所占比例	14.6%	46.3%	26.8%	12.2%	100.0%
A	数量	15	11	10	24	60
A	所占比例	25.0%	18.3%	16.7%	40.0%	100.0%
F	数量	12	16	8	10	46
F	所占比例	26.1%	34.8%	17.4%	21.7%	100.0%
C	数量	10	21	10	13	54
C	所占比例	18.5%	38.9%	18.5%	24.1%	100.0%
B	数量	10	17	12	4	43
B	所占比例	23.3%	39.5%	27.9%	9.3%	100.0%
合计	数量	68	106	86	76	336
合计	所占比例	20.2%	31.5%	25.6%	22.6%	100.0%

卡方检验表明，$\chi^2=36.143$，$p<0.05$。

各院校学生对于所在学校和专业的认同度基本相同，70.8%的行业类高职院校学生表示想在所在学校学习汽修专业，这说明专业教育教学的成功度，见表2.3.13。

表2.3.13 不同学校学生对"我主要想在目前这所学校学习这一专业"的回答情况

学校	数量和比例	完全不符合	比较不符合	比较符合	完全符合	合计
E	数量	8	19	37	28	92
	所占比例	8.7%	20.7%	40.2%	30.4%	100.0%
D	数量	3	12	21	5	41
	所占比例	7.3%	29.3%	51.2%	12.2%	100.0%
A	数量	5	6	15	34	60
	所占比例	8.3%	10.0%	25.0%	56.7%	100.0%
F	数量	5	12	17	12	46
	所占比例	10.9%	26.1%	37.0%	26.1%	100.0%
C	数量	7	11	25	11	54
	所占比例	13.0%	20.4%	46.3%	20.4%	100.0%
B	数量	6	5	31	1	43
	所占比例	14.0%	11.6%	72.1%	2.3%	100.0%
合计	数量	34	65	146	91	336
	所占比例	10.1%	19.3%	43.5%	27.1%	100.0%

卡方检验表明，$\chi^2=57.014$，$p<0.05$。

在选择专业方面，学生受朋友影响较小，受家人或亲戚影响也相对较小。有37%的学生认为他们受了朋友的影响，学生中仅有30%的学生表示有家人或亲戚从事汽修行业工作，见表2.3.14、表2.3.15。

表2.3.14 不同学校学生对"受朋友的影响，我选择这个专业"的回答情况

学校	数量和比例	完全符合	比较符合	比较不符合	完全不符合	合计
E	数量	15	21	30	26	92
	所占比例	16.3%	22.8%	32.6%	28.3%	100.0%
D	数量	4	12	15	10	41
	所占比例	9.8%	29.3%	36.6%	24.4%	100.0%
A	数量	8	14	15	23	60
	所占比例	13.3%	23.3%	25.0%	38.3%	100.0%

续表

学校	数量和比例	完全符合	比较符合	比较不符合	完全不符合	合计
F	数量	6	9	20	11	46
F	所占比例	13.0%	19.6%	43.5%	23.9%	100.0%
C	数量	7	14	16	17	54
C	所占比例	13.0%	25.9%	29.6%	31.5%	100.0%
B	数量	1	14	17	11	43
B	所占比例	2.3%	32.6%	39.5%	25.6%	100.0%
合计	数量	41	84	113	98	336
合计	所占比例	12.2%	25.0%	33.6%	29.2%	100.0%

卡方检验表明，$\chi^2=13.399$，$p>0.05$。

表 2.3.15 不同学校学生对"家人或亲戚中有人从事（学习）和我一样的专业"的回答

学校	数量和比例	完全不符合	比较不符合	比较符合	完全符合	合计
E	数量	54	21	11	6	92
E	所占比例	58.7%	22.8%	12.0%	6.5%	100.0%
D	数量	14	8	12	7	41
D	所占比例	34.1%	19.5%	29.3%	17.1%	100.0%
A	数量	28	7	13	12	60
A	所占比例	46.7%	11.7%	21.7%	20.0%	100.0%
F	数量	25	10	7	4	46
F	所占比例	54.3%	21.7%	15.2%	8.7%	100.0%
C	数量	29	15	9	1	54
C	所占比例	53.7%	27.8%	16.7%	1.9%	100.0%
B	数量	18	7	18	0	43
B	所占比例	41.9%	16.3%	41.9%	.0%	100.0%
合计	数量	168	68	70	30	336
合计	所占比例	50.0%	20.2%	20.8%	8.9%	100.0%

卡方检验表明，$\chi^2=42.795$，$p<0.05$。

6）小结

综上所述，参加测评学生的基本情况为：

（1）参加测评学生的年龄主要分布在 17~26 岁，平均年龄为 21.3 岁，学生年龄分布接近。

（2）从参加测评学生原毕业学校来看，学生主要来自普通高中。

（3）不同院校学生的学习自信心有较明显的差别。

（4）学生家长的学历主要为高中及高中以下。81%的学生家长对学生接受职业教育感兴趣，并支持孩子的学习。

（5）关于对本专业的认同感，超过一半的学生表示愿意从事本专业工作。学校中有近半数的学生表示：如果有其他机会，他们想学习另一个专业。超过60%的学生愿意在当前学校中学习本专业。在选择专业方面，学生受朋友、家人或亲戚影响都不是特别大，这一方面反映了他们的独立性，另一方面可能与学校的职业指导有关。

2. 参加测评学生的能力水平和能力轮廓

1）参加测评学生的能力水平分布

参加测评学生的职业能力水平的总体分布如表2.3.16、图2.3.1和图2.3.2所示。

表2.3.16　各学校学生能力水平的分布

学校	数量和比例	名义性能力	功能性能力	过程性能力	设计能力	合计
E	数量	2	48	39	3	92
	所占比例	2.2%	52.2%	42.4%	3.3%	100.0%
D	数量	0	13	28	0	41
	所占比例	0.0%	31.7%	68.3%	0.0%	100.0%
A	数量	0	4	45	11	60
	所占比例	0.0%	6.7%	75.0%	18.3%	100.0%
F	数量	0	12	34	0	46
	所占比例	0.0%	26.1%	73.9%	0.0%	100.0%
C	数量	7	31	16	0	54
	所占比例	13.0%	57.4%	29.6%	0.0%	100.0%
B	数量	3	37	3	0	43
	所占比例	7.0%	86.0%	7.0%	0.0%	100.0%
合计	数量	12	145	165	14	336
	所占比例	3.6%	43.2%	49.1%	4.2%	100.0%

卡方检验表明，$\chi^2=140.289$，$p<0.01$。

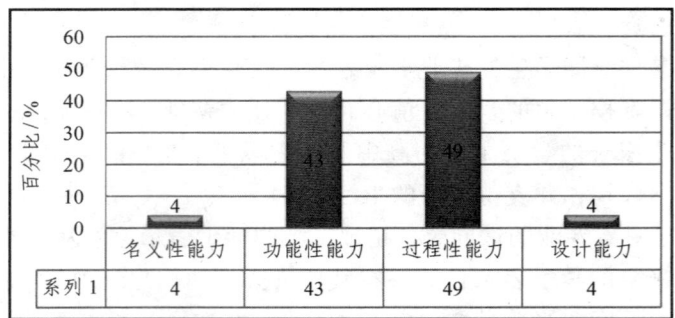

图 2.3.1　参加测评学生能力水平的总体分布

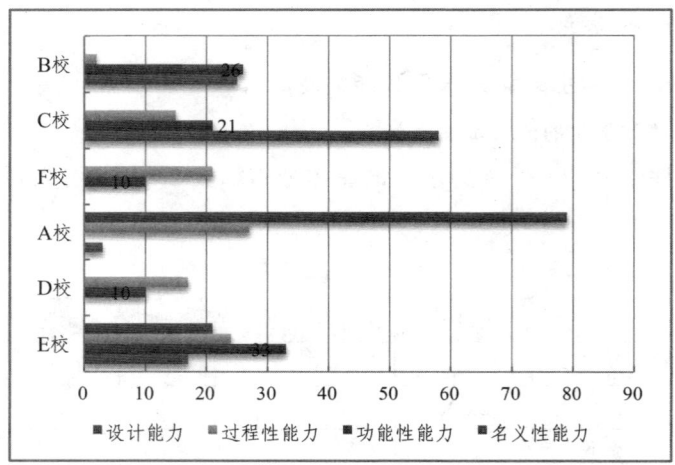

图 2.3.2　各学校学生能力水平总体分布

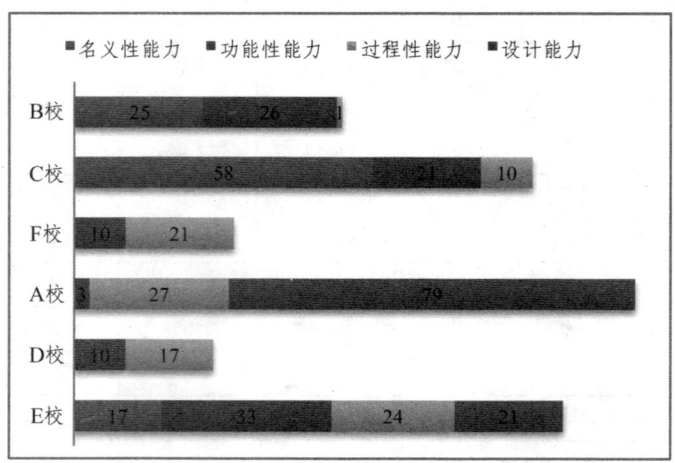

图 2.3.3　各学校学生能力百分比分布图

从总体上看，学生在 30 分以下的比例最大，也有 8 位同学达到 50 分以上，但没有 60 分以上的（总人数 336 人）；平均分为 32 分。参加测评的学生有 4%处于名义性能力，43%达到功能性能力，49%达到了过程性能力，有 4%达到了设计能力。从整体情况来看，学生的能力水平主要集中在过程性能力（占 49%）和功能性能力（占 43%），但也有 4%的学生达到了设计能力水平。图 2.3.3 是各学校学生能力水平的百分比分布图。

2）参加测评学生的能力轮廓

被测学生职业能力的轮廓如图 2.3.4 所示。

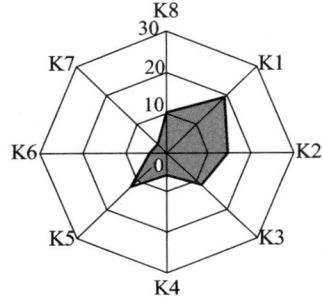

A 校学生的能力轮廓

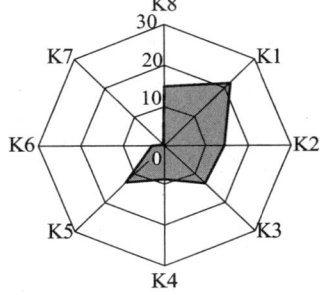

B 校学生的能力轮廓

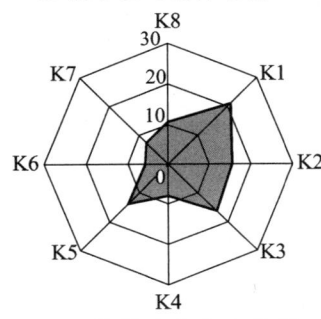

C 校学生的能力轮廓

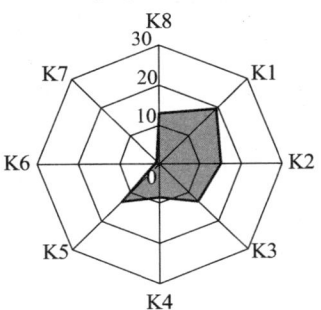

D 校学生的能力轮廓

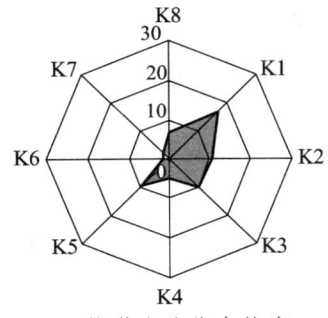

E 校学生的能力轮廓

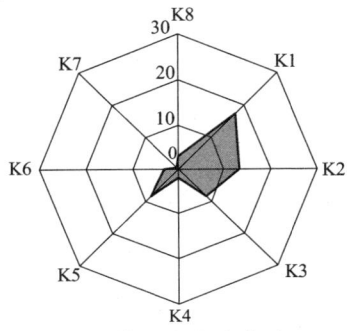

F 校学生的能力轮廓

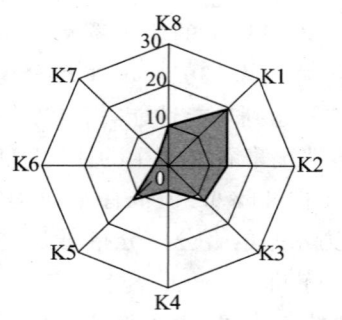

交通类高职院校学生的能力轮廓

图 2.3.4　参加测评学生的总体能力轮廓

总体来看，K1（直观性和展示性）、K2（功能性）和 K3（使用价值导向）方面的能力水平较强，而 K4（经济性）、K6（社会接受度）和 K7（环保性）方面的能力较弱。

3. 不同职业能力水平学生对职业学习的认识

1）学生的测试动机与测试水平

学生在完成开放式综合测试任务后，填写了对测试任务的看法。以下就相关问题进行分析。

（1）完成测试任务所用时间。

参评学生完成测试任务的时间分布如图 2.3.5 所示。总体来看，普遍用时为 1～2 小时。

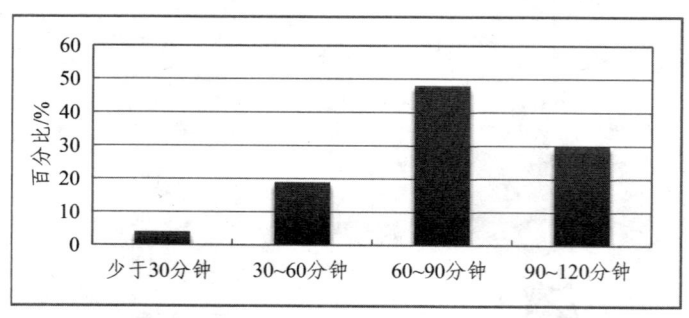

图 2.3.5　参评学生完成测试任务所用时间

从不同类型院校学生完成测试任务所有时间来看，近一半学生用时为 1～1.5 小时，其他学生分布则较散，如图 2.3.6 所示。

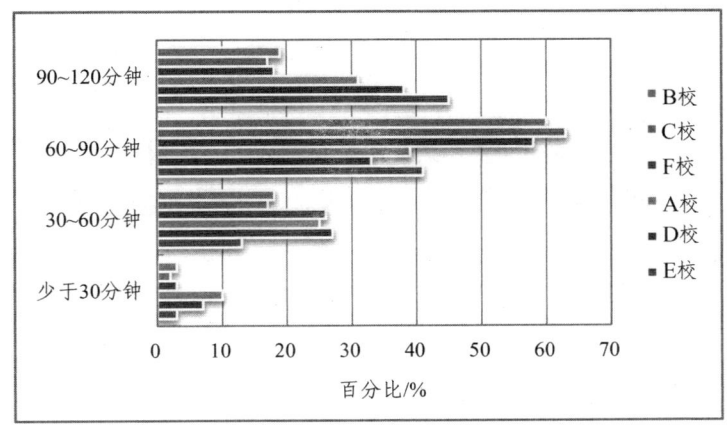

图 2.3.6　不同类型院校学生完成测试任务所用时间

若从学生所达到的能力级别和他的用时情况看,二者之间没有相关性。从图 2.3.7 中可以看出,除少于半小时的时间段外,在其余各时间段内完成测试任务的学生的能力水平均覆盖了从名义能力水平到设计能力水平的四个阶段。因为,我们不能断定职业能力水平高的人用时必然长或短。

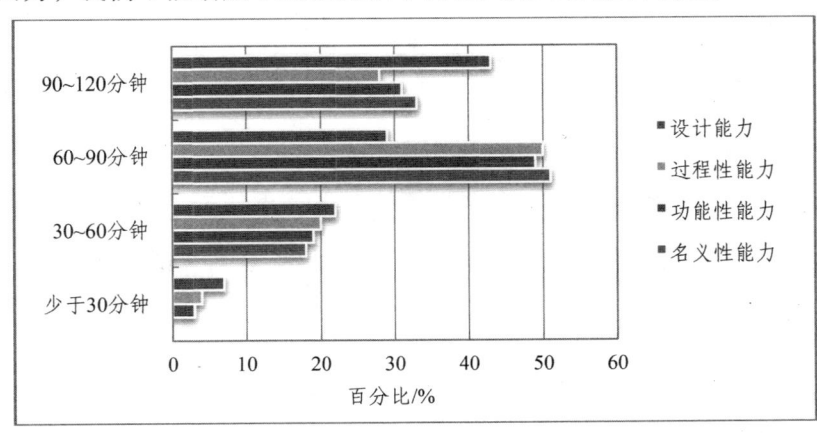

图 2.3.7　不同能力水平学生完成测试所用时间

（2）对该测试任务的兴趣。

有 70% 的学生对这种测试任务有较大或非常大的兴趣,这也说明了他们为什么用时较多。

如图 2.3.8 所示,从能力水平级别来看,约 60% 的名义性能力水平参评者对任务不感兴趣,而相对来说,具有过程性能力水平的参评者对这种测试任务感兴趣的比例大一些。

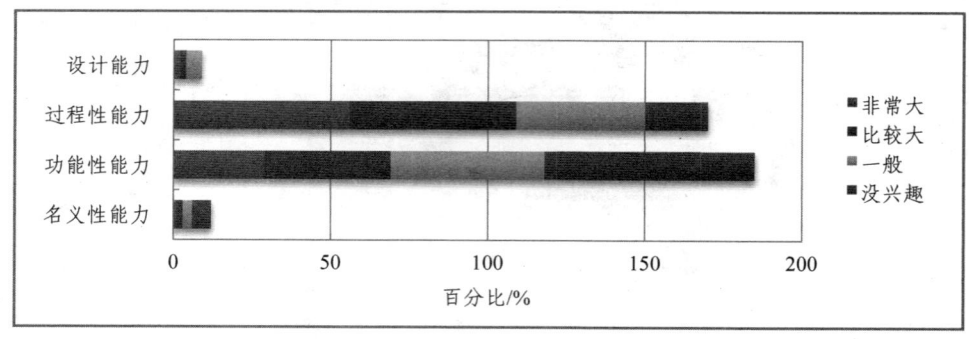

图 2.3.8　不同职业能力水平学生对测试题的兴趣

（3）测试任务是否有用。

总体来看,有近 70% 的学生认为这种测试任务有用或非常有用,如图 2.3.9 所示。

但从能力水平来看,具有名义性能力的参评者认为这种任务有用的比例最小,而具有过程性能力水平者的比例最大,其他两个能力水平者则接近。这说明,职业能力水平低的学生无法理解综合性工作任务的内涵和意义。这也再次证明了工作任务的综合化程度与职业能力水平的相关性。

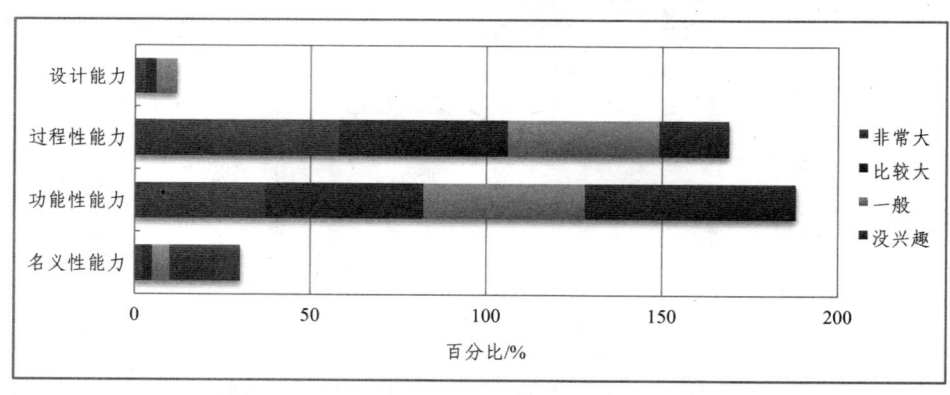

图 2.3.9　不同能力水平学生对"测试任务是否有用"的回答

（4）测试任务与参评者职业的关系。

如图 2.3.10 所示,总体来看,有 81.5% 的学生认为这个测试任务和他的职业有关。从能力水平来看,则反映出大家普遍认为测试任务和他们的职业有关系。

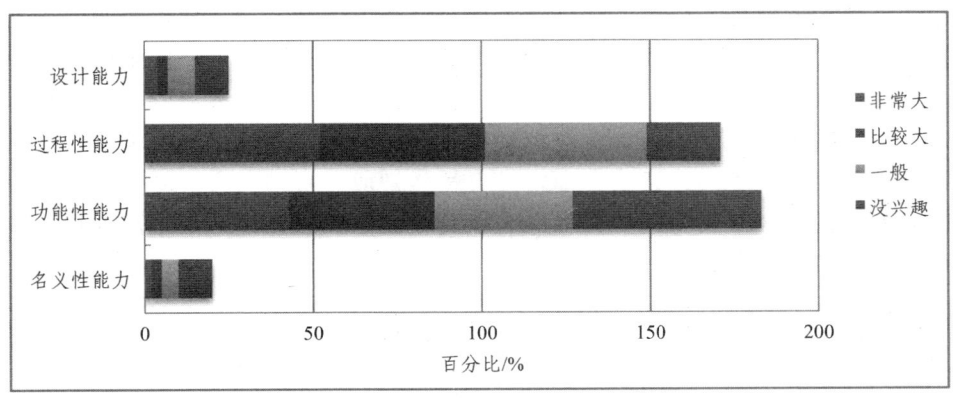

图 2.3.10 不同能力水平的学生对"测试任务与你的职业是否有关系"的回答

2）不同职业能力水平学生对实习实训学习的认识

（1）指导人员的交流。

从职业能力水平的角度可以看出，达到较高职业能力水平的学生更多地认为他们能经常或非常多接受到实训指导人员的反馈和支持，见表 2.3.17。

表 2.3.17 不同职业能力水平的学生对于"我在完成实训任务的过程中，可以得到实训指导人员的反馈和支持"的回答情况

能力水平		非常少	少	偶尔	经常	非常多	合计
名义性能力	数量	0	2	4	5	1	12
	所占比例	0.0%	16.7%	33.3%	41.7%	8.3%	100.0%
功能性能力	数量	9	14	56	54	12	145
	所占比例	6.2%	9.7%	38.6%	37.2%	8.3%	100.0%
过程性能力	数量	3	15	57	72	18	165
	所占比例	1.8%	9.1%	34.5%	43.6%	10.9%	100.0%
设计能力	数量	1	1	1	7	4	14
	所占比例	7.1%	7.1%	7.1%	50.0%	28.6%	100.0%
合计	数量	13	32	118	138	35	336
	所占比例	3.9%	9.5%	35.1%	41.1%	10.4%	100.0%

表中数据显示，各能力级别的参评者均有超过一半的同学认为实训指导人员经常向他们示范如何处理具体问题、告诉他们解决专业问题的思路，并向他们解释这样做的原因以便他们掌握处理任务的方式方法。由于处于名义

性能力阶段的学生数较少,他们在各项目选择"经常"的人相对集中,因此在图 2.3.11～图 2.3.13 中名义性能力参评者对应各项目中"经常"一项比例较高。

处于功能性能力、过程性能力和设计能力三个水平的参评者在接受实训指导人员的辅导方面的选择比较接近;设计能力水平的学生相对功能性和过程性能力的学生更多地认为实训指导人员经常或非常多地告诉其解决专业问题的思路,解释原因并让他们了解需要关注的内容,即能力水平高的得到的指导更多一些。

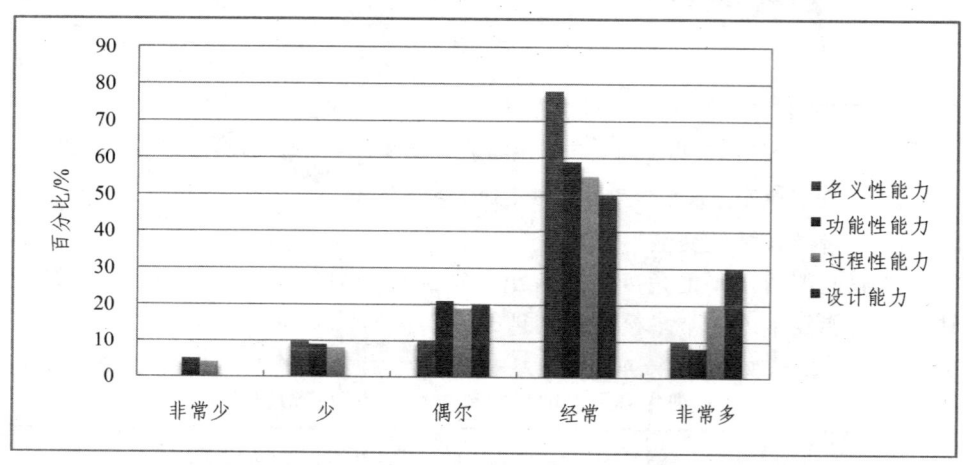

图 2.3.11 不同能力级别学生对"实训指导人员向我示范如何处理具体问题"的回答

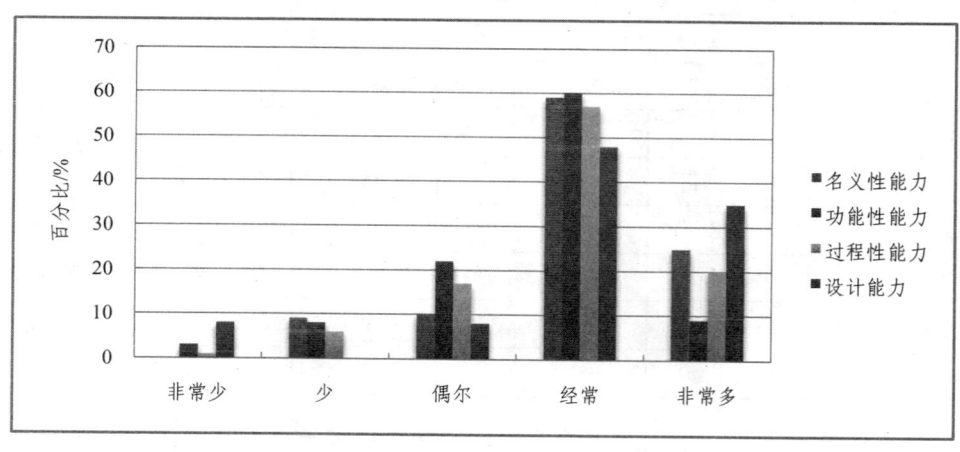

图 2.3.12 不同能力级别学生对"实训指导人员告诉学生解决专业问题的思路"的回答

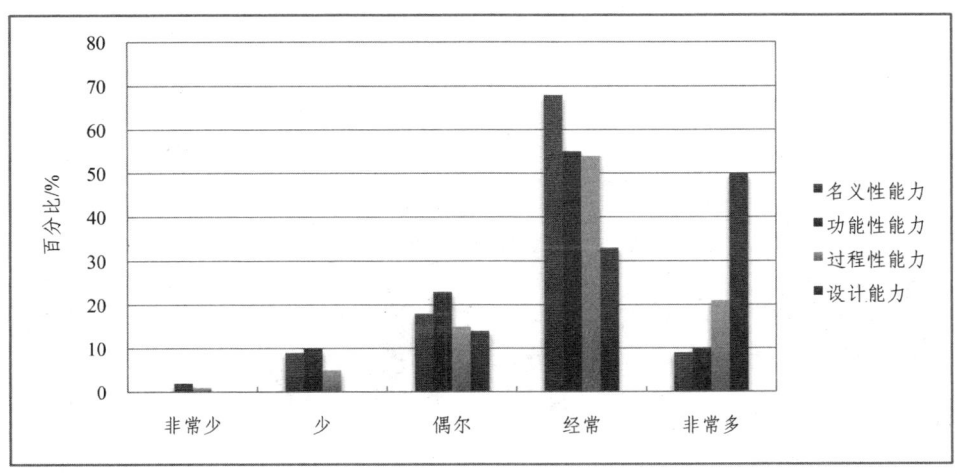

图 2.3.13 不同能力级别学生对"为了让我掌握处理任务的方式方法,解释要这样做而不那样做的理由"的回答

如图 2.3.14 数据显示,能力水平较高的,即达到设计能力水平的学生能更多地关注企业的实际要求,关注如何更专业地解决专业问题。这正好印证了设计能力的重要特征,就是具备"反思性"的知识。

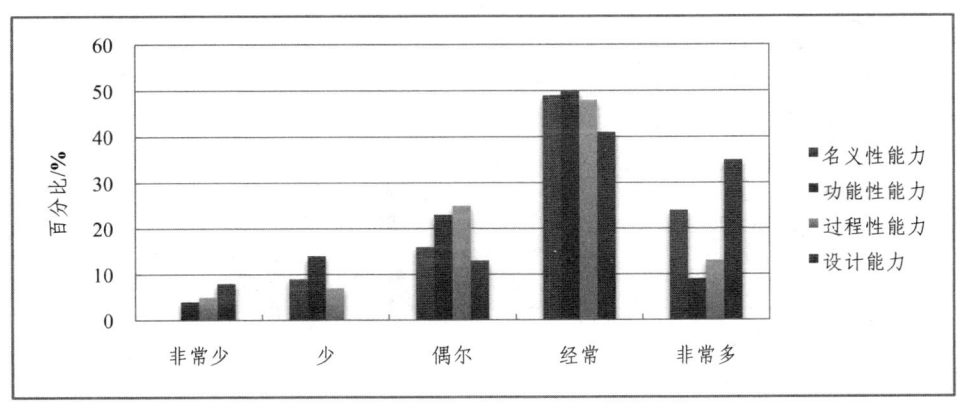

图 2.3.14 不同能力级别学生对"我更加清楚了如果我是一个企业工作人员需要特别关注和留心哪些方面"的回答

(2)实习实训帮助学生了解工作的目的和意义。

如图 2.3.15 数据显示,在实习实训期间,各能力水平的学生都认为实习实训让学生了解所做的工作,约 70%的学生对此表示认同。

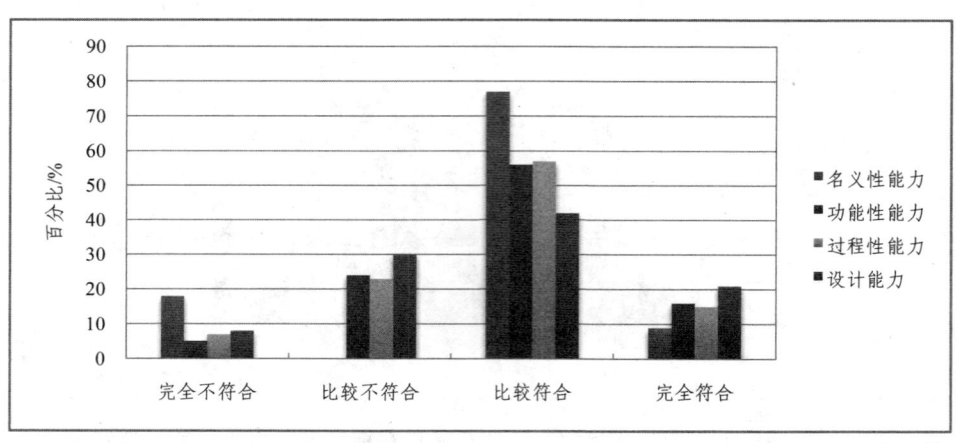

图 2.3.15 不同能力水平学生对"向我介绍承担其他角色任务的同学们在从事哪些工作"的回答

如图 2.3.16 数据显示,达到功能性能力水平、过程性能力水平和设计能力水平的各层级学生中,均有超过 80% 的学生认为实习让他们明白了所承担的工作是整个企业工作成果的一部分,这有助于他们把实习和企业实际联系起来。

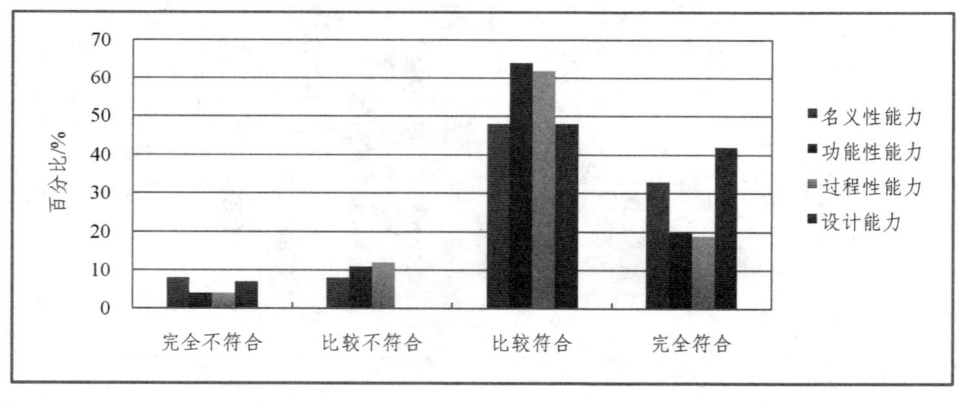

图 2.3.16 不同能力水平学生对"使我明白了我所承担的工作是整个企业工作成果的一部分"的回答

如图 2.3.17 数据显示,达到功能性能力水平、过程性能力水平和设计能力水平的各层级学生中,均有超过 70% 的学生认为实习实训让他们了解了企业的组织结构。

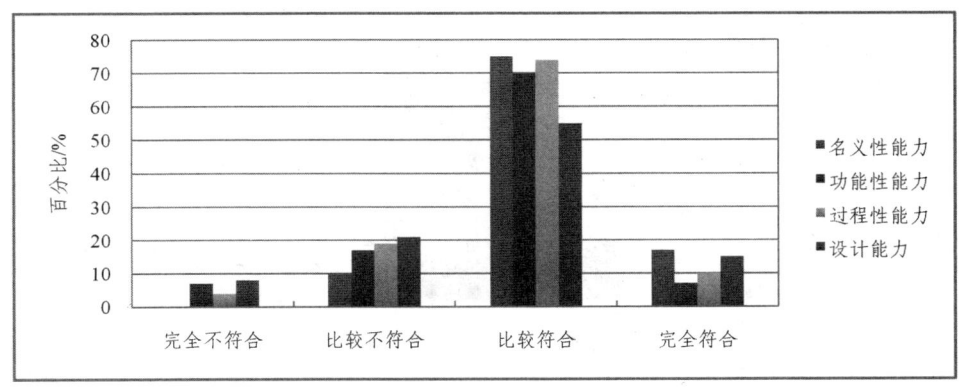

图 2.3.17　不同能力水平学生对"使我了解企业的组织结构"的回答

如图 2.3.18 数据显示，达到功能性能力水平、过程性能力水平和设计能力水平的各层级学生中，均有不到 70% 的同学表示有人向他们介绍企业其他部门的工作，但是名义性能力水平学生认为符合的比例却超过了 90%。这与我们的预设有较大差异，原因有待进一步研究。

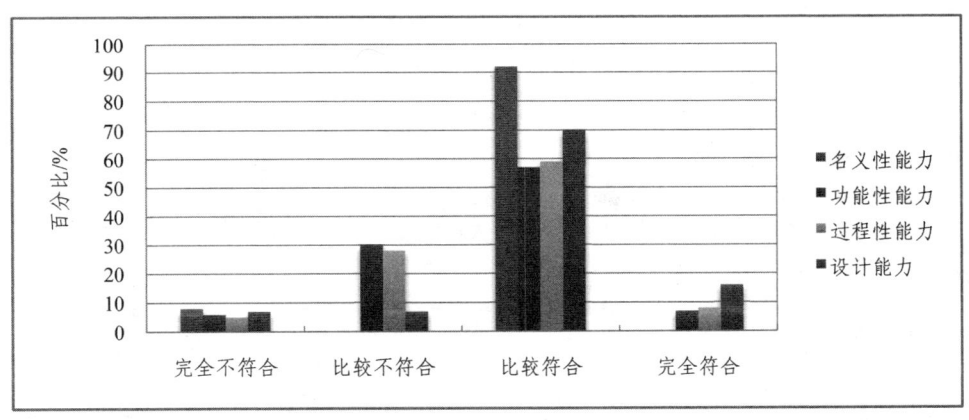

图 2.3.18　不同能力水平学生对"向我简要介绍企业其他部门的工作"的回答

如图 2.3.19 数据显示，达到功能性能力水平、过程性能力水平和设计能力水平的各层级学生中，均有超过 70% 的学生认为实习实训让他们明白所在部门在整个企业生产业务体系中的作用。但在这一项上，名义性能力水平学生认为符合的比例只有 53.9%。

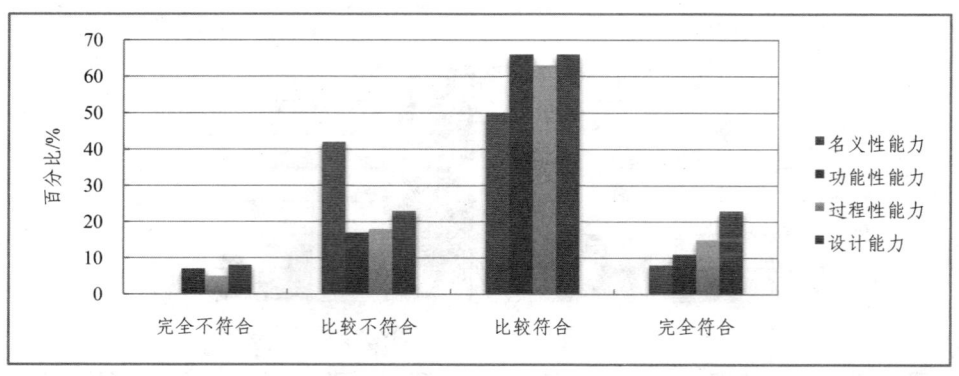

图 2.3.19　不同能力水平学生对"使我明白所在部门在整个企业生产业务体系中的作用"的回答

如图 2.3.20 数据显示，在让学生了解他的任务与所在部门的工作组织关系方面，达到设计能力水平的学生中选择比较符合一项的比例要明显高于过程性能力和功能性能力的学生。

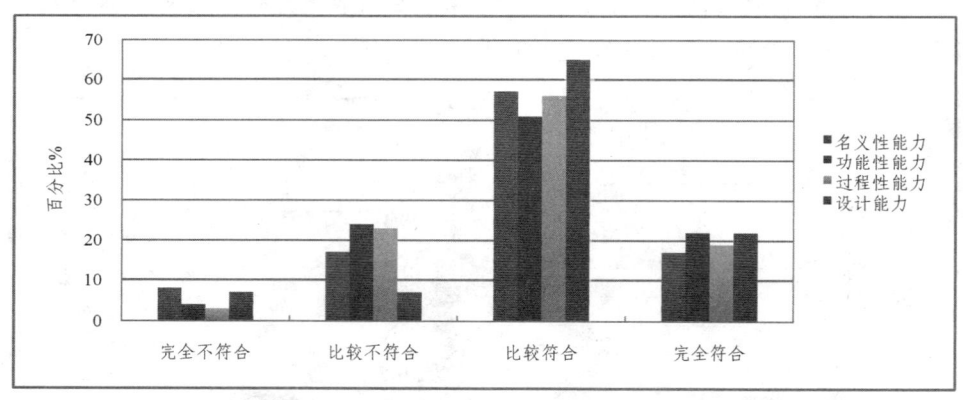

图 2.3.20　不同能力水平学生对"向我解释我的任务与我所在部门的工作组织的关系"的回答

总体来看，各能力层级的学生均认可实习实训能帮助他们从工作过程的结构上了解企业的实际情况。对达到名义能力水平的学生中的一些具体情况，还需要进一步调查。

（3）实习实训的工作内容是否丰富。

不同能力水平的学生感受到的任务变化情况不一样，见表 2.3.18。33.3%处于名义性能力水平和 42.9% 达到设计能力水平的学生认为其任务很少有变化，53.1%达到功能性能力水平的和 47.9%达到过程性能力水平的学生认为他们的任务很少有变化。这反映具有功能性和过程性能力的学生通过相同的任务提高熟练程度，而达到设计能力水平的学生则有完成不同任务的经历。处于名义能力的学生本项比例高的原因，可能是他们经历了很多杂碎的任务。

表 2.3.18　不同能力水平学生对于"实习实训期间，我执行的任务很少有变化"的回答情况

能力水平		完全不符合	比较不符合	比较符合	完全符合	合计
名义性能力	数量	1	7	4	0	12
	所占比例	8.3%	58.3%	33.3%	0.0%	100.0%
功能性能力	数量	10	58	60	17	145
	所占比例	6.9%	40.0%	41.4%	11.7%	100.0%
过程性能力	数量	14	72	65	14	165
	所占比例	8.5%	43.6%	39.4%	8.5%	100.0%
设计能力	数量	4	4	4	2	14
	所占比例	28.6%	28.6%	28.6%	14.3%	100.0%
合计	数量	29	141	133	33	336
	所占比例	8.6%	42.0%	39.6%	9.8%	100.0%

卡方检验表明，$\chi^2=11.532$，$p>0.05$。

如图 2.3.21、图 2.3.22 数据显示，尽管对于任务是否有变化的认识不同，但各能力层级的学生中，超过 70%的学生认为他们有机会做不同的工作，并且用到多种知识和技能。但更大比例的设计能力水平的学生认为他们机会与很多不同的人打交道。对名义能力人群这一问题的解释同上一项。

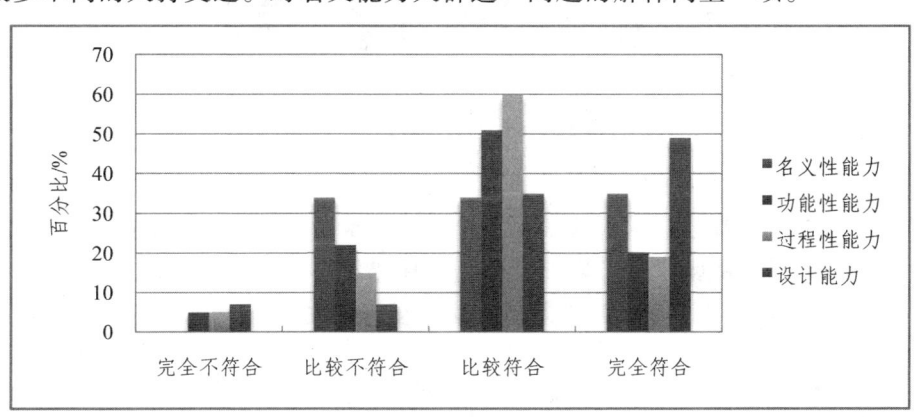

图 2.3.21　不同能力水平学生对"实习实训期间，我有机会做不同的工作，并且用到多种知识和技能"的回答

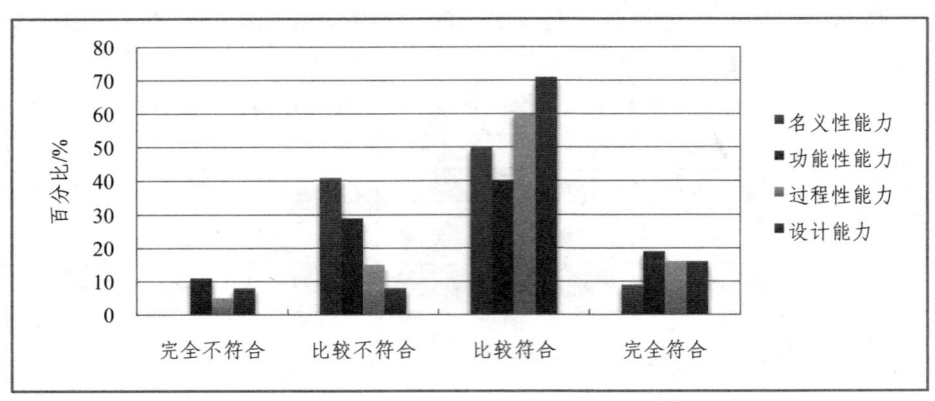

图 2.3.22 不同能力水平学生对"实习实训期间,我有机会与很多不同的人打交道"的回答

3)实习实训提出的要求与学生能力的吻合

如图 2.3.23 数据显示,在实习实训岗位与专业对口方面,30%以上各能力层级的学生感觉能经常吻合的。

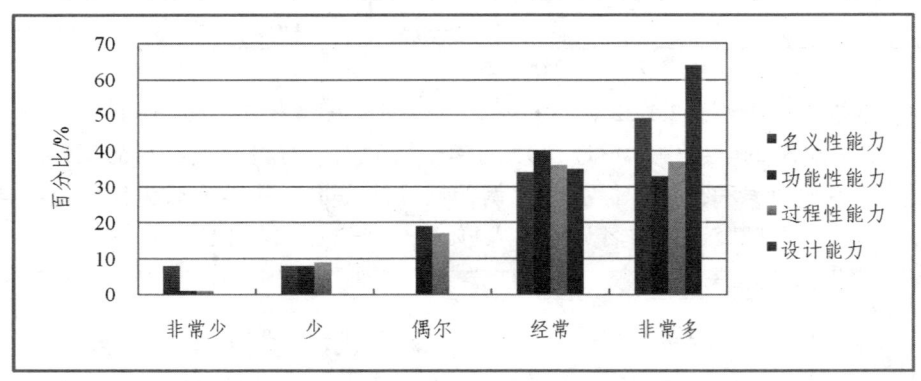

图 2.3.23 不同能力水平学生对"实习实训岗位与我所学的专业对口"的回答

如图 2.3.24 数据显示,从学生感受的任务难度来看,大约 55% 的各级能力水平的学生经常或非常多地感受到工作任务对自己是个挑战。

如图 2.3.25 数据显示,在工作任务与专业技能的吻合度上,60% 以上学生表示"经常"或"非常多"吻合。超过 80% 的名义能力水平学生认为其技能水平与任务相适应,而设计能力水平的学生这一比例最低。这清楚地表明,学生的技能水平高于他们在实习中所需要的,即学生在某种程度成为廉价的劳动力。

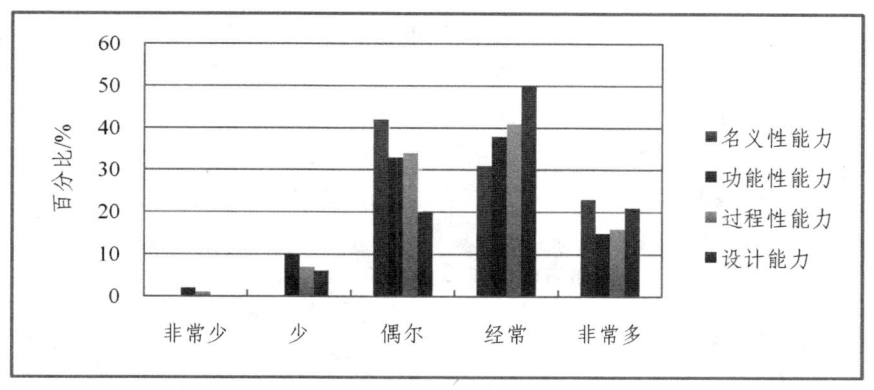

图 2.3.24　不同能力水平学生对"我接受的工作任务对我而言是个挑战"的回答

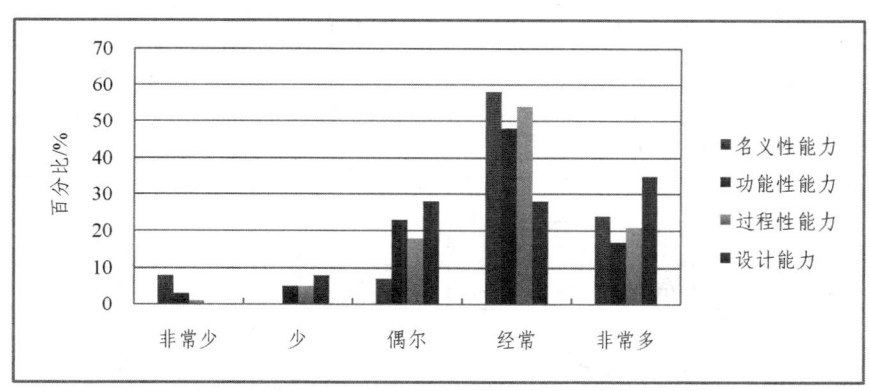

图 2.3.25　不同能力水平学生对"我的专业技能与接受的工作任务相适应"的回答

如图 2.3.26 数据显示,在实习实训要求方面,各能力层级的同学感觉比较接近,认为岗位和转业能对口,任务能和他的专业技能或能力水平相对应。

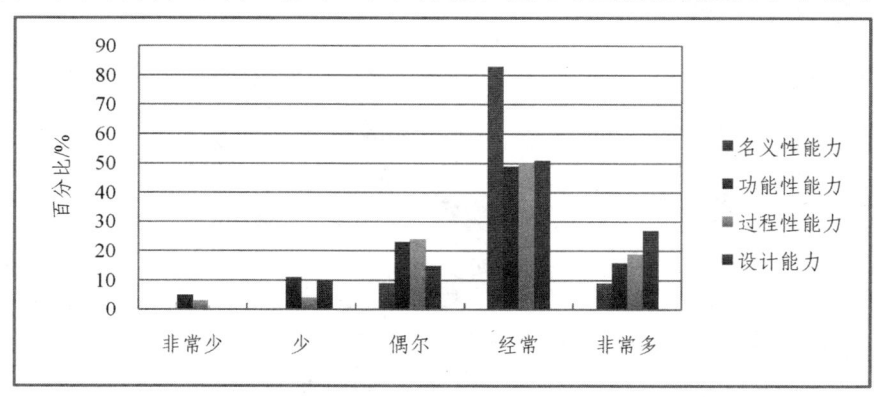

图 2.3.26　不同能力水平学生对"实习实训期间,我能展示出所学的东西"的回答

针对"工作任务对我而言是个挑战的话，我能否在实习中经常或非常多地展示出我所学的东西？"可以得到表 2.3.19 和图 2.3.27。从中可以看出，学生从工作任务很少是个挑战，到非常多的是挑战，其在实习实训期间经常或非常多的展示所学东西的比例也在增大。这提示我们，在实习实训期间，为了让学生更多地展示或应用所学的东西，应给他们多提供具有挑战性的任务。

表 2.3.19　学生对"我接受的工作任务对我而言是个挑战"和"实习实训期间，我能展示出所学的东西"的回答

我接受的工作任务对我而言是个挑战		实习实训期间，我能展示出所学的东西					合计
		非常少	少	偶尔	经常	非常多	
非常少	数量	0	1	2	0	0	3
	所占比例	0.0%	33.3%	66.7%	0.0%	0.0%	100.0%
少	数量	2	6	7	9	3	27
	所占比例	7.4%	22.2%	25.9%	33.3%	11.1%	100.0%
偶尔	数量	4	11	24	67	7	113
	所占比例	3.5%	9.7%	21.2%	59.3%	6.2%	100.0%
经常	数量	4	7	38	71	19	139
	所占比例	2.9%	5.0%	27.3%	51.1%	13.7%	100.0%
非常多	数量	0	1	7	21	25	54
	所占比例	0.0%	1.9%	13.0%	38.9%	46.3%	100.0%
合计	数量	10	26	78	168	54	336
	所占比例	3.0%	7.7%	23.2%	50.0%	16.1%	100.0%

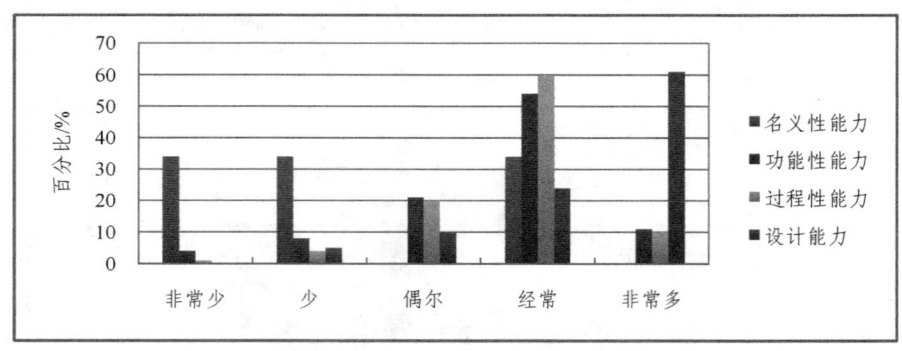

图 2.3.27　学生对"我接受的工作任务对我而言是个挑战"和"实习实训期间，我能展示出所学的东西"的回答

在工作任务的挑战性和工作任务与专业技能的适应性方面，认为任务非

常多的是个挑战的学生，也更多地认为他的专业技能经常或非常多地能与工作任务相适应。这也说明学生愿意用具有挑战性的工作任务来证明他们的专业能力。

此外，各能力水平的学生对任务复杂性的体验也是相似的。

4）学生完成任务的决定权

从总体看，学生在完成任务中所涉及的因素的决定权相似，具体分布见表 2.3.20 ~ 表 2.3.28。

表 2.3.20　不同能力水平学生对"我是否可以自己选择工作任务"的回答

能力水平		1 完全不可以	2	3	4	5 完全可以	合计
名义性能力	数量	5	1	2	1	3	12
	所占比例	41.7%	8.3%	16.7%	8.3%	25.0%	100.0%
功能性能力	数量	55	15	17	17	41	145
	所占比例	37.9%	10.3%	11.7%	11.7%	28.3%	100.0%
过程性能力	数量	56	21	24	11	52	164
	所占比例	34.1%	12.8%	14.6%	6.7%	31.7%	100.0%
设计能力	数量	7	0	1	0	6	14
	所占比例	50.0%	0.0%	7.1%	0.0%	42.9%	100.0%
合计	数量	123	37	44	29	102	335
	所占比例	36.7%	11.0%	13.1%	8.7%	30.4%	100.0%

表 2.3.21　不同能力水平学生对"我是否可以自己确定工作任务的目标"的回答

能力水平		1 完全不可以	2	3	4	5 完全可以	合计
名义性能力	数量	3	2	1	0	6	12
	所占比例	25.0%	16.7%	8.3%	.0%	50.0%	100.0%
功能性能力	数量	26	11	17	27	64	145
	所占比例	17.9%	7.6%	11.7%	18.6%	44.1%	100.0%
过程性能力	数量	19	7	15	27	96	164
	所占比例	11.6%	4.3%	9.1%	16.5%	58.5%	100.0%
设计能力	数量	1	0	0	2	11	14
	所占比例	7.1%	.0%	.0%	14.3%	78.6%	100.0%
合计	数量	49	20	33	56	177	335
	所占比例	14.6%	6.0%	9.9%	16.7%	52.8%	100.0%

第二部分　实证研究

表 2.3.22 不同能力水平学生对"我是否可以自己协调完成工作任务的进度安排"的回答

能力水平		1 完全不可以	2	3	4	5 完全可以	合计
名义性能力	数量	4	0	4	1	3	12
	所占比例	33.3%	0.0%	33.3%	8.3%	25.0%	100.0%
功能性能力	数量	22	8	25	33	57	145
	所占比例	15.2%	5.5%	17.2%	22.8%	39.3%	100.0%
过程性能力	数量	22	10	20	38	74	164
	所占比例	13.4%	6.1%	12.2%	23.2%	45.1%	100.0%
设计能力	数量	1	0	0	3	10	14
	所占比例	7.1%	0.0%	0.0%	21.4%	71.4%	100.0%
合计	数量	49	18	49	75	144	335
	所占比例	14.6%	5.4%	14.6%	22.4%	43.0%	100.0%

表 2.3.23 不同能力水平学生对"我是否可以自己确定如何展示工作过程与工作成果"的回答

能力水平		1 完全不可以	2	3	4	5 完全可以	合计
名义性能力	数量	1	0	2	1	8	12
	所占比例	8.3%	0.0%	16.7%	8.3%	66.7%	100.0%
功能性能力	数量	25	9	24	32	55	145
	所占比例	17.2%	6.2%	16.6%	22.1%	37.9%	100.0%
过程性能力	数量	20	11	22	29	82	164
	所占比例	12.2%	6.7%	13.4%	17.7%	50.0%	100.0%
设计能力	数量	3	0	2	1	8	14
	所占比例	21.4%	0.0%	14.3%	7.1%	57.1%	100.0%
合计	数量	49	20	50	63	153	335
	所占比例	14.6%	6.0%	14.9%	18.8%	45.7%	100.0%

表 2.3.24 不同能力水平学生对"我是否可以自己确定完成任务所需要的时间"的回答

能力水平		1 完全不可以	2	3	4	5 完全可以	合计
名义性能力	数量	3	2	2	0	5	12
	所占比例	25.0%	16.7%	16.7%	0.0%	41.7%	100.0%
功能性能力	数量	24	15	29	21	56	145
	所占比例	16.6%	10.3%	20.0%	14.5%	38.6%	100.0%

续表

能力水平		1 完全不可以	2	3	4	5 完全可以	合计
过程性能力	数量	32	11	32	27	62	164
	所占比例	19.5%	6.7%	19.5%	16.5%	37.8%	100.0%
设计能力	数量	0	0	2	1	11	14
	所占比例	0.0%	0.0%	14.3%	7.1%	78.6%	100.0%
合计	数量	59	28	65	49	134	335
	所占比例	17.6%	8.4%	19.4%	14.6%	40.0%	100.0%

表 2.3.25　不同能力水平学生对"我是否可以自己确定完成任务的具体方法和步骤"的回答

能力水平		1 完全不可以	2	3	4	5 完全可以	合计
名义性能力	数量	1	1	3	2	5	12
	所占比例	8.3%	8.3%	25.0%	16.7%	41.7%	100.0%
功能性能力	数量	13	7	37	22	64	143
	所占比例	9.1%	4.9%	25.9%	15.4%	44.8%	100.0%
过程性能力	数量	12	9	18	34	91	164
	所占比例	7.3%	5.5%	11.0%	20.7%	55.5%	100.0%
设计能力	数量	2	0	1	0	11	14
	所占比例	14.3%	0.0%	7.1%	0.0%	78.6%	100.0%
合计	数量	28	17	59	58	171	333
	所占比例	8.4%	5.1%	17.7%	17.4%	51.4%	100.0%

表 2.3.26　不同能力水平学生对"我是否可以自己确定所需经费"的回答

能力水平		1 完全不可以	2	3	4	5 完全可以	合计
名义性能力	数量	4	1	5	0	2	12
	所占比例	33.3%	8.3%	41.7%	0.0%	16.7%	100.0%
功能性能力	数量	63	19	18	15	30	145
	所占比例	43.4%	13.1%	12.4%	10.3%	20.7%	100.0%
过程性能力	数量	69	19	22	18	36	164
	所占比例	42.1%	11.6%	13.4%	11.0%	22.0%	100.0%
设计能力	数量	6	0	1	3	4	14
	所占比例	42.9%	0.0%	7.1%	21.4%	28.6%	100.0%
合计	数量	142	39	46	36	72	335
	所占比例	42.4%	11.6%	13.7%	10.7%	21.5%	100.0%

表 2.3.27　不同能力水平学生对"我是否可以自己确定完成任务的途径"的回答

能力水平		1完全不可以	2	3	4	5完全可以	合计
名义性能力	数量	3	0	0	4	5	12
	所占比例	25.0%	0.0%	0.0%	33.3%	41.7%	100.0%
功能性能力	数量	27	13	24	22	59	145
	所占比例	18.6%	9.0%	16.6%	15.2%	40.7%	100.0%
过程性能力	数量	18	9	26	27	84	164
	所占比例	11.0%	5.5%	15.9%	16.5%	51.2%	100.0%
设计能力	数量	5	0	2	0	7	14
	所占比例	35.7%	0.0%	14.3%	0.0%	50.0%	100.0%
合计	数量	53	22	52	53	155	335
	所占比例	15.8%	6.6%	15.5%	15.8%	46.3%	100.0%

表 2.3.28　不同能力水平学生对"我是否可以自己确定完成工作要遵循的规则、规章制度和协议"的回答

能力水平		1完全不可以	2	3	4	5完全可以	合计
名义性能力	数量	3	1	0	2	6	12
	所占比例	25.0%	8.3%	0.0%	16.7%	50.0%	100.0%
功能性能力	数量	18	10	10	36	71	145
	所占比例	12.4%	6.9%	6.9%	24.8%	49.0%	100.0%
过程性能力	数量	26	11	12	31	84	164
	所占比例	15.9%	6.7%	7.3%	18.9%	51.2%	100.0%
设计能力	数量	2	0	0	0	12	14
	所占比例	14.3%	0.0%	0.0%	0.0%	85.7%	100.0%
合计	数量	49	22	22	69	173	335
	所占比例	14.6%	6.6%	6.6%	20.6%	51.6%	100.0%

由于处于名义性能力水平阶段的学生人数较少，若略去这部分学生进行分析可以发现：功能性能力、过程性能力和设计能力水平的学生在确定完成任务的合作伙伴和确定完成工作需要的信息、原材料的性能和规格方面的决定权情况存在差异。由表 2.3.29 和表 2.3.30 可见，选择"5 完全可以"的功

能性能力水平学生的比例明显小于过程性和设计能力水平的学生，而选择"3"中间项的学生人数则多于其他两个能力水平的学生。这说明，（参与）决策可以促进学生的能力发展。

表 2.3.29　不同能力水平学生对"我是否可以自己确定完成工作需要的信息、原材料的性能和规格"的回答

能力水平		1 完全不可以	2	3	4	5 完全可以	合计
名义性能力	数量	4	0	2	1	5	12
	所占比例	33.3%	0.0%	16.7%	8.3%	41.7%	100.0%
功能性能力	数量	24	10	38	20	53	145
	所占比例	16.6%	6.9%	26.2%	13.8%	36.6%	100.0%
过程性能力	数量	23	8	25	23	85	164
	所占比例	14.0%	4.9%	15.2%	14.0%	51.8%	100.0%
设计能力	数量	6	0	0	2	6	14
	所占比例	42.9%	0.0%	0.0%	14.3%	42.9%	100.0%
合计	数量	57	18	65	46	149	335
	所占比例	17.0%	5.4%	19.4%	13.7%	44.5%	100.0%

表 2.3.30　不同能力水平学生对"我是否可以自己确定完成任务的合作伙伴"的回答

能力水平		1 完全不可以	2	3	4	5 完全可以	合计
名义性能力	数量	2	2	2	1	5	12
	所占比例	16.7%	16.7%	16.7%	8.3%	41.7%	100.0%
功能性能力	数量	27	13	27	19	59	145
	所占比例	18.6%	9.0%	18.6%	13.1%	40.7%	100.0%
过程性能力	数量	18	11	16	29	90	164
	所占比例	11.0%	6.7%	9.8%	17.7%	54.9%	100.0%
设计能力	数量	1	0	0	1	12	14
	所占比例	7.1%	0.0%	0.0%	7.1%	85.7%	100.0%
合计	数量	48	26	45	50	166	335
	所占比例	14.3%	7.8%	13.4%	14.9%	49.6%	100.0%

5）小结

（1）在测试动机方面，参加测评学生完成测评任务用时主要集中在 1~2 个小时。超过 70% 的参评者对测试任务感兴趣；70%以上的参评者认为这种测试任务有用；超过 80%的参评者认为测试任务和他们的职业有关系。

（2）在接受实习实训指导方面，达到较高职业能力水平的学生更多认为能经常或非常多接受到实训指导人员的反馈和支持。一半以上的参评者均认为实训指导人员经常提供指导。设计能力水平的学生更多地认为实习实训能让帮助其了解作为企业工作人员需要特别关注和留心哪些方面的内容。

所有学生均认可实习实训能帮助他们从工作过程的结构上了解企业的实际情况。在了解任务与所在部门的工作组织关系方面，达到设计能力水平的学生比例明显高于其他学生。

不同能力水平的学生感受到的任务变化情况不一样。功能性能力和过程性能力水平的学生的学习任务较其他学生较少有变化。

在任务难度方面，约 55% 的学生经常或非常多地感受到工作任务对自己是个挑战。学生对任务复杂性的体验也比较一致，他们对任务完成过程决定权的感受也没有明显差异。

所有学生都愿意接受有挑战性的任务，认为这能让他们在实习实训中展示所学的东西。

4. 不同类型院校学生实习实训期间的学习情况

1）实习实训人员组织和指导

在学生实习实训指导人员安排方面，学生普遍认为以学校教师的指导为主，同时也安排较多的企业兼职教师和高年级学生进行指导。高年级学生参与指导,说明以学生为中心的教学改革取得了积极的进展。参评学生中 92% 的学生认为在实习实训期间遇到过问题和矛盾，大部分（遇到问题学生的 91%）认为指导人员能帮他们解决问题。

表 2.3.31　不同类型院校学生对实习实训指导人员的选择情况

学校	学校教师	企业兼职教师	高年级学生	没有人专门指导
行业类高职院校（n=336）	91.4%	36.6%	16.1%	3.9%

在参加测评的学生中，有 41.1%的学生认为他们在完成实训任务的过程中，

能经常得到实训指导人员的反馈和支持,有 10.4% 的学生认为他们能非常多地得到反馈和支持,见表 2.3.32。

表 2.3.32　不同职业能力水平的学生对于"我在完成实训任务的过程中,可以得到实训指导人员的反馈和支持"的回答情况

能力水平		非常少	少	偶尔	经常	非常多	合计
名义性能力	数量	0	2	4	5	1	12
	所占比例	0.0%	16.7%	33.3%	41.7%	8.3%	100.0%
功能性能力	数量	9	14	56	54	12	145
	所占比例	6.2%	9.7%	38.6%	37.2%	8.3%	100.0%
过程性能力	数量	3	15	57	72	18	165
	所占比例	1.8%	9.1%	34.5%	43.6%	10.9%	100.0%
设计能力	数量	1	1	1	7	4	14
	所占比例	7.1%	7.1%	7.1%	50.0%	28.6%	100.0%
合计	数量	13	32	118	138	35	336
	所占比例	3.9%	9.5%	35.1%	41.1%	10.4%	100.0%

三类学校均有超过一半的同学认为实训指导人员经常向他们示范如何处理具体问题、告诉他们解决专业问题的思路,并向他们解释这样做的原因以便他们掌握处理任务的方式方法,如图 2.3.28～图 2.3.30 所示。

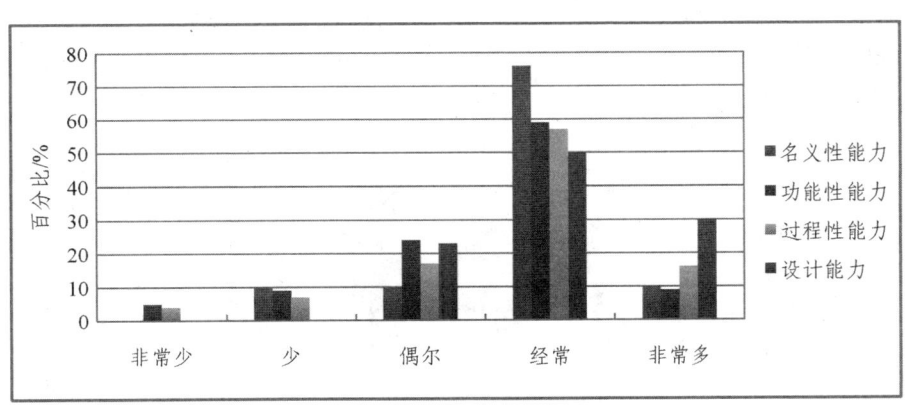

图 2.3.28　不同能力级别学生对"实训指导人员向我示范如何处理具体问题"的回答

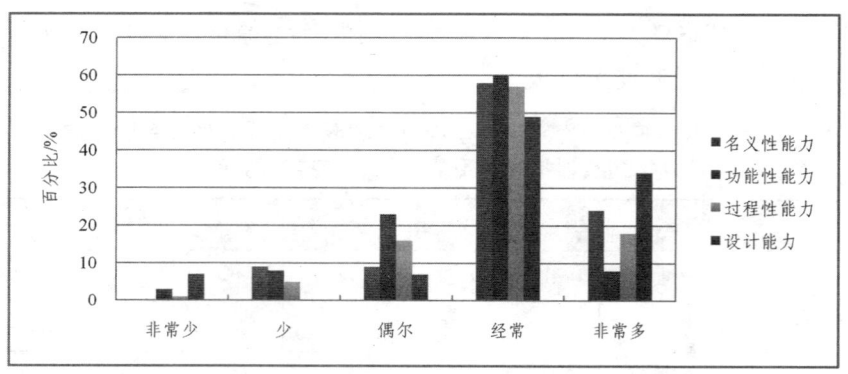

图 2.3.29　不同能力级别学生对"实训指导人员告诉学生解决专业问题的思路"的回答

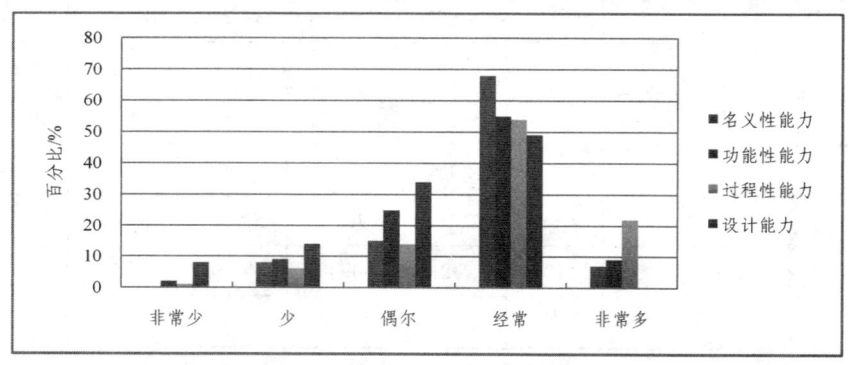

图 2.3.30　不同能力级别学生对"为了让我掌握处理任务的方式方法，解释要这样做而不那样做的理由"的回答

在让学生了解作为企业员工需要特别关注和留心的内容方面，三类学校实训指导人员做的也比较接近。这说明，将所有院校分为三大类的方法还不足以分析实习的组织安排，而需要更细的分类，如按照学校等，如图 2.3.31 所示。

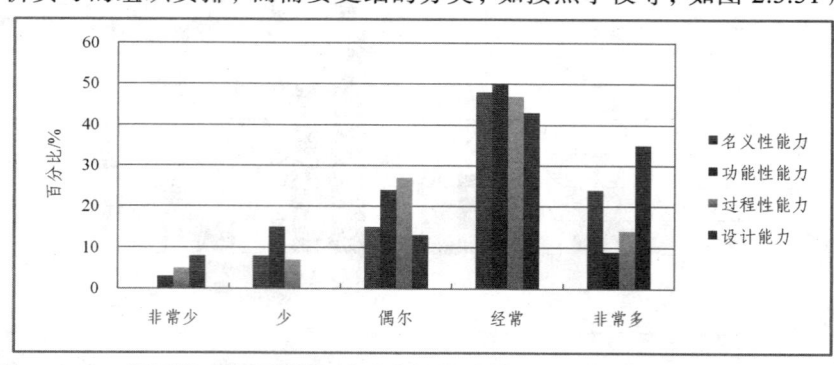

图 2.3.31　不同能力级别学生对"我更加清楚了如果我是一个企业工作人员需要特别关注和留心哪些方面"的回答

2）实习实训教学帮助学生了解工作的目的和意义

在实习实训期间，各高职院校都注重让学生彼此了解他们所做的工作，约 70%的学生对此表示认同，如图 2.3.32 所示。

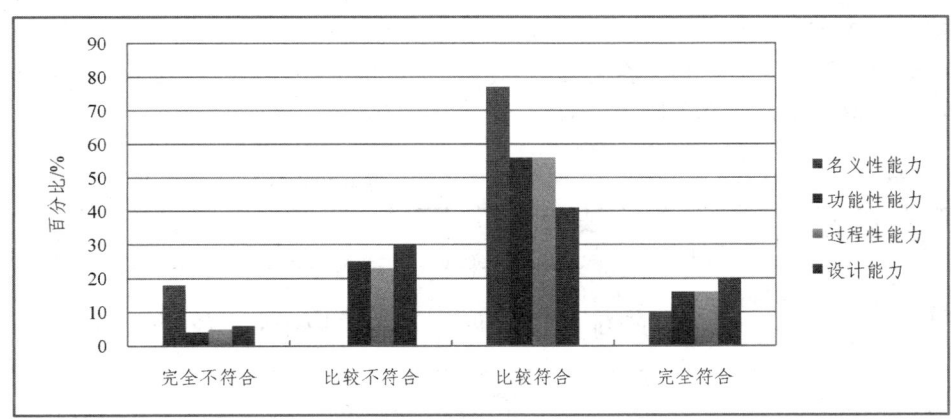

图 2.3.32　不同能力水平学生对"向我介绍承担其他角色任务的同学们在从事哪些工作"地回答

各院校都重视让学生明白他所承担的工作对于企业实际工作的意义，如图 2.3.33 所示。

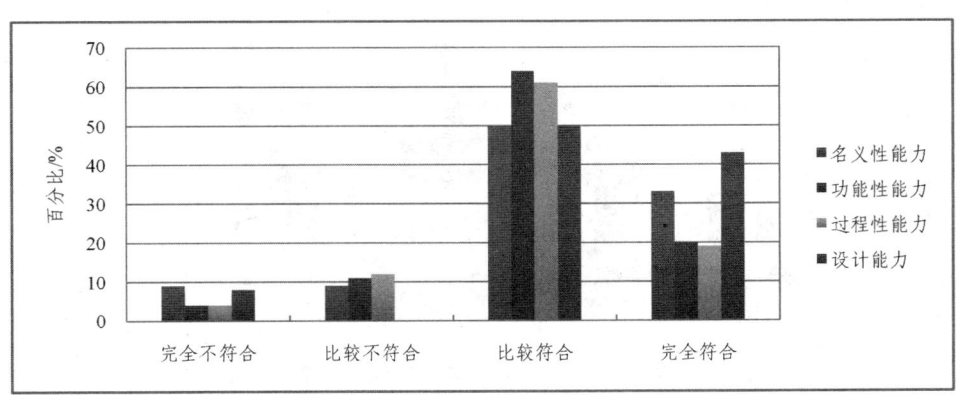

图 2.3.33　不同能力水平学生对"使我明白了我所承担的工作是整个企业工作成果的一部分"的回答

3）实习实训的工作内容是否丰富

由表 2.3.33 可知，在实习实训的任务方面，74.6%学生认为了解到其他同学的岗位和任务。达到设计能力水平的学生中只有 62.5%认为可以了解到其他同学的岗位和任务，而在其他三个能力水平的同学中均为 74%。这与我们本来的设想是矛盾的。不知是否是因为这些学生更多地关注自己的任务，而对周围同学的实习情况关注相对较少。

表 2.3.33　学生对"我可以了解到其他同学的岗位和工作任务"的回答情况

学校	完全不符合	比较不符合	比较符合	完全符合	总计
行业类职业学院（n=336）	5.1%	20.2%	54.7%	19.9%	100.0%

在是否有机会做不同的工作、并且用到多种知识和技能方面，各校学生的回答大体相当，而且有机会做不同的工作的学生比例也较高，如图 2.3.34、图 2.3.35 所示。这反映了实习实训中的学习成分还是很高的。

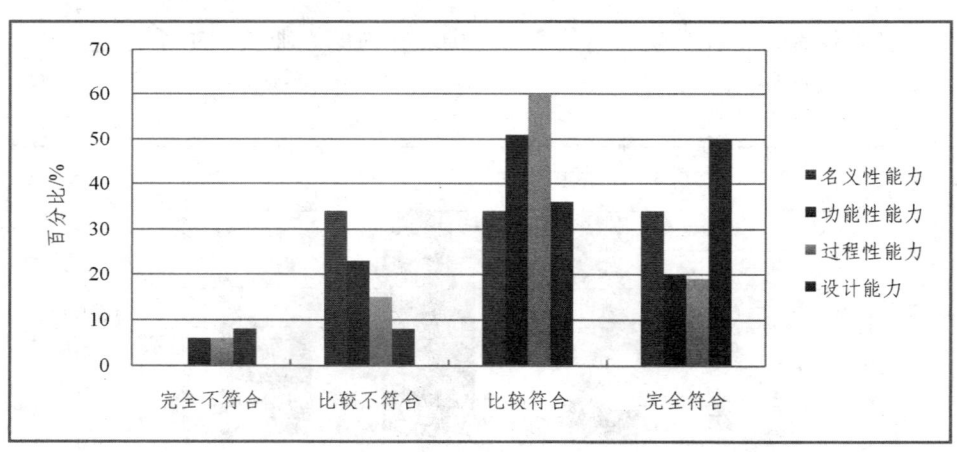

图 2.3.34　不同能力水平学生对"实习实训期间，我有机会做不同的工作，并且用到多种知识和技能"的回答

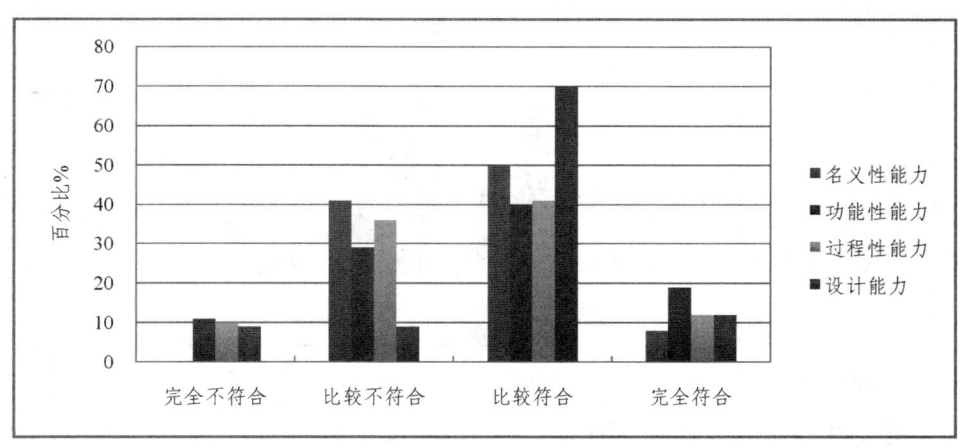

图 2.3.35　不同能力水平学生对"实习实训期间，我有机会与很多不同的人打交道"的回答

4）实习实训提出的要求与学生能力的吻合

在实习实训岗位与专业对口方面，设计能力水平的学生认为专业对口的比例较高，如图 2.3.36 所示。

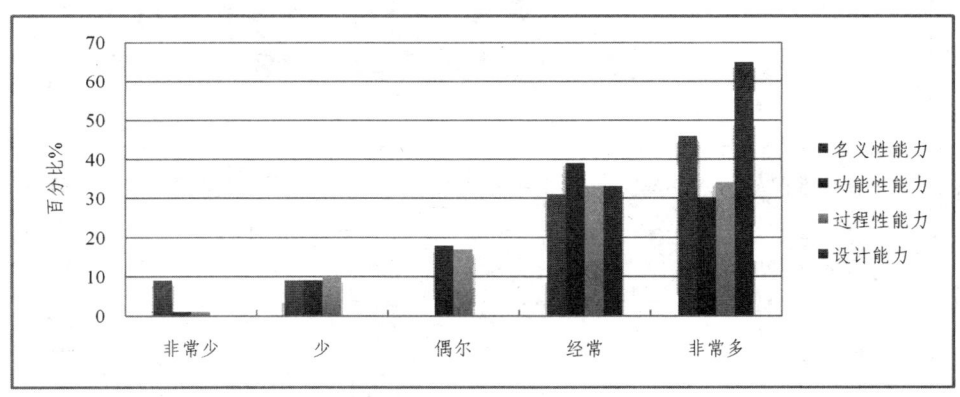

图 2.3.36　不同能力水平学生对"实习实训岗位与我所学的专业对口"的回答

从学生感受到的任务难度来看，70%的设计能力水平学生更多地经常或非常多地感受到工作任务对自己是个挑战，如图 2.3.37 所示。

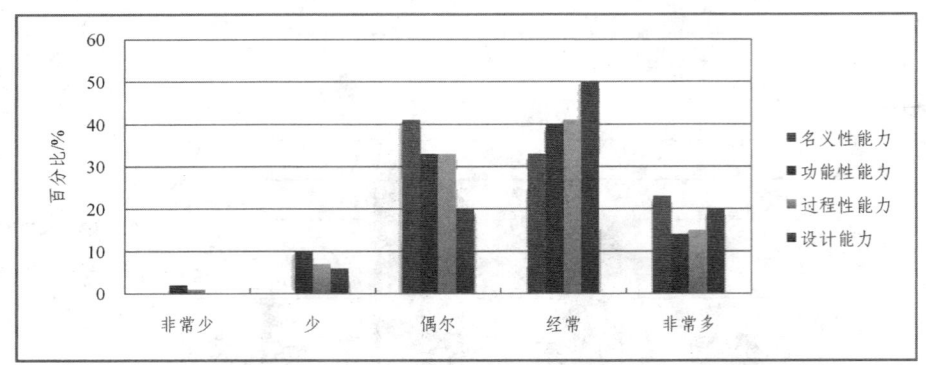

图 2.3.37 不同能力水平学生对"我接受的工作任务对我而言是个挑战"的回答

在工作任务与专业技能的吻合度上，70%的学生表示"经常"或"非常多"吻合，如图 2.3.38、图 2.3.39 所示。

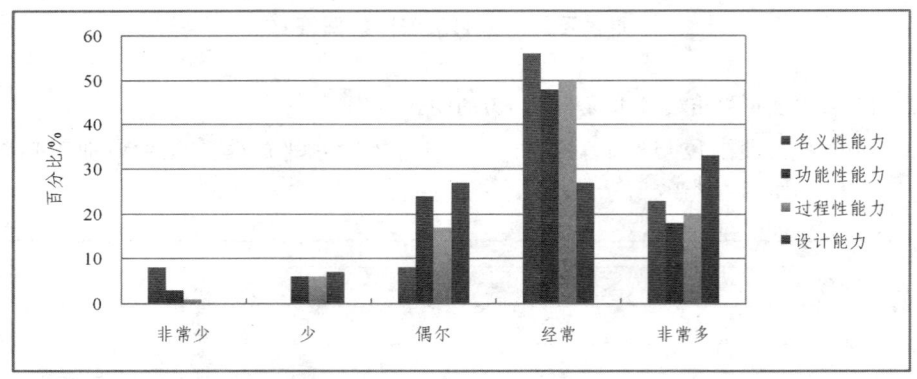

图 2.3.38 不同能力水平学生对"我的专业技能与接受的工作任务相适应"的回答

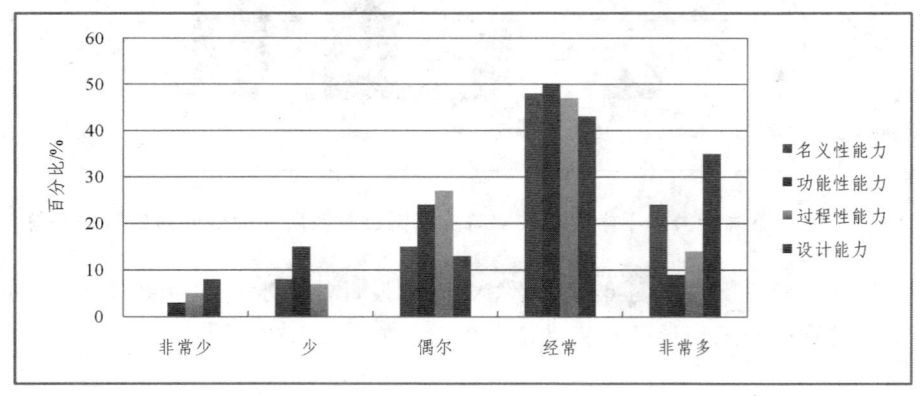

图 2.3.39 不同能力水平学生对"实习实训期间，我能展示出所学的东西"的回答

5）实习实训期间任务的复杂性

对于工作任务的复杂性，约 47% 的学生经常或非常多地感觉到实习实训期间所完成工作任务的内容之间有很复杂的联系，偶尔感到复杂的学生比例超过了 40%。总体来看，有 80% 的学生能感受到任务的复杂性，如图 2.3.40 所示。

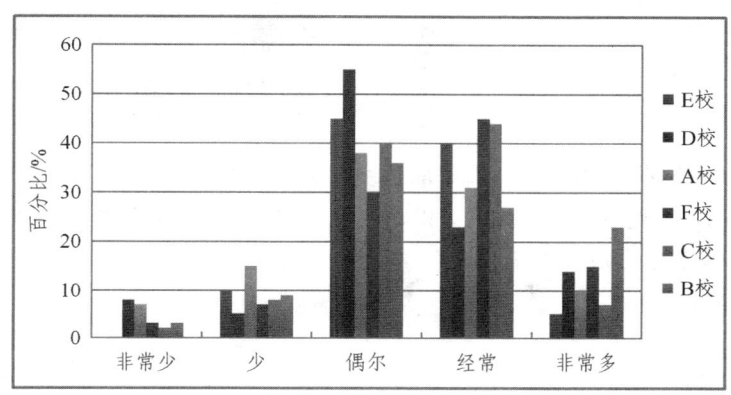

图 2.3.40　不同高职院校学生对"工作任务的内容之间的联系很复杂"的回答

由于认识到任务的复杂性，学生也能认识到工作目标及准确确定目标的重要性。从总体来看，有 55% 的学生能经常或非常多地认识到"任务完成的结果应当有助于实现不同的目标"，如图 2.3.41、图 2.3.42 所示。

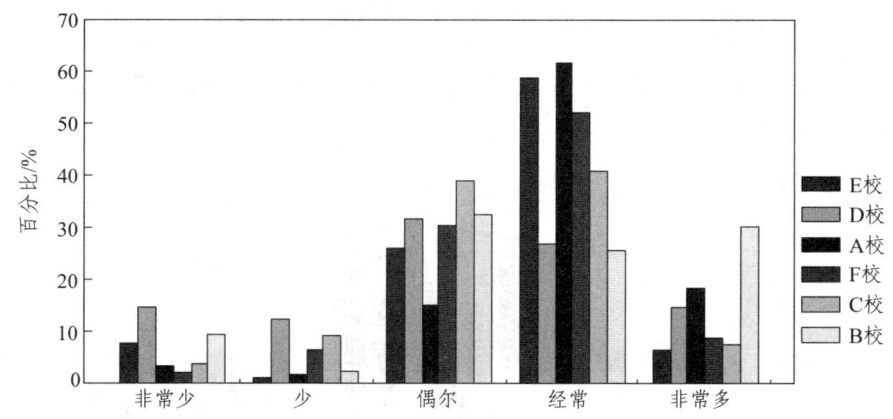

图 2.3.41　不同院校学生对"任务完成的结果应当有助于实现不同的目标"的回答

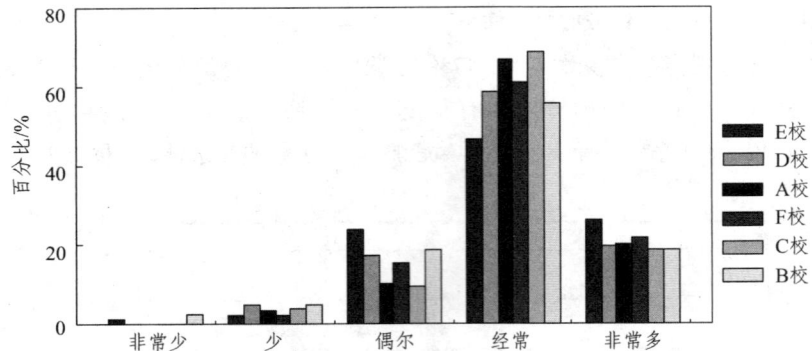

图 2.3.42 不同院校学生对"在完成任务过程中,我必须准确确定目标"的回答

从图 2.3.43～图 2.3.47 中可以看出,完成复杂任务需要综合考虑各方需求,需平衡各方关系,考虑多种因素,要搜集处理各种相关的重要信息和应对多种变化。

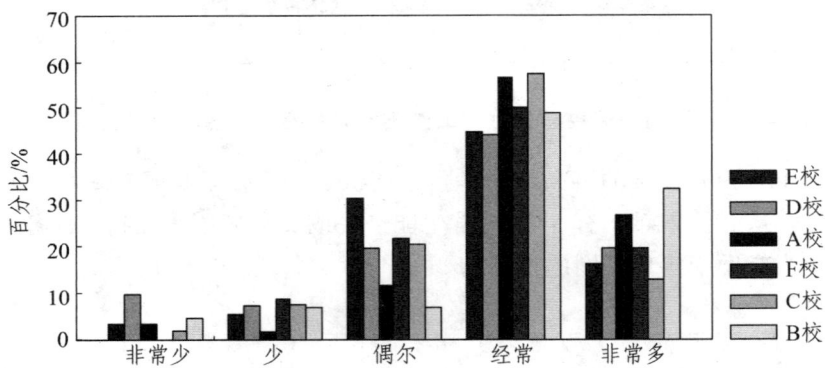

图 2.3.43 不同高职院校学生对"我必须搜集并处理很多与工作相关的重要信息"的回答

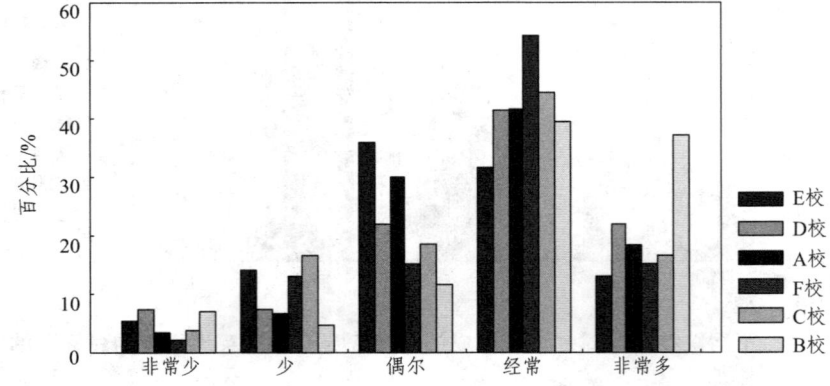

图 2.3.44 不同院校学生对"做工作期间,我必须应对很多变化"的回答

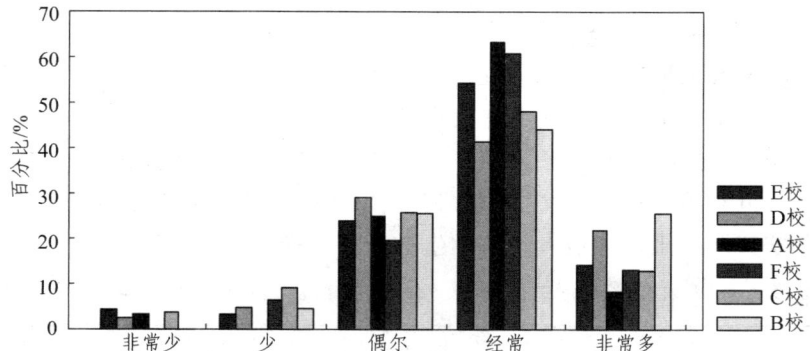

图 2.3.45 不同院校学生对"在完成任务过程中,我必须考虑工作任务受多种因素影响"的回答

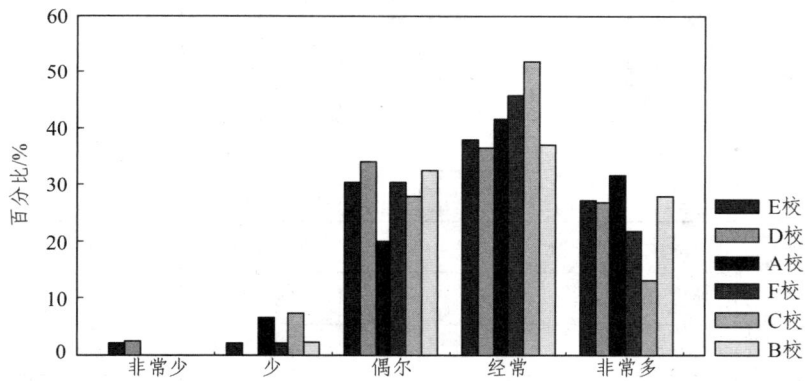

图 2.3.46 不同院校学生对"在完成任务时,我必须综合考虑各方的需求"的回答

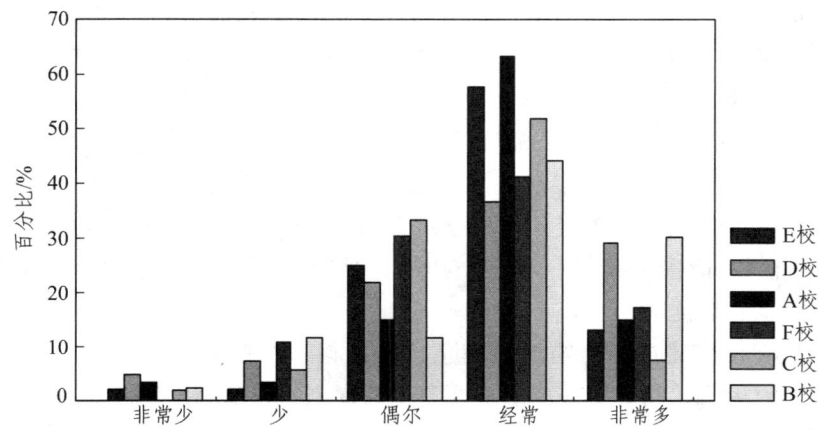

图 2.3.47 不同院校学生对"在完成任务时,我必须平衡各方的关系"的回答

6）学生完成任务的决定权

在实习实训期间，学生能在一定程度上对完成任务的过程做出决策，但各类学校学生在不同方面的决定权有较大差异。

首先，在选择工作任务方面，有约 30% 的学生认为他们完全不能选择工作任务，也有约 30% 的学生认为完全可以选择工作任务，见表 2.3.34。这反映出各校实习安排差别很大，给学生的任务选择权也不一样。

表 2.3.34　不同能力水平学生对"我是否可以自己选择工作任务"的回答

能力水平		1 完全不可以	2	3	4	5 完全可以	合计
名义性能力	数量	5	1	2	1	3	12
	所占比例	41.7%	8.3%	16.7%	8.3%	25.0%	100.0%
功能性能力	数量	55	15	17	17	41	145
	所占比例	37.9%	10.3%	11.7%	11.7%	28.3%	100.0%
过程性能力	数量	56	21	24	11	52	164
	所占比例	34.1%	12.8%	14.6%	6.7%	31.7%	100.0%
设计能力	数量	7	0	1	0	6	14
	所占比例	50.0%	0.0%	7.1%	0.0%	42.9%	100.0%
合计	数量	123	37	44	29	102	335
	所占比例	36.7%	11.0%	13.1%	8.7%	30.4%	100.0%

其次，在确定所需经费方面，各校学生的决定权都不大，超过 40% 的学生认为完全不可以确定所需经费，这可能是因为在任务设计中留给学生确定经费的空间不大。

再次，9 项完成工作任务需确定的内容方面，各校学生的选择均出现"完全可以"一项选择人数最多，其余各选项选择较为分散。

各校学生在以下各项上认为完全可以做出决定的比例均超过 40%，其中在确定完成任务所需要的时间一项上为 40.4%，确定工作任务的目标的比例是 53%，其余介于这二者之间。

各校在确定完成工作需要的信息、原材料的性能和规格一项上比例值差距最小，为 14%，在确定完成工作要遵循的规则、规章制度和协议一项上的比例值相差最大，为 34%，见表 2.3.35～表 2.3.44。

表 2.3.35　不同能力水平学生对"我是否可以自己确定工作任务的目标"的回答

能力水平		1 完全不可以	2	3	4	5 完全可以	合计
名义性能力	数量	3	2	1	0	6	12
	所占比例	25.0%	16.7%	8.3%	0.0%	50.0%	100.0%
功能性能力	数量	26	11	17	27	64	145
	所占比例	17.9%	7.6%	11.7%	18.6%	44.1%	100.0%
过程性能力	数量	19	7	15	27	96	164
	所占比例	11.6%	4.3%	9.1%	16.5%	58.5%	100.0%
设计能力	数量	1	0	0	2	11	14
	所占比例	7.1%	0.0%	0.0%	14.3%	78.6%	100.0%
合计	数量	49	20	33	56	177	335
	所占比例	14.6%	6.0%	9.9%	16.7%	52.8%	100.0%

表 2.3.36　不同能力水平学生对"我是否可以自己协调完成工作任务的进度安排"的回答

能力水平		1 完全不可以	2	3	4	5 完全可以	合计
名义性能力	数量	4	0	4	1	3	12
	所占比例	33.3%	0.0%	33.3%	8.3%	25.0%	100.0%
功能性能力	数量	22	8	25	33	57	145
	所占比例	15.2%	5.5%	17.2%	22.8%	39.3%	100.0%
过程性能力	数量	22	10	20	38	74	164
	所占比例	13.4%	6.1%	12.2%	23.2%	45.1%	100.0%
设计能力	数量	1	0	0	3	10	14
	所占比例	7.1%	0.0%	0.0%	21.4%	71.4%	100.0%
合计	数量	49	18	49	75	144	335
	所占比例	14.6%	5.4%	14.6%	22.4%	43.0%	100.0%

表 2.3.37　不同能力水平学生对"我是否可以自己确定如何展示工作过程与工作成果"的回答

能力水平		1 完全不可以	2	3	4	5 完全可以	合计
名义性能力	数量	1	0	2	1	8	12
	所占比例	8.3%	0.0%	16.7%	8.3%	66.7%	100.0%

续表

能力水平		1 完全不可以	2	3	4	5 完全可以	合计
功能性能力	数量	25	9	24	32	55	145
	所占比例	17.2%	6.2%	16.6%	22.1%	37.9%	100.0%
过程性能力	数量	20	11	22	29	82	164
	所占比例	12.2%	6.7%	13.4%	17.7%	50.0%	100.0%
设计能力	数量	3	0	2	1	8	14
	所占比例	21.4%	0.0%	14.3%	7.1%	57.1%	100.0%
合计	数量	49	20	50	63	153	335
	所占比例	14.6%	6.0%	14.9%	18.8%	45.7%	100.0%

表 2.3.38　不同能力水平学生对"我是否可以自己确定完成任务所需要的时间"的回答

能力水平		1 完全不可以	2	3	4	5 完全可以	合计
名义性能力	数量	3	2	2	0	5	12
	所占比例	25.0%	16.7%	16.7%	0.0%	41.7%	100.0%
功能性能力	数量	24	15	29	21	56	145
	所占比例	16.6%	10.3%	20.0%	14.5%	38.6%	100.0%
过程性能力	数量	32	11	32	27	62	164
	所占比例	19.5%	6.7%	19.5%	16.5%	37.8%	100.0%
设计能力	数量	0	0	2	1	11	14
	所占比例	0.0%	0.0%	14.3%	7.1%	78.6%	100.0%
合计	数量	59	28	65	49	134	335
	所占比例	17.6%	8.4%	19.4%	14.6%	40.0%	100.0%

表 2.3.39　不同能力水平学生对"我是否可以自己确定完成任务的具体方法和步骤"的回答

能力水平		1 完全不可以	2	3	4	5 完全可以	合计
名义性能力	数量	1	1	3	2	5	12
	所占比例	8.3%	8.3%	25.0%	16.7%	41.7%	100.0%
功能性能力	数量	13	7	37	22	64	143
	所占比例	9.1%	4.9%	25.9%	15.4%	44.8%	100.0%
过程性能力	数量	12	9	18	34	91	164
	所占比例	7.3%	5.5%	11.0%	20.7%	55.5%	100.0%

续表

能力水平		1 完全不可以	2	3	4	5 完全可以	合计
设计能力	数量	2	0	1	0	11	14
	所占比例	14.3%	0.0%	7.1%	0.0%	78.6%	100.0%
合计	数量	28	17	59	58	171	333
	所占比例	8.4%	5.1%	17.7%	17.4%	51.4%	100.0%

表 2.3.40 不同能力水平学生对"我是否可以自己确定所需经费"的回答

能力水平		1 完全不可以	2	3	4	5 完全可以	合计
名义性能力	数量	4	1	5	0	2	12
	所占比例	33.3%	8.3%	41.7%	0.0%	16.7%	100.0%
功能性能力	数量	63	19	18	15	30	145
	所占比例	43.4%	13.1%	12.4%	10.3%	20.7%	100.0%
过程性能力	数量	69	19	22	18	36	164
	所占比例	42.1%	11.6%	13.4%	11.0%	22.0%	100.0%
设计能力	数量	6	0	1	3	4	14
	所占比例	42.9%	0.0%	7.1%	21.4%	28.6%	100.0%
合计	数量	142	39	46	36	72	335
	所占比例	42.4%	11.6%	13.7%	10.7%	21.5%	100.0%

表 2.3.41 不同能力水平学生对"我是否可以自己确定完成任务的途径"的回答

能力水平		1 完全不可以	2	3	4	5 完全可以	合计
名义性能力	数量	3	0	0	4	5	12
	所占比例	25.0%	0.0%	0.0%	33.3%	41.7%	100.0%
功能性能力	数量	27	13	24	22	59	145
	所占比例	18.6%	9.0%	16.6%	15.2%	40.7%	100.0%
过程性能力	数量	18	9	26	27	84	164
	所占比例	11.0%	5.5%	15.9%	16.5%	51.2%	100.0%
设计能力	数量	5	0	2	0	7	14
	所占比例	35.7%	0.0%	14.3%	0.0%	50.0%	100.0%
合计	数量	53	22	52	53	155	335
	所占比例	15.8%	6.6%	15.5%	15.8%	46.3%	100.0%

表 2.3.42 不同能力水平学生对"我是否可以自己确定完成工作要遵循的规则、规章制度和协议"的回答

能力水平		1 完全不可以	2	3	4	5 完全可以	合计
名义性能力	数量	3	1	0	2	6	12
	所占比例	25.0%	8.3%	0.0%	16.7%	50.0%	100.0%
功能性能力	数量	18	10	10	36	71	145
	所占比例	12.4%	6.9%	6.9%	24.8%	49.0%	100.0%
过程性能力	数量	26	11	12	31	84	164
	所占比例	15.9%	6.7%	7.3%	18.9%	51.2%	100.0%
设计能力	数量	2	0	0	0	12	14
	所占比例	14.3%	0.0%	0.0%	0.0%	85.7%	100.0%
合计	数量	49	22	22	69	173	335
	所占比例	14.6%	6.6%	6.6%	20.6%	51.6%	100.0%

表 2.3.43 不同能力水平学生对"我是否可以自己确定完成工作需要的信息、原材料的性能和规格"的回答

能力水平		1 完全不可以	2	3	4	5 完全可以	合计
名义性能力	数量	4	0	2	1	5	12
	所占比例	33.3%	0.0%	16.7%	8.3%	41.7%	100.0%
功能性能力	数量	24	10	38	20	53	145
	所占比例	16.6%	6.9%	26.2%	13.8%	36.6%	100.0%
过程性能力	数量	23	8	25	23	85	164
	所占比例	14.0%	4.9%	15.2%	14.0%	51.8%	100.0%
设计能力	数量	6	0	0	2	6	14
	所占比例	42.9%	0.0%	0.0%	14.3%	42.9%	100.0%
合计	数量	57	18	65	46	149	335
	所占比例	17.0%	5.4%	19.4%	13.7%	44.5%	100.0%

表 2.3.44　不同能力水平学生对"我是否可以自己确定完成任务的合作伙伴"的回答

能力水平		1完全不可以	2	3	4	5完全可以	合计
名义性能力	数量	2	2	2	1	5	12
	所占比例	16.7%	16.7%	16.7%	8.3%	41.7%	100.0%
功能性能力	数量	27	13	27	19	59	145
	所占比例	18.6%	9.0%	18.6%	13.1%	40.7%	100.0%
过程性能力	数量	18	11	16	29	90	164
	所占比例	11.0%	6.7%	9.8%	17.7%	54.9%	100.0%
设计能力	数量	1	0	0	1	12	14
	所占比例	7.1%	0.0%	0.0%	7.1%	85.7%	100.0%
合计	数量	48	26	45	50	166	335
	所占比例	14.3%	7.8%	13.4%	14.9%	49.6%	100.0%

7）小结

在实习实训教学中，各院校总体上与企业实际生产结合得很紧密；在实习实训岗位与专业对口方面，各院校比例都比较高。各院校都为学生提供了复杂的学习任务。

5. 不同类型院校的教学特征

1）教师方面

参评各类院校学生总体上对教师比较满意，各院校均有超过70%的学生认为教师在教学中能部分或充分考虑到学生的兴趣，超过70%的学生认为课堂教学生动有趣。在这两项中，近一半的学生选择了"部分正确"，如图2.3.48、图2.3.49所示。

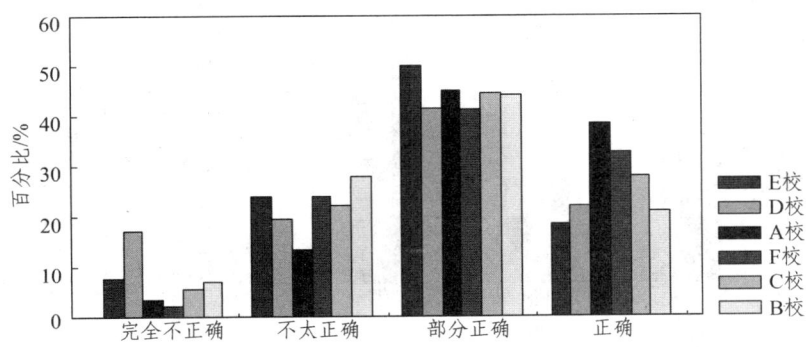

图 2.3.48　不同高职院校学生对"在教学中考虑学生的兴趣"的回答

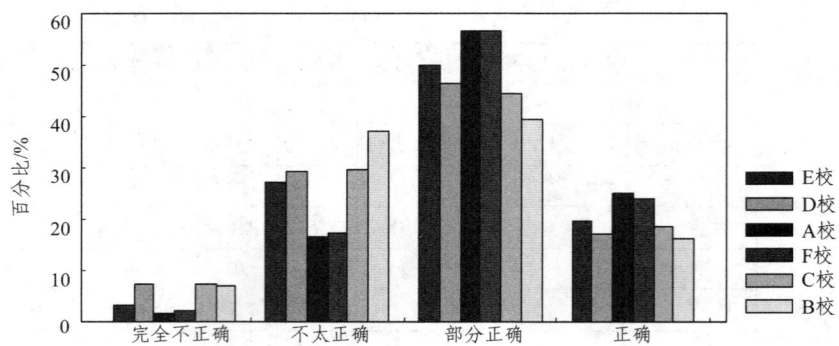

图 2.3.49　不同院校学生对"课堂教学生动有趣"的回答

81.9%的学生认为其老师对学生负责，如图 2.3.50、图 2.3.51 所示。

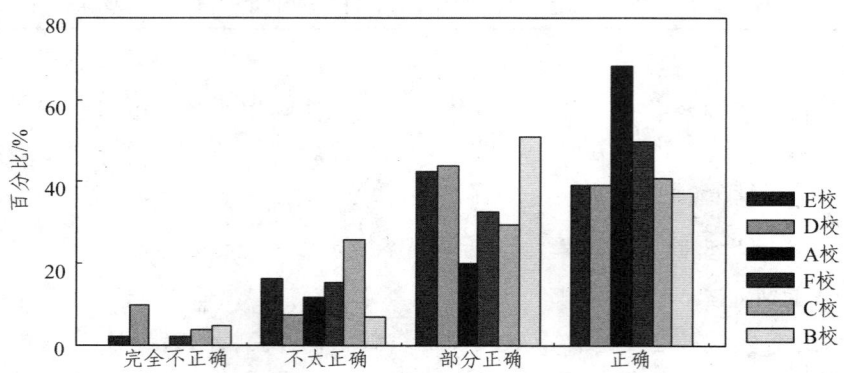

图 2.3.50　不同院校学生对"对学生认真负责"的回答

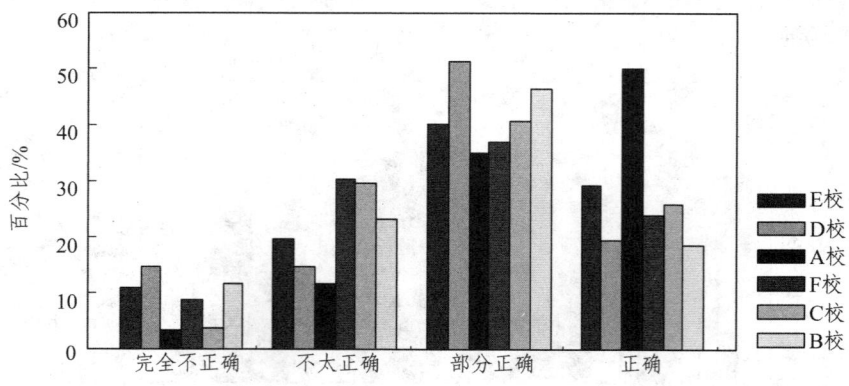

图 2.3.51　不同院校学生对"关心各个学生"的回答

总体来看，70%的学生认为他们的老师了解或非常了解企业实际情况。约

70%的学生认为他们的老师能与兼职教师合作，如图 2.3.52、图 2.3.53 所示。

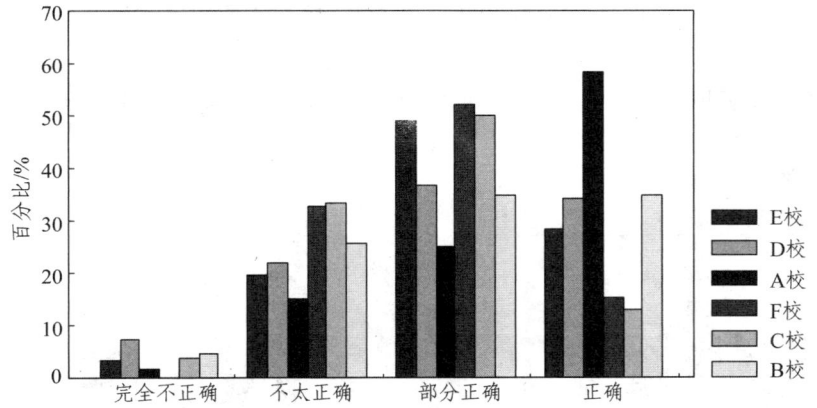

图 2.3.52　不同院校学生对"非常了解企业实际情况"的回答

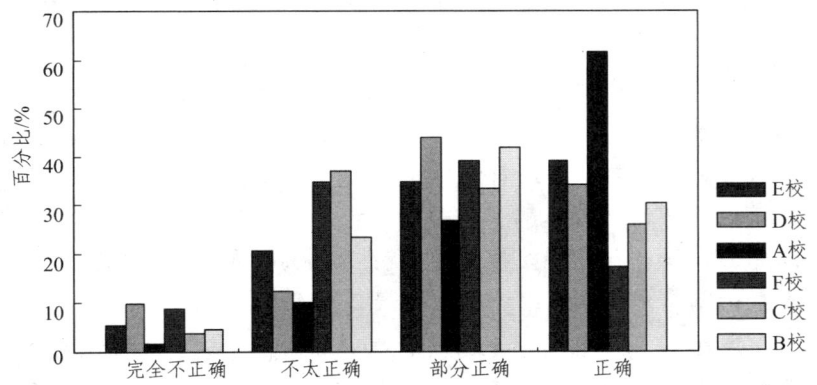

图 2.3.53　不同院校学生对"与企业兼职教师合作"回答

总体来看，参加测评的学生对他们的老师比较满意，各院校均有 70% 以上的学生认为老师关心学生，对学生负责；在教学中能考虑学生的兴趣，课程教学生动有趣；老师能了解企业实际情况，能与企业兼职教师合作。这在一定程度上体现了近年来职业教育教学改革的成效。

2）校风方面

各院校均有超过 60% 的学生认为其学校中有迟到现象。有 50% 的学生认为学校有学生逃课，各院校均有 33% 的学生认为有人一整天逃课。

各高职院校超过 80% 的学生认为学校中较少存在或不存在学生殴打其他同学的情况。

各院校学生均认为课堂纪律尚可，83.2%的学生不太认可或不认为学校中

第二部分　实证研究

有同学经常扰乱课堂教学。

各院校均有超过 70% 的学生不认可或不太认可学校里有同学不尊重其他同学。

在爱护校园环境方面，75.5%的学生不太认可或不认可学校里有人在墙上乱写乱画。

如图 2.3.54 所示。

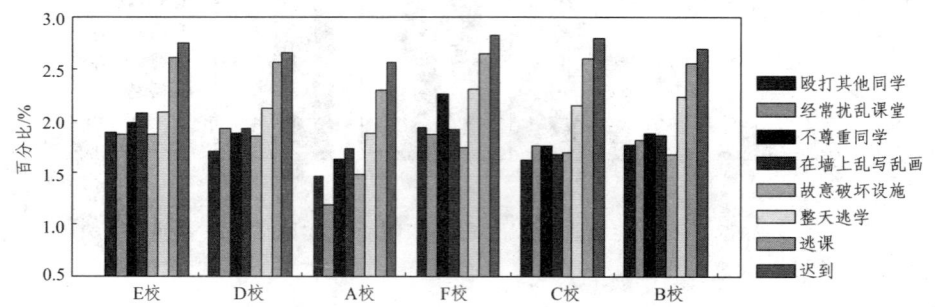

图 2.3.54 不同院校学生对校风方面的回答

3）课程方面

对于课程内容，各院校均有超过 75% 的学生认为大部分是关于概念、原理、公式等理论知识，这提醒了应关注教育的实践性要求。各类学校学习材料的组织差异显著。各高职院校学生中有 55.2%认为其学习材料是以工作任务，而不是按章节知识体系组织的，见表 2.3.45 ~ 表 2.3.52。

表 2.3.45 不同院校学生认为"课程大部分是关于概念、原理、公式等理论知识"

学校	数量和比例	完全符合	比较符合	比较不符合	完全不符合	合计
E	数量	14	39	39	0	92
	所占比例	15.2%	42.4%	42.4%	0.0%	100.0%
D	数量	12	26	3	0	41
	所占比例	29.3%	63.4%	7.3%	0.0%	100.0%
A	数量	17	25	16	2	60
	所占比例	28.3%	41.7%	26.7%	3.3%	100.0%
F	数量	12	28	5	1	46
	所占比例	26.1%	60.9%	10.9%	2.2%	100.0%
C	数量	15	28	7	4	54
	所占比例	27.8%	51.9%	13.0%	7.4%	100.0%

续表

学校	数量和比例	完全符合	比较符合	比较不符合	完全不符合	合计
B	数量	14	29	0	0	43
	所占比例	32.6%	67.4%	0.0%	0.0%	100.0%
合计	数量	84	175	70	7	336
	所占比例	25.0%	52.1%	20.8%	2.1%	100.0%

卡方检验表明，$\chi^2=61.128$，$p<0.01$。

表2.3.46　不同院校学生认为"课程是按汽车维修的实际工作方式来组织的"

学校	数量和比例	完全不符合	比较不符合	比较符合	完全符合	合计
E	数量	2	19	55	16	92
	所占比例	2.2%	20.7%	59.8%	17.4%	100.0%
D	数量	1	11	17	12	41
	所占比例	2.4%	26.8%	41.5%	29.3%	100.0%
A	数量	1	8	39	12	60
	所占比例	1.7%	13.3%	65.0%	20.0%	100.0%
F	数量	1	18	23	4	46
	所占比例	2.2%	39.1%	50.0%	8.7%	100.0%
C	数量	2	27	18	7	54
	所占比例	3.7%	50.0%	33.3%	13.0%	100.0%
B	数量	0	13	20	10	43
	所占比例	0.0%	30.2%	46.5%	23.3%	100.0%
合计	数量	7	96	172	61	336
	所占比例	2.1%	28.6%	51.2%	18.2%	100.0%

卡方检验表明，$\chi^2=33.608$，$p<0.01$。

表2.3.47　不同院校学生认为"课程能帮助我找到合适的方法解决汽车维修实际问题"

学校	数量和比例	完全不符合	比较不符合	比较符合	完全符合	合计
E	数量	2	9	63	18	92
	所占比例	2.2%	9.8%	68.5%	19.6%	100.0%
D	数量	2	7	24	8	41
	所占比例	4.9%	17.1%	58.5%	19.5%	100.0%

续表

学校	数量和比例	完全不符合	比较不符合	比较符合	完全符合	合计
A	数量	1	7	38	14	60
A	所占比例	1.7%	11.7%	63.3%	23.3%	100.0%
F	数量	3	12	24	7	46
F	所占比例	6.5%	26.1%	52.2%	15.2%	100.0%
C	数量	4	20	24	6	54
C	所占比例	7.4%	37.0%	44.4%	11.1%	100.0%
B	数量	1	7	26	9	43
B	所占比例	2.3%	16.3%	60.5%	20.9%	100.0%
合计	数量	13	62	199	62	336
合计	所占比例	3.9%	18.5%	59.2%	18.5%	100.0%

卡方检验表明，$\chi^2=28.086$，$p<0.05$。

表2.3.48　不同院校学生认为"课程展现了汽车维修工作中用到的设备、工具、器材及相关资料"

学校	数量和比例	完全不符合	比较不符合	比较符合	完全符合	合计
E	数量	0	8	49	35	92
E	所占比例	0.0%	8.7%	53.3%	38.0%	100.0%
D	数量	1	5	22	13	41
D	所占比例	2.4%	12.2%	53.7%	31.7%	100.0%
A	数量	1	1	27	31	60
A	所占比例	1.7%	1.7%	45.0%	51.7%	100.0%
F	数量	2	6	28	10	46
F	所占比例	4.3%	13.0%	60.9%	21.7%	100.0%
C	数量	3	5	31	15	54
C	所占比例	5.6%	9.3%	57.4%	27.8%	100.0%
B	数量	0	3	26	14	43
B	所占比例	0.0%	7.0%	60.5%	32.6%	100.0%
合计	数量	7	28	183	118	336
合计	所占比例	2.1%	8.3%	54.5%	35.1%	100.0%

卡方检验表明，$\chi^2=22.493$，$p>0.05$。

表 2.3.49 不同院校学生认为"课程涉及汽车维修生产组织，包括工作安排、岗位上下级关系、部门协作等"

学校	数量和比例	完全不符合	比较不符合	比较符合	完全符合	合计
E	数量	5	27	44	16	92
E	所占比例	5.4%	29.3%	47.8%	17.4%	100.0%
D	数量	0	14	18	9	41
D	所占比例	0.0%	34.1%	43.9%	22.0%	100.0%
A	数量	3	18	26	13	60
A	所占比例	5.0%	30.0%	43.3%	21.7%	100.0%
F	数量	8	22	16	0	46
F	所占比例	17.4%	47.8%	34.8%	0.0%	100.0%
C	数量	5	23	22	4	54
C	所占比例	9.3%	42.6%	40.7%	7.4%	100.0%
B	数量	0	17	14	12	43
B	所占比例	0.0%	39.5%	32.6%	27.9%	100.0%
合计	数量	21	121	140	54	336
合计	所占比例	6.3%	36.0%	41.7%	16.1%	100.0%

卡方检验表明，$\chi^2=37.904$，$p<0.01$。

表 2.3.50 不同院校学生认为"课程与实际的汽车维修工作联系非常紧密"

学校	数量和比例	完全不符合	比较不符合	比较符合	完全符合	合计
E	数量	2	29	42	19	92
E	所占比例	2.2%	31.5%	45.7%	20.7%	100.0%
D	数量	2	13	15	11	41
D	所占比例	4.9%	31.7%	36.6%	26.8%	100.0%
A	数量	1	11	24	24	60
A	所占比例	1.7%	18.3%	40.0%	40.0%	100.0%
F	数量	5	22	16	3	46
F	所占比例	10.9%	47.8%	34.8%	6.5%	100.0%
C	数量	7	25	21	1	54
C	所占比例	13.0%	46.3%	38.9%	1.9%	100.0%

续表

学校	数量和比例	完全不符合	比较不符合	比较符合	完全符合	合计
B	数量	0	13	19	11	43
	所占比例	0.0%	30.2%	44.2%	25.6%	100.0%
合计	数量	17	113	137	69	336
	所占比例	5.1%	33.6%	40.8%	20.5%	100.0%

卡方检验表明，$\chi^2=51.884$，$p<0.01$。

表 2.3.51 不同院校学生对"我们的学习材料是以工作任务，而不是以章节的知识体系来组织"的回答

学校	数量和比例	完全不符合	比较不符合	比较符合	完全符合	合计
E	数量	3	30	36	23	92
	所占比例	3.3%	32.6%	39.1%	25.0%	100.0%
D	数量	2	13	12	14	41
	所占比例	4.9%	31.7%	29.3%	34.1%	100.0%
A	数量	4	21	28	7	60
	所占比例	6.7%	35.0%	46.7%	11.7%	100.0%
F	数量	8	19	17	2	46
	所占比例	17.4%	41.3%	37.0%	4.3%	100.0%
C	数量	5	29	18	2	54
	所占比例	9.3%	53.7%	33.3%	3.7%	100.0%
B	数量	2	14	10	17	43
	所占比例	4.7%	32.6%	23.3%	39.5%	100.0%
合计	数量	24	126	121	65	336
	所占比例	7.1%	37.5%	36.0%	19.3%	100.0%

卡方检验表明，$\chi^2=48.973$，$p<0.01$。

按照汽车维修实际工作方式组织专业课教学，对此表示赞同的学生比例为 69.1%。各学校均有约 90% 的学生认为专业课里展现了汽车维修工作中用到的设备、工具、器材及相关资料。

各学校学生对"课程能帮助我找到合适的方法解决汽车维修实际问题"

的认同感比例为 77.5%。

各学校学生对"课程涉及汽车维修生产组织，包括工作安排、岗位上下级关系、部门协作等"的认同度在 57% 左右。这也说明目前各院校在课程中对汽车维修的劳动生产组织等的关注度差别较大。在课程和实际汽车维修工作的联系是否紧密的问题上，学生的认同度为 68.1%。

4）小结

综上所述，参评各高职院校学生总体上对教师比较满意，各院校校风整体尚可。各院校都注意按照汽车维修实际工作方式来组织教学，要展现各种汽车维修中用的工具等。

6. 学生对学习的总体满意度

如图 2.3.55、图 2.3.56 数据显示，具有过程性能力水平的学生对学习表示满意和很满意的比例高于其他水平的学生。

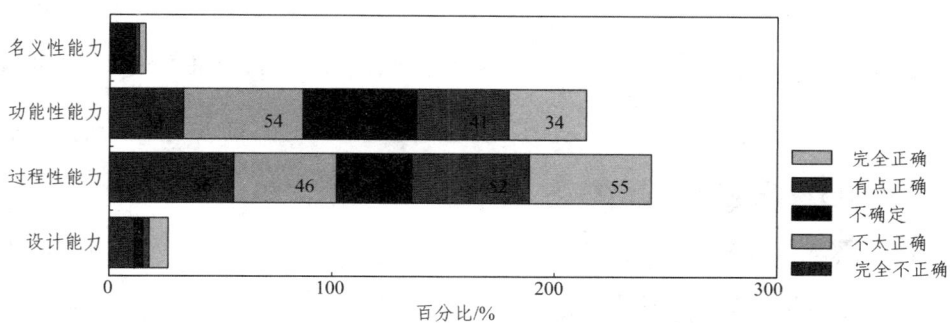

图 2.3.55　不同能力水平学生对"总体说来，我对整个学习很满意"的回答

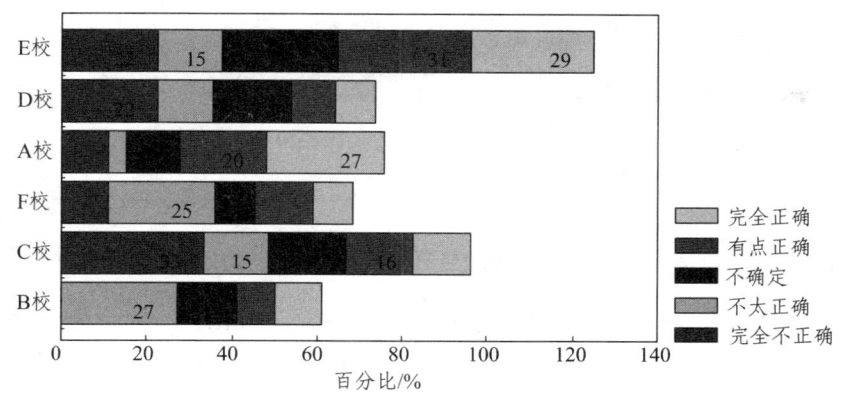

图 2.3.56　不同高职院校学生对"总体说来，我对整个学习很满意"的回答

第二部分　实证研究　77

如图 2.3.57、图 2.3.58 数据显示，关于对自己在学校的表现和成绩是否满意的问题，达到设计能力和过程能力水平的学生认为满意的比例大于其他两个能力水平的学生。

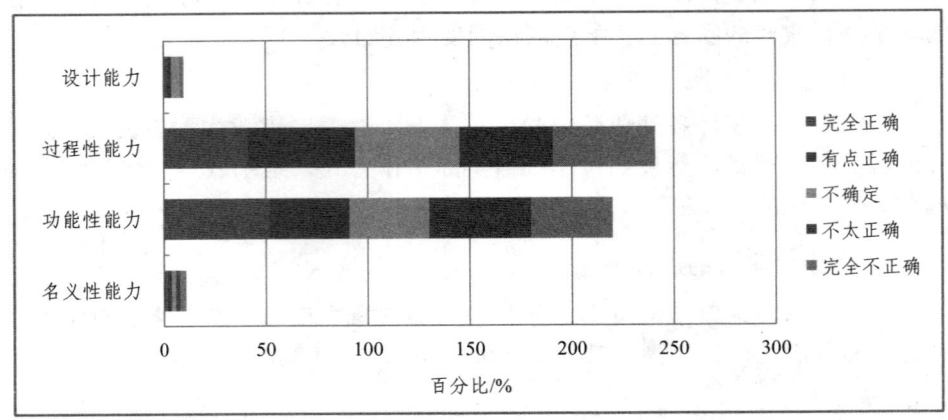

图 2.3.57 不同能力水平学生对"我对自己在学校的表现和成绩很满意"的回答

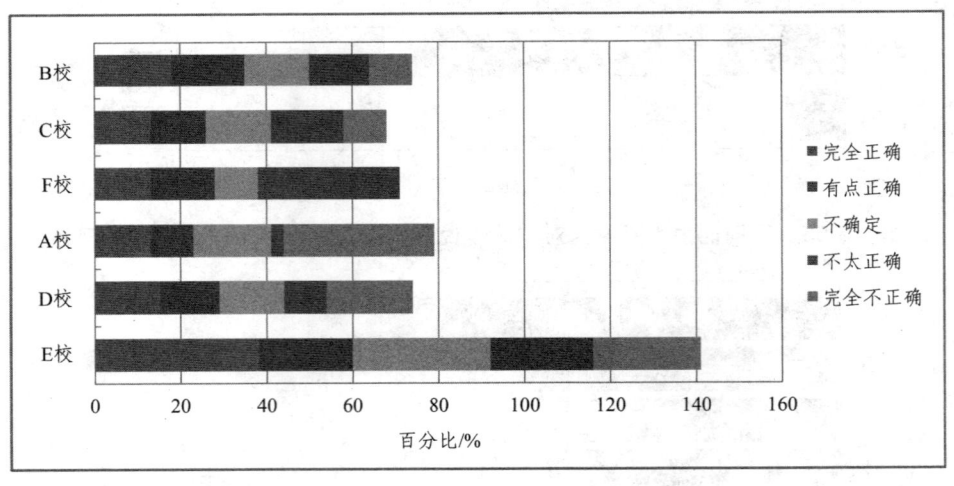

图 2.3.58 不同院校学生对"我对自己在学校的表现和成绩很满意"的回答

如图 2.3.59、图 2.3.60 数据显示，关于现在是否比入学时对专业更感兴趣的问题，也是达到设计能力和过程性能力水平学生的认同度高于其他两个能力水平学生。

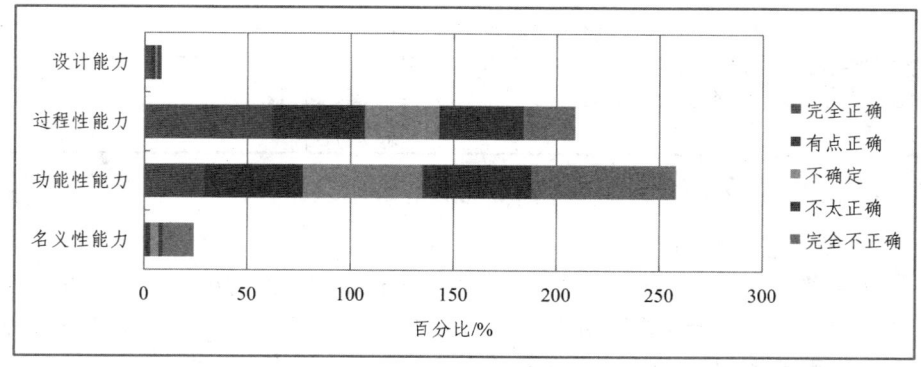

图 2.3.59 不同能力水平学生对"现在,我对所学的专业比入学时更感兴趣了"的回答

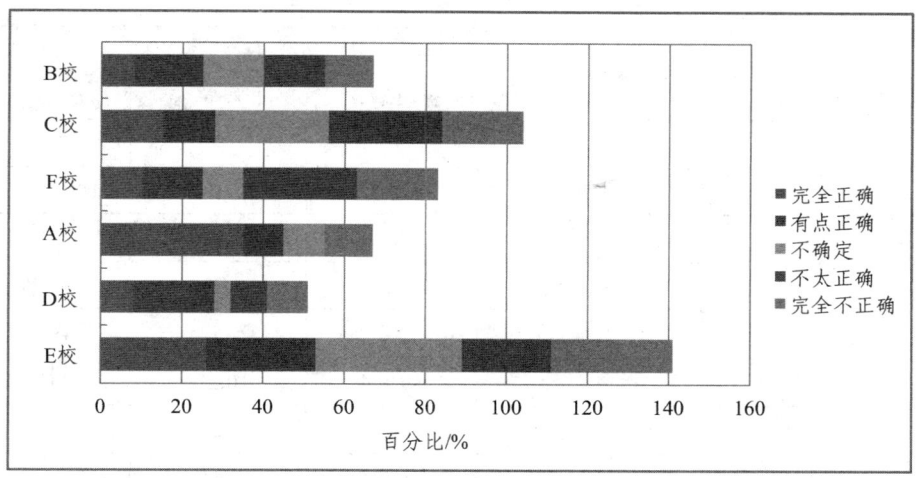

图 2.3.60 不同院校学生对"现在,我对所学的专业比入学时更感兴趣了"的回答

7) 结束语

本研究属于第一次基线调查,而且只采用了一道测试题目。在此我们尚无法对被测学生职业能力发展水平作出一个整体的定论。

(二) 2012 年测评概况及结果

1. 参加测评学生的基本情况

1) 参加测评学生的年龄结构

参加测评学生的年龄主要分布在 19~25 岁,学生平均年龄为 21.23 岁(见表 2.3.52)。

第二部分 实证研究　　79

表 2.3.52　各类学校学生年龄基本信息

学校	人数（人）	平均值（岁）	标准差	最小值（岁）	最大值（岁）
交通类高职院校	322	21.23	0.965	19	25

在年龄结构方面，各院校年龄分布差异较小。

2）原毕业学校的结构

从各院校学生普通教育的原先毕业学校来看，主要为普通高中，占92.2%；有个别来自中职学校和普通初中（五年制高职），占7.8%。其中，B校和E校学生全面来自普通高中，见表2.3.53。

表 2.3.53　不同类型学校学生原毕业学校分布

学校	数量和比例	原毕业学校		合计
		普通高中	中职学校	
A	数量	52	4	56
	所占比例	92.9%	7.1%	100.0%
B	数量	33	0	33
	所占比例	100.0%	0.0%	100.0%
C	数量	44	5	49
	所占比例	89.8%	10.2%	100.0%
D	数量	43	2	45
	所占比例	95.6%	4.4%	100.0%
E	数量	85	0	85
	所占比例	100.0%	0.0%	100.0%
F	数量	39	14	53
	所占比例	73.6%	26.4%	100.0%
合计	数量	296	25	321
	所占比例	92.2%	7.8%	100.0%

3）学生先前的学校学习情况

调查显示，不同类型学校学生的学习自信心不一样。总的来看，各院校学生自信心较高，67.7%的学生认为自己能掌握，其中，E校的学生自信心最高，有84.8%的学生认为自己能掌握，见表2.3.54。

表 2.3.54　不同学校学生对"我相信我掌握了学校里所学的东西"的回答

学校	数量和比例	完全不正确	不太正确	部分正确	正确	合计
A	数量	1	22	53	9	85
A	所占比例	1.2%	25.9%	62.4%	10.6%	100.0%
B	数量	2	10	18	19	49
B	所占比例	4.1%	20.4%	36.7%	38.8%	100.0%
C	数量	3	12	24	6	45
C	所占比例	6.7%	26.7%	53.3%	13.3%	100.0%
D	数量	6	16	33	1	56
D	所占比例	10.7%	28.6%	58.9%	1.8%	100.0%
E	数量	1	4	24	4	33
E	所占比例	3.0%	12.1%	72.7%	12.1%	100.0%
F	数量	7	20	24	3	54
F	所占比例	13.0%	37.0%	44.4%	5.6%	100.0%
合计	数量	20	84	176	42	322
合计	所占比例	6.2%	26.1%	54.7%	13.0%	100.0%

卡方检验表明，$\chi^2=55.923$，$p<0.05$。

对于课堂测验和考试，76.4%的学生认为自己能掌握，各院校整体情况基本一致，见表 2.3.55。

表 2.3.55　不同学校学生对"我相信我在课堂测验和考试中能取得好成绩"的回答

学校	数量和比例	完全不正确	不太正确	部分正确	正确	合计
A	数量	3	11	50	21	85
A	所占比例	3.5%	12.9%	58.8%	24.7%	100.0%
B	数量	2	8	17	22	49
B	所占比例	4.1%	16.3%	34.7%	44.9%	100.0%
C	数量	2	13	19	11	45
C	所占比例	4.4%	28.9%	42.2%	24.4%	100.0%
D	数量	7	11	27	11	56
D	所占比例	12.5%	19.6%	48.2%	19.6%	100.0%

续表

学校	数量和比例	完全不正确	不太正确	部分正确	正确	合计
E	数量	1	3	17	12	33
E	所占比例	3.0%	9.1%	51.5%	36.4%	100.0%
F	数量	1	14	21	18	54
F	所占比例	1.9%	25.9%	38.9%	33.3%	100.0%
合计	数量	16	60	151	95	322
合计	所占比例	5.0%	18.6%	46.9%	29.5%	100.0%

卡方检验表明，$\chi^2=28.380$，$p<0.05$。

对于学校里最难教的学习内容，58.9%的学生认为自己能理解。各院校整体情况基本一致，其中E校学生所占比例最高，达到87.8%，见表2.3.56。

表2.3.56 不同学校学生对"我能理解学校里教的最难的学习内容"的回答

学校	数量和比例	完全不正确	不太正确	部分正确	正确	合计
A	数量	6	30	42	6	84
A	所占比例	7.1%	35.7%	50.0%	7.1%	100.0%
B	数量	1	14	12	22	49
B	所占比例	2.0%	28.6%	24.5%	44.9%	100.0%
C	数量	2	13	27	3	45
C	所占比例	4.4%	28.9%	60.0%	6.7%	100.0%
D	数量	12	24	17	3	56
D	所占比例	21.4%	42.9%	30.4%	5.4%	100.0%
E	数量	1	3	21	8	33
E	所占比例	3.0%	9.1%	63.6%	24.2%	100.0%
F	数量	8	18	20	8	54
F	所占比例	14.8%	33.3%	37.0%	14.8%	100.0%
合计	数量	30	102	139	50	321
合计	所占比例	9.3%	31.8%	43.3%	15.6%	100.0%

卡方检验表明，$\chi^2=76.632$，$p<0.05$。

4）家长对学生学习的支持情况

（1）家长的学历情况。

学生父母的学历主要为高中及高中以下。

在父亲学历方面，58%左右的学生父亲的学历为初中及以下，29.8%的学生父亲的学历为高中。在母亲学历方面，有73%的左右学生母亲的学历为初中及以下，18%的学生母亲的学历为高中。在较高学历层次方面，C校18%左右的学生父亲和A校11.8%左右的学生母亲的学历为大学学历，是所有院校中最高的，见表2.3.57、表2.3.58。

表 2.3.57　不同院校学生父亲的学历分布

学校	数量和比例	初中及以下	高中	中职	专科	本科	研究生	合计
A	数量	43	28	3	4	6	1	85
A	所占比例	50.6%	32.9%	3.5%	4.7%	7.1%	1.2%	100.0%
B	数量	22	19	0	3	4	1	49
B	所占比例	44.9%	38.8%	0.0%	6.1%	8.2%	2.0%	100.0%
C	数量	23	14	0	5	3	0	45
C	所占比例	51.1%	31.1%	0.0%	11.1%	6.7%	0.0%	100.0%
D	数量	35	19	0	0	2	0	56
D	所占比例	62.5%	33.9%	0.0%	0.0%	3.6%	0.0%	100.0%
E	数量	20	12	0	1	0	0	33
E	所占比例	60.6%	36.4%	0.0%	3.0%	0.0%	0.0%	100.0%
F	数量	45	4	3	1	1	0	54
F	所占比例	83.3%	7.4%	5.6%	1.9%	1.9%	0.0%	100.0%
合计	数量	188	96	6	14	16	2	322
合计	所占比例	58.4%	29.8%	1.9%	4.3%	5.0%	0.6%	100.0%

表 2.3.58　不同院校学生母亲的学历分布

学校	数量和比例	初中及以下	高中	中职	专科	本科	研究生	合计
A	数量	59	15	1	6	4	0	85
A	所占比例	69.4%	17.6%	1.2%	7.1%	4.7%	0.0%	100.0%
B	数量	30	14	1	1	2	1	49
B	所占比例	61.2%	28.6%	2.0%	2.0%	4.1%	2.0%	100.0%
C	数量	27	11	2	3	2	0	45
C	所占比例	60.0%	24.4%	4.4%	6.7%	4.4%	0.0%	100.0%
D	数量	44	11	0	0	1	0	56
D	所占比例	78.6%	19.6%	0.0%	0.0%	1.8%	0.0%	100.0%

续表

学校	数量和比例	初中及以下	高中	中职	专科	本科	研究生	合计
E	数量	27	5	0	1	0	0	33
E	所占比例	81.8%	15.2%	0.0%	3.0%	0.0%	0.0%	100.0%
F	数量	49	2	1	1	1	0	54
F	所占比例	90.7%	3.7%	1.9%	1.9%	1.9%	0.0%	100.0%
合计	数量	236	58	5	12	10	1	322
合计	所占比例	73.3%	18.0%	1.6%	3.7%	3.1%	0.3%	100.0%

（2）父母对学生接受职业教育感兴趣的情况。

从父母的支持情况来看，参评学生中85.4%的学生家长对学生接受职业教育感兴趣，支持孩子的学习。这说明，家长期望其子女获得更高水平的技能资格证书。其中B校比例最高为95.9%，见表2.3.59。

表2.3.59　不同学校中，家长对学生接受职业教育的兴趣

学校	数量和比例	完全不符合	比较不符合	比较符合	完全符合	合计
A	数量	3	10	47	25	85
A	所占比例	3.5%	11.8%	55.3%	29.4%	100.0%
B	数量	0	2	22	25	49
B	所占比例	0.0%	4.1%	44.9%	51.0%	100.0%
C	数量	0	8	24	13	45
C	所占比例	0.0%	17.8%	53.3%	28.9%	100.0%
D	数量	4	6	28	18	56
D	所占比例	7.1%	10.7%	50.0%	32.1%	100.0%
E	数量	1	3	21	8	33
E	所占比例	3.0%	9.1%	63.6%	24.2%	100.0%
F	数量	2	8	28	16	54
F	所占比例	3.7%	14.8%	51.9%	29.6%	100.0%
合计	数量	10	37	170	105	322
合计	所占比例	3.1%	11.5%	52.8%	32.6%	100.0%

（3）家长对学生专业学习的帮助情况。

从家长对学生专业学习的帮助来看，54.4%的学生认为家长对他的专业学

习有帮助。其中 B 校比例最高为 83.7%。见表 2.3.60。

表 2.3.60　不同学校家长对学生专业学习的帮助情况

学校	数量和比例	完全不符合	比较不符合	比较符合	完全符合	合计
A	数量	17	28	33	7	85
A	所占比例	20.0%	32.9%	38.8%	8.2%	100.%
B	数量	1	7	22	19	49
B	所占比例	2.0%	14.3%	44.9%	38.8%	100.%
C	数量	3	18	17	7	45
C	所占比例	6.7%	40.0%	37.8%	15.6%	100.%
D	数量	13	16	20	7	56
D	所占比例	23.2%	28.6%	35.7%	12.5%	100.%
E	数量	4	9	15	5	33
E	所占比例	12.1%	27.3%	45.5%	15.2%	100.%
F	数量	12	19	14	9	54
F	所占比例	22.2%	35.2%	25.9%	16.7%	100.%
合计	数量	50	97	121	54	322
合计	所占比例	15.5%	30.1%	37.6%	16.8%	100.%

卡方检验表明，$\chi^2=11.622$，$p>0.05$。

5) 选择本专业的原因

在如何看待本专业，即对本专业的认同感方面，超过一半的学生表示愿意从事本专业工作，比例达到 57.2%。其中 F 校学生比例达到 69.8%，是所有院校中最高的，见表 2.3.61。

表 2.3.61　不同学校学生对"我想一直从事这一专业"的回答情况

学校	数量和比例	完全不符合	比较不符合	比较符合	完全符合	合计
A	数量	12	29	36	15	92
A	所占比例	13.0%	31.5%	39.1%	16.3%	100.0%
B	数量	6	8	24	3	41
B	所占比例	14.6%	19.5%	58.5%	7.3%	100.0%
C	数量	10	12	17	21	60
C	所占比例	16.7%	20.0%	28.3%	35.0%	100.0%

续表

学校	数量和比例	完全不符合	比较不符合	比较符合	完全符合	合计
D	数量	10	18	13	5	46
	所占比例	21.7%	39.1%	28.3%	10.9%	100.0%
E	数量	9	17	18	10	54
	所占比例	16.7%	31.5%	33.3%	18.5%	100.0%
F	数量	5	8	26	4	43
	所占比例	11.6%	18.6%	60.5%	9.3%	100.0%
合计	数量	52	92	134	58	336
	所占比例	15.5%	27.4%	39.9%	17.3%	100.0%

卡方检验表明，$\chi^2=41.224$，$p<0.05$。

总体来看，在一开始选择专业时 51.9%左右的学生表示汽修是他们的首选专业，见表 2.3.62。

表 2.3.62 不同学校学生对"我本想学习另一个专业，但我考上了这一专业"的回答情况

学校	数量和比例	完全符合	比较符合	比较不符合	完全不符合	合计
A	数量	23	20	24	18	85
	所占比例	27.1%	23.5%	28.2%	21.2%	100.0%
B	数量	7	15	20	7	49
	所占比例	14.3%	30.6%	40.8%	14.3%	100.0%
C	数量	13	13	13	6	45
	所占比例	28.9%	28.9%	28.9%	13.3%	100.0%
D	数量	22	17	9	8	56
	所占比例	39.3%	30.4%	16.1%	14.3%	100.0%
E	数量	10	12	6	5	33
	所占比例	30.3%	36.4%	18.2%	15.2%	100.0%
F	数量	11	24	12	7	54
	所占比例	20.4%	44.4%	22.2%	13.0%	100.0%
合计	数量	86	101	84	51	322
	所占比例	26.7%	31.4%	26.1%	15.8%	100.0%

卡方检验表明，$\chi^2=21.964$，$p>0.05$。

各类学校中有 49.6%的学生表示：如果有其他机会，他们想学习另一个

专业，其中 B 校和 C 校所占比例偏高，见表 2.3.63。我们认为，这个数据反映了学生总体上的专业和职业的认同感不高，这在将来会造成很大的质量和责任心问题，这一现象值得引起院校的重视和反思。

表 2.3.63　不同类型学校学生对"如果有其他机会，我想学习另一个专业"的回答情况

学校	数量和比例	完全符合	比较符合	比较不符合	完全不符合	合计
A	数量	17	27	23	18	85
	所占比例	20.0%	31.8%	27.1%	21.2%	100.0%
B	数量	5	15	15	14	49
	所占比例	10.2%	30.6%	30.6%	28.6%	100.0%
C	数量	7	14	19	5	45
	所占比例	15.6%	31.1%	42.2%	11.1%	100.0%
D	数量	12	18	16	9	55
	所占比例	21.8%	32.7%	29.1%	16.4%	100.0%
E	数量	9	9	13	2	33
	所占比例	27.3%	27.3%	39.4%	6.1%	100.0%
F	数量	15	14	16	9	54
	所占比例	27.8%	25.9%	29.6%	16.7%	100.0%
合计	数量	65	97	102	57	321
	所占比例	20.2%	30.2%	31.8%	17.8%	100.0%

卡方检验表明，$\chi^2=16.449$，$p>0.05$。

各院校学生对于所在学校和专业的认同度基本相同，78.9%的学生表示想在所在校学习汽修专业，这说明专业教育教学的成功度。其中 C 校学生比例达到 84.4%，是所有院校中最高的，见表 2.3.64。

表 2.3.64　不同学校学生对"我主要想在目前这所学校学习这一专业"的回答情况

学校	数量和比例	完全不符合	比较不符合	比较符合	完全符合	合计
A	数量	5	13	48	19	85
	所占比例	5.9%	15.3%	56.5%	22.4%	100.0%
B	数量	1	8	24	16	49
	所占比例	2.0%	16.3%	49.0%	32.7%	100.0%
C	数量	3	4	24	14	45
	所占比例	6.7%	8.9%	53.3%	31.1%	100.0%

续表

学校	数量和比例	完全不符合	比较不符合	比较符合	完全符合	合计
D	数量	5	6	20	25	56
	所占比例	8.9%	10.7%	35.7%	44.6%	100.0%
E	数量	2	5	16	10	33
	所占比例	6.1%	15.2%	48.5%	30.3%	100.0%
F	数量	3	13	27	11	54
	所占比例	5.6%	24.1%	50.0%	20.4%	100.0%
合计	数量	19	49	159	95	322
	所占比例	5.9%	15.2%	49.4%	29.5%	100.0%

卡方检验表明，$\chi^2=17.617$，$p>.05$。

在选择专业方面，学生受朋友影响较小，受家人或亲戚影响也相对较小。有 37.9%的学生认为他们受了朋友的影响，各院校差别较大，其中 F 校只有 27.8%，而 B 校高达 69.4%。学生中仅有 35%的学生表示有家人或亲戚从事汽修行业工作，其中 F 校学生比例为 20.4%，比例最低；B 校学生比例为 69.4%，比例最高，见表 2.3.65、表 2.3.66。

表 2.3.65　不同学校学生对"受朋友的影响，我选择这个专业"的回答情况

学校	数量和比例	完全符合	比较符合	比较不符合	完全不符合	合计
A	数量	31	29	17	8	85
	所占比例	36.5%	34.1%	20.0%	9.4%	100.0%
B	数量	5	10	26	8	49
	所占比例	10.2%	20.4%	53.1%	16.3%	100.0%
C	数量	14	12	11	8	45
	所占比例	31.1%	26.7%	24.4%	17.8%	100.0%
D	数量	23	15	11	7	56
	所占比例	41.1%	26.8%	19.6%	12.5%	100.0%
E	数量	12	10	9	2	33
	所占比例	36.4%	30.3%	27.3%	6.1%	100.0%
F	数量	17	22	11	4	54
	所占比例	31.5%	40.7%	20.4%	7.4%	100.0%
合计	数量	102	98	85	37	322
	所占比例	31.7%	30.4%	26.4%	11.5%	100.0%

卡方检验表明，$\chi^2=34.726$，$p<0.05$。

表 2.3.66　不同学校学生对"家人或亲戚中有人从事（学习）和我一样的专业"的回答

学校	数量和比例	完全不符合	比较不符合	比较符合	完全符合	合计
A	数量	47	16	18	4	85
	所占比例	55.3%	18.8%	21.2%	4.7%	100.0%
B	数量	4	11	24	10	49
	所占比例	8.2%	22.4%	49.0%	20.4%	100.0%
C	数量	15	11	14	5	45
	所占比例	33.3%	24.4%	31.1%	11.1%	100.0%
D	数量	32	11	7	6	56
	所占比例	57.1%	19.6%	12.5%	10.7%	100.0%
E	数量	10	9	8	6	33
	所占比例	30.3%	27.3%	24.2%	18.2%	100.0%
F	数量	24	19	9	2	54
	所占比例	44.4%	35.2%	16.7%	3.7%	100.0%
合计	数量	132	77	80	33	322
	所占比例	41.0%	23.9%	24.8%	10.2%	100.0%

卡方检验表明，$\chi^2=56.194$，$p<0.05$。

6）小结

综上所述，参加测评学生的基本情况为：

（1）参加测评学生年龄主要分布在 17~25 岁，平均年龄为 21.23 岁，学生年龄分布接近。

（2）从参加测评学生原毕业学校来看，学生主要来自普通高中。

（3）不同院校学生的学习自信心没有较明显的差别。

（4）学生家长的学历主要为高中及高中以下。85.4%的学生家长对学生接受职业教育感兴趣，并支持孩子的学习。

（5）关于对本专业的认同感，超过一半的学生表示愿意从事本专业工作。学校中有近半的学生表示，如果有其他机会，他们想学习另一个专业。超过 78%的学生愿意在当前学校中学习本专业。在选择专业方面，学生受朋友、家人或亲戚影响都不是特别大，这一方面反映了他们的独立性，另一方面可能与学校的职业指导有关。

2. 参加测评学生的能力水平和能力轮廓

1）参加测评学生的能力水平分布

参加测评学生的职业能力水平的总体分布如表 2.3.67、图 2.3.61~2.3.63 所示。

表 2.3.67　各学校学生能力水平的分布

学校	数量和比例	名义性能力	功能性能力	过程性能力	设计能力	合计
A	数量	50	15	19	1	85
A	所占比例	58.8%	17.6%	22.4%	1.2%	100.0%
B	数量	8	36	3	2	49
B	所占比例	16.3%	73.5%	6.1%	4.1%	100.0%
C	数量	24	4	17	0	45
C	所占比例	53.3%	8.9%	37.8%	0.0%	100.0%
D	数量	27	28	0	1	56
D	所占比例	48.2%	50.0%	0.0%	1.8%	100.0%
E	数量	22	4	7	0	33
E	所占比例	66.7%	12.1%	21.2%	0.0%	100.0%
F	数量	33	16	5	0	54
F	所占比例	61.1%	29.6%	9.3%	0.0%	100.0%
合计	数量	164	103	51	4	322
合计	所占比例	50.9%	32.0%	15.8%	1.2%	100.0%

卡方检验表明，$\chi^2=99.347$，$p<0.01$。

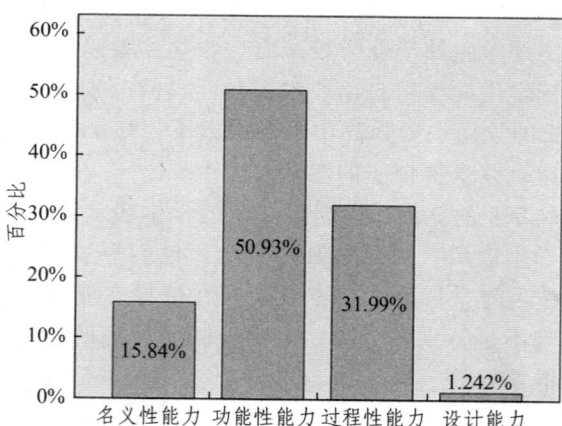

图 2.3.61　参加测评学生能力水平的总体分布

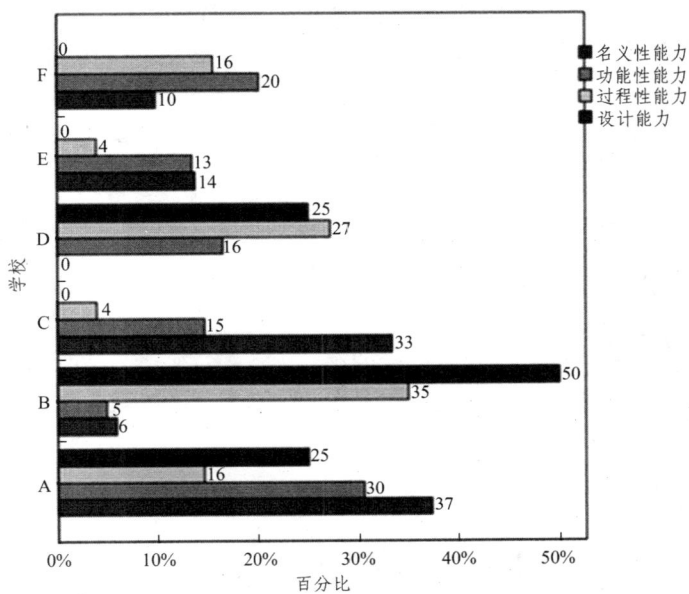

图 2.3.62　各学校学生能力水平总体分布

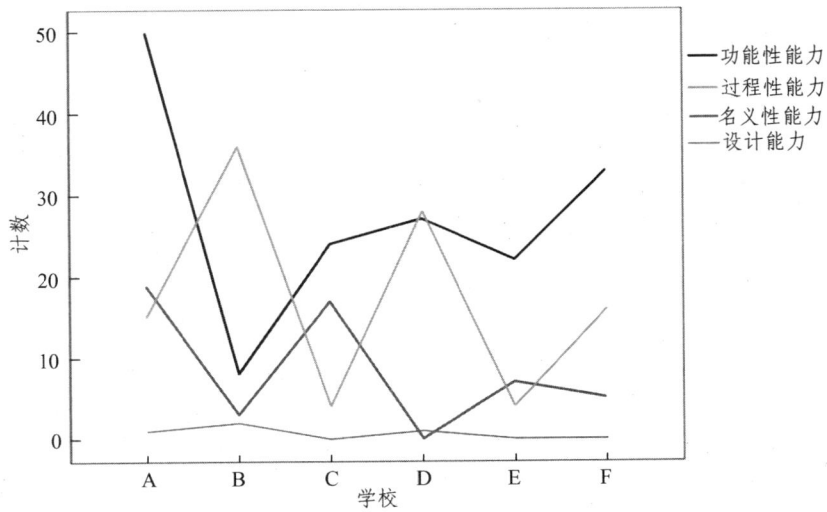

图 2.3.63　各学校学生能力水平分布折线图

从总体上看，学生在 30 分以下的比例最大，也有 5 位同学达到 45 分以上，但没有 50 分以上的（总人数 322 人），平均分为 26.29 分。参加测评的学生有近 15.8%处于名义性能力，50.9%达到功能性能力，32%达到了过程性能力，有 1.2%达到了设计能力。从整体情况来看，学生的能力水平主要集中在功能性能力（占 50.9%）和过程性能力（占 32%），只有 1.2%的学生达到了设计能力水平，说明学生整体能力偏于中等。各学校学生能力水平的百分比分布如图 2.3.64 所示。

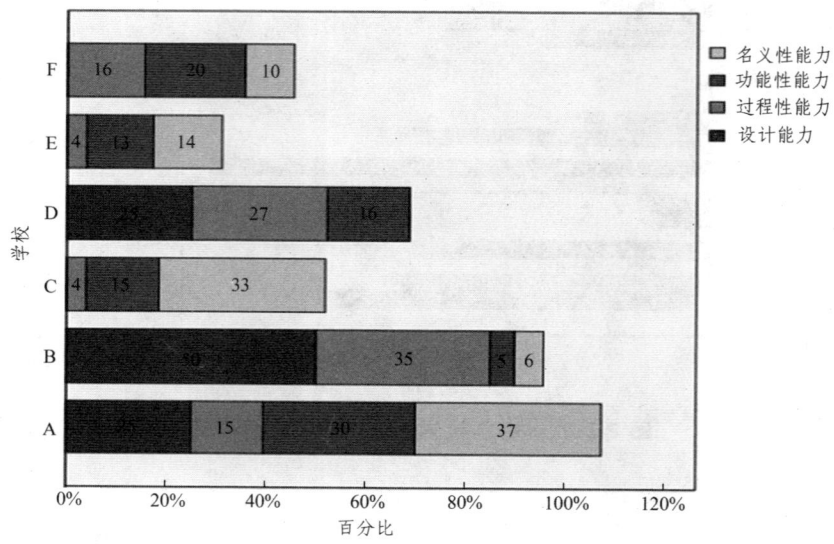

图 2.3.64　各学校学生能力百分比分布图

2）参加测评学生的能力轮廓

被测学生职业能力的轮廓如图 2.3.65 所示。

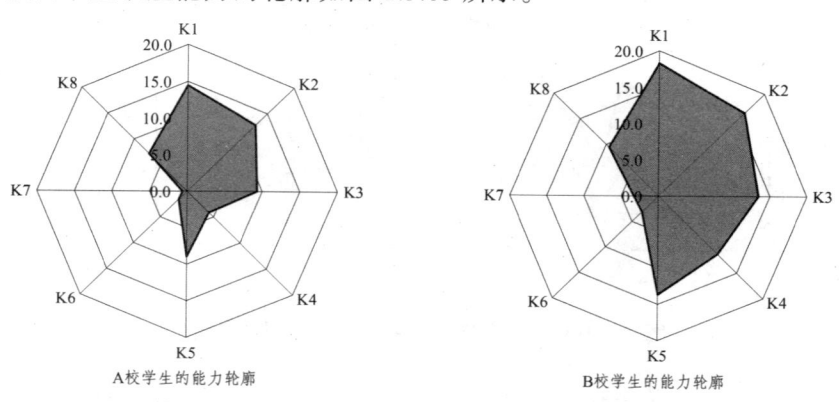

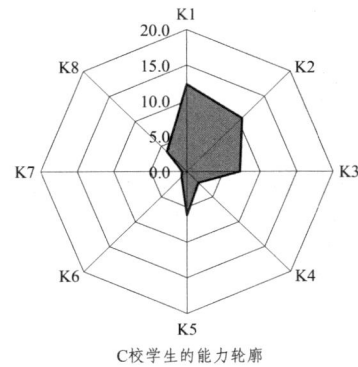
C校学生的能力轮廓

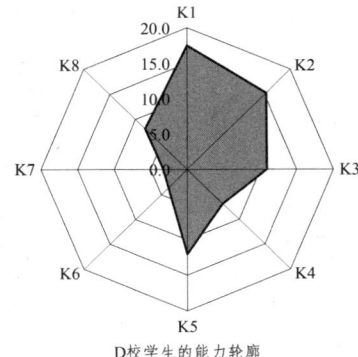
D校学生的能力轮廓

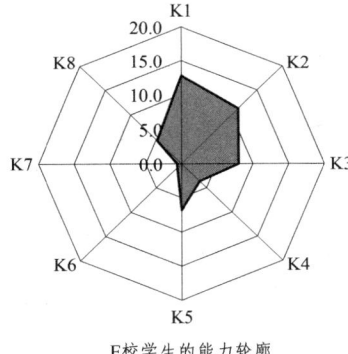
E校学生的能力轮廓

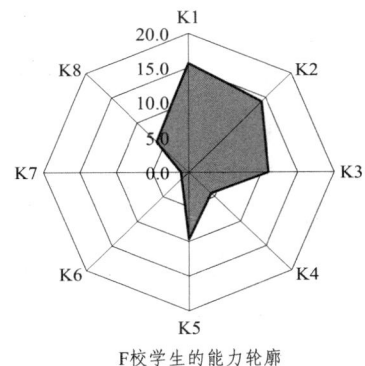
F校学生的能力轮廓

图 2.3.65　参加测评学生的总体能力轮廓

总体看来，K1（直观性和展示性）、K2（功能性）和K3（使用价值导向）方面的能力水平较强，而K4（经济性）、K6（社会接受度）和K7（环保性）方面的能力水平较弱。

3. 不同职业能力水平学生对职业学习的认识

1）学生的测试动机与测试水平。

学生在完成开放式综合测试任务后，填写了对测试任务的看法。以下就相关问题进行分析。

（1）完成测试任务所用时间。

参评学生完成测试任务的时间分布如图 2.3.66 所示。总体来看，大家用时为 1~2 小时。

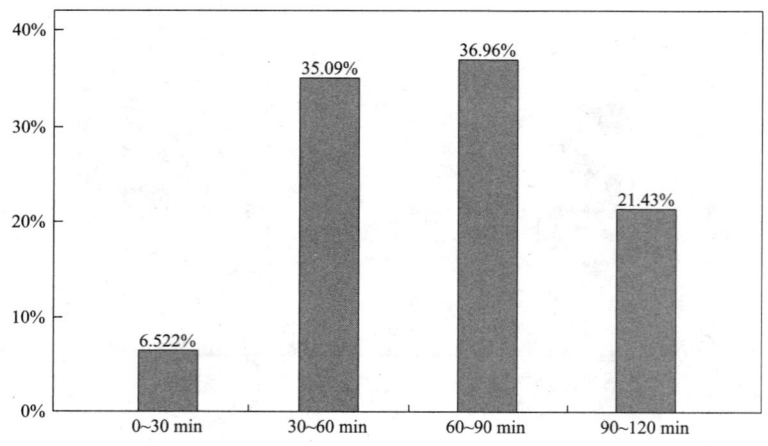

图 2.3.66　参评学生完成测试任务所用时间

从总体来看，近 37% 的学生用时为 1～1.5 小时，其他学生分布则较散，如图 2.3.67 所示。

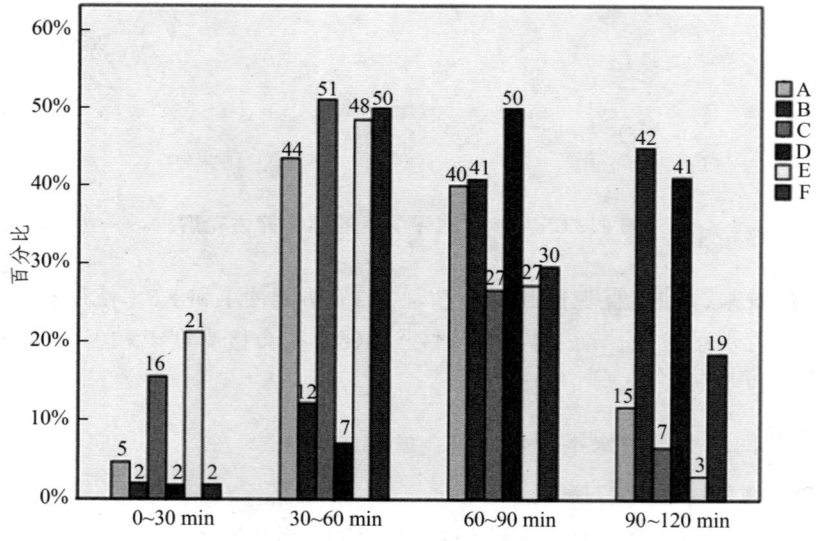

图 2.3.67　不同类型院校学生完成测试任务所用时间

若从学生所达到的能力级别和他的用时情况看，二者之间有一定的相关性。从图 2.3.68 中可以看出，完成时间偏长的，在过程性能力和设计能力方面比例明显提高。当然，我们还不能因此断定职业能力水平高低与时间长短的正比性。

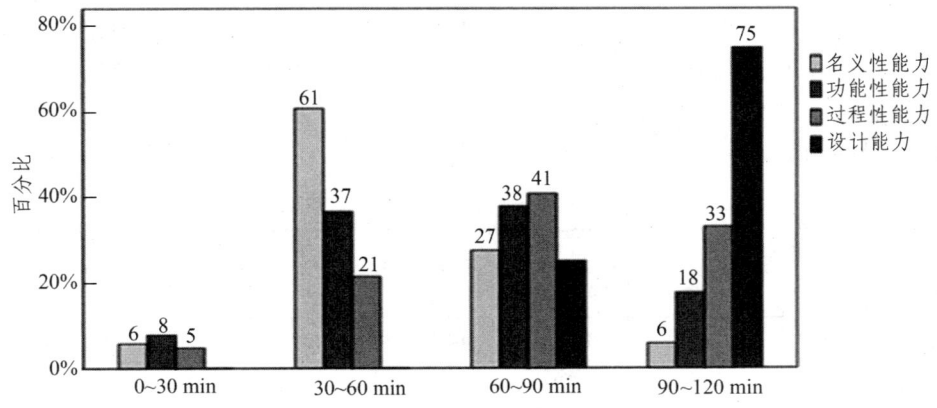

图 2.3.68 不同能力水平学生完成测试所用时间

（2）对该测试任务的兴趣。

有 71.4% 的学生对这种测试任务有较大或非常大的兴趣，这也说明了他们为什么用时较多。

从能力水平级别来看，有 75% 的设计能力水平参评者对任务不感兴趣，而相对来说，具有名义性能力和功能性能力水平的参评者对这种测试任务感兴趣的比例大一些，见表 2.3.68。

表 2.3.68　不同职业能力水平学生对测试题的兴趣

能力水平		非常大	比较大	一般	没兴趣	合计
名义性能力	人数	50	67	46	1	164
	百分比	30.5%	40.9%	28.0%	0.6%	100.0%
功能性能力	人数	33	45	23	2	103
	百分比	32.0%	43.7%	22.3%	1.9%	100.0%
过程性能力	人数	11	23	16	1	51
	百分比	21.6%	45.1%	31.4%	2.0%	100.0%
设计能力	人数	0	1	3	0	4
	百分比	0.0%	25.0%	75.0%	0.0%	100.0%
合计	人数	94	136	88	4	322
	百分比	29.2%	42.2%	27.3%	1.2%	100.0%

（3）测试任务是否有用。

总体来看，有近 78% 的学生认为这种测试任务有用或非常有用。

但从能力水平来看，具有设计能力的参评者认为这种任务有用的比例最小，而具有过程性能力水平者的比例最大，其他两个能力水平者则接近。这说明，职业能力水平低的学生理解综合性工作任务的内涵和意义稍低一些，而职业能力水平高的学生更偏向于认可传统的职业水平测试，对职业能力测评认识度偏低，见表2.3.69。

表2.3.69 不同能力水平学生对"测试任务是否有用"的回答

能力水平		非常有用	很有用	一般	没用	合计
名义性能力	人数	53	73	35	3	164
	百分比	32.3%	44.5%	21.3%	1.8%	100.0%
功能性能力	人数	29	52	21	1	103
	百分比	28.2%	50.5%	20.4%	1.0%	100.0%
过程性能力	人数	10	31	9	1	51
	百分比	19.6%	60.8%	17.6%	2.0%	100.0%
设计能力	人数	0	2	2	0	4
	百分比	0.0%	50.0%	50.0%	0.0%	100.0%
合计	人数	92	158	67	5	322
	百分比	28.6%	49.1%	20.8%	1.6%	100.0%

（4）测试任务与参评者职业的关系。

总体来看，有84.1%的学生认为这个测试任务和他的职业有关。从能力水平来看，则反映出大家普遍认为测试任务和他们的职业有关系，见表2.3.70。

表2.3.70 不同能力水平的学生对"测试任务与你的职业是否有关系"的回答

能力水平		非常大	很大	一般	没关系	合计
名义性能力	人数	68	70	24	2	164
	百分比	41.5%	42.7%	14.6%	1.2%	100.0%
功能性能力	人数	50	37	13	3	103
	百分比	48.5%	35.9%	12.6%	2.9%	100.0%
过程性能力	人数	19	23	9	0	51
	百分比	37.3%	45.1%	17.6%	0.0%	100.0%
设计能力	人数	0	4	0	0	4
	百分比	0.0%	100.0%	0.0%	0.0%	100.0%
合计	人数	137	134	46	5	322
	百分比	42.5%	41.6%	14.3%	1.6%	100.0%

2）不同职业能力水平学生对实习实训的认识

（1）指导人员的交流。

从职业能力水平的角度可以看出，功能性能力水平的学生认为他们得到实训指导人员的反馈和支持的比例达到73.8%,而设计能力水平的学生认为他们得到实训指导人员的反馈和支持的比例只有25%,这说明达到较高职业能力水平的学生反而认为他们较少的需要实训指导人员的反馈和支持，见表2.3.71。

表2.3.71　不同职业能力水平的学生对于"我在完成实训任务的过程中，可以得到实训指导人员的反馈和支持"的回答情况

能力水平		非常少	少	偶尔	经常	非常多	合计
名义性能力	数量	1	15	40	75	33	164
	百分比	0.6%	9.1%	24.4%	45.7%	20.1%	100.0%
功能性能力	数量	0	11	16	47	29	103
	百分比	0.0%	10.7%	15.5%	45.6%	28.2%	100.0%
过程性能力	数量	3	3	16	15	14	51
	百分比	5.9%	5.9%	31.4%	29.4%	27.5%	100.0%
设计能力	数量	0	1	2	1	0	4
	百分比	0.0%	25.0%	50.0%	25.0%	0.0%	100.0%
合计	数量	4	30	74	138	76	322
	百分比	1.2%	9.3%	23.0%	42.9%	23.6%	100.0%

图2.3.69～图2.3.72中数据显示，各能力级别的参评者均有超过一半的同学认为实训指导人员经常向他们示范如何处理具体问题、告诉他们解决专业问题的思路，并向他们解释这样做的原因以便他们掌握处理任务的方式方法。

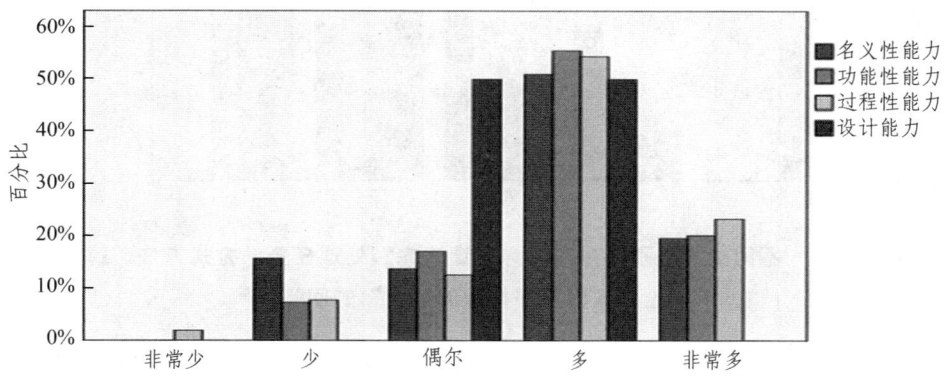

图2.3.69　不同能力级别学生对"实训指导人员向我示范如何处理具体问题"的回答

处于功能性能力、过程性能力和设计能力三个水平的参评者在接受实训指导人员的辅导方面的选择比较接近；设计能力水平的学生相对功能性和过程性能力的学生更多认为实训指导人员经常或非常多地告诉解决专业问题的思路，解释原因并让他们了解需要关注的内容，即能力水平高的得到的指导更多一些。

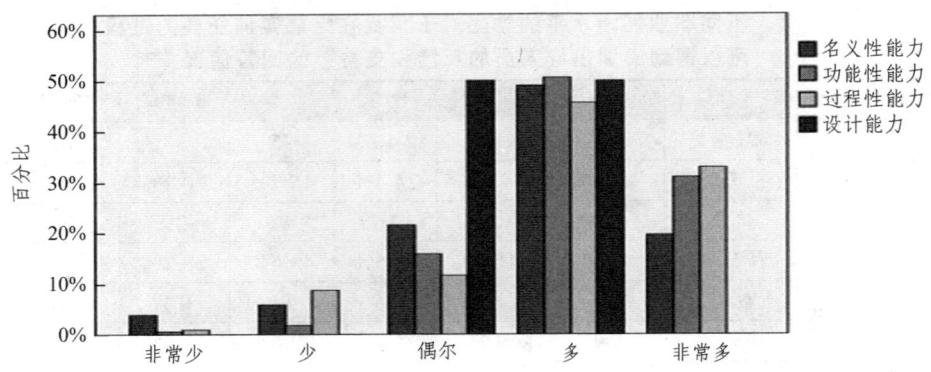

图 2.3.70　不同能力级别学生对"实训指导人员告诉学生解决专业问题的思路"的回答

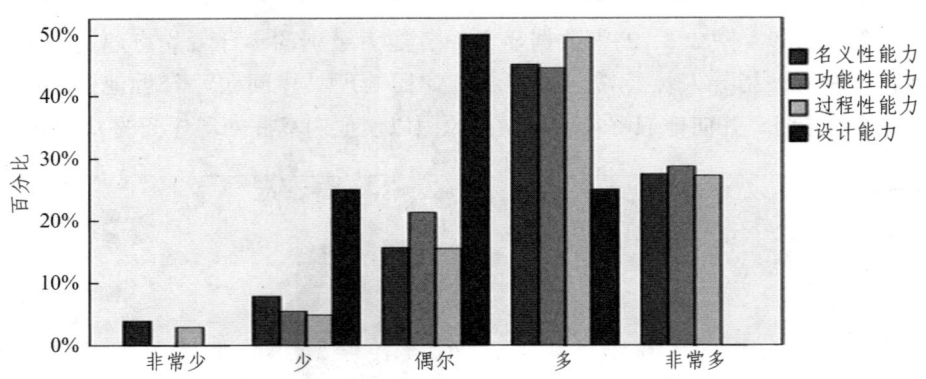

图 2.3.71　不同能力级别学生对"为了让我掌握处理任务的方式方法，解释要这样做而不那样做的理由"的回答

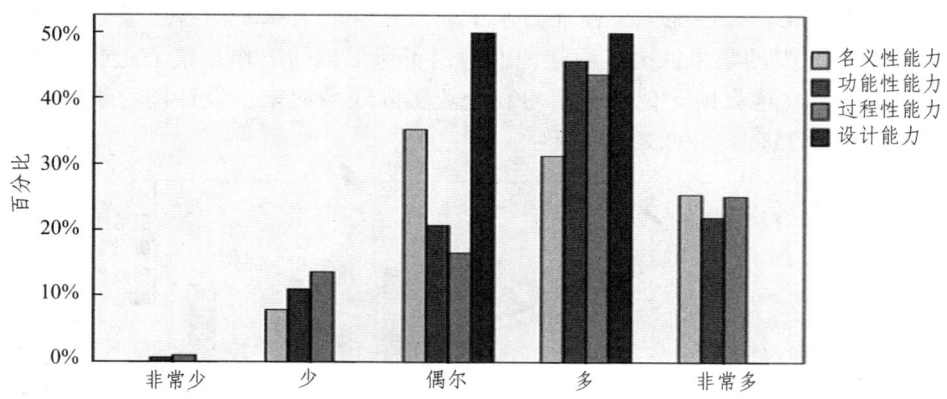

图 2.3.72　不同能力级别学生对"我更加清楚了如果我是一个企业工作人员需要特别关注和留心哪些方面"的回答

数据显示，能力较高的，即达到过程性能力和设计能力水平的学生能更多关注企业的实际要求，关注如何更专业地解决专业问题。这正好印证了设计能力的重要特征，就是具备"反思性"的知识。

（2）实习实训帮助学生了解工作的目的和意义。

在实习实训期间，各能力水平的学生都认为实习实训让学生了解所做的工作，约80%的学生对此表示认同，其中设计能力水平的学生达到100%，如图2.3.73所示。

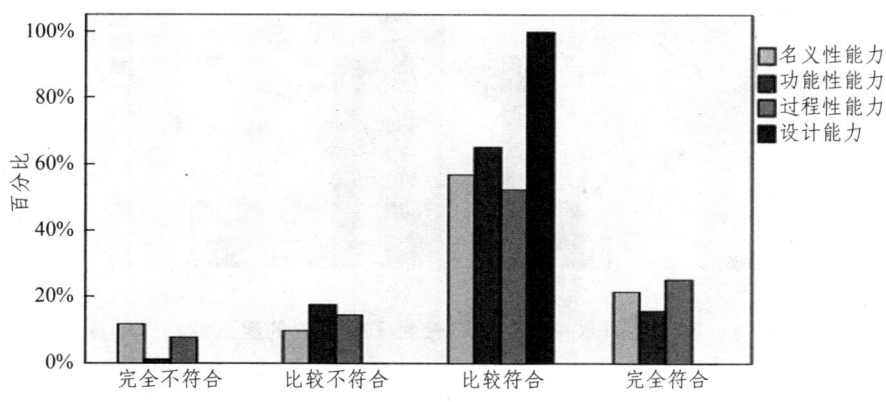

图 2.3.73　不同能力水平学生对"向我介绍承担其他角色任务的同学们在从事哪些工作"的回答

达到功能名义性能力、性能力水平和过程性能力水平的各层级学生中，均有超过 90%的学生认为实习让他们明白了所承担的工作是整个企业工作成果的一部分，这有助于他们把实习和企业实际联系起来。设计能力水平的学生也达到了 75%，如图 2.3.74 所示。

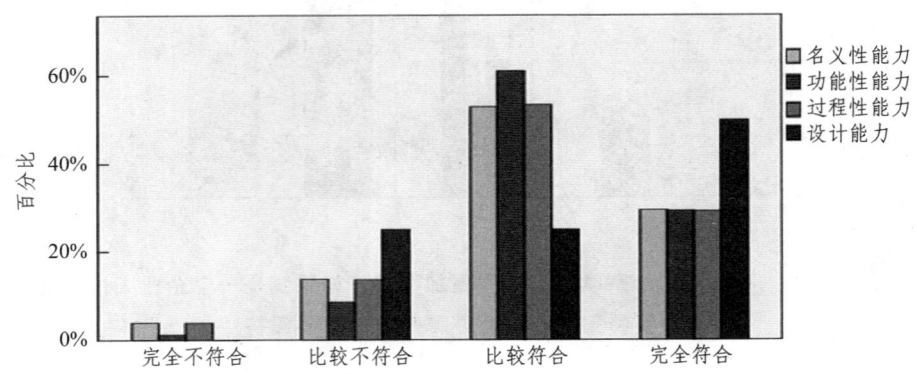

图 2.3.74 不同能力水平学生对"使我明白了我所承担的工作是整个企业工作成果的一部分"的回答

达到功能性能力水平、过程性能力水平的各层级学生中，均有超过 80%的学生认为实习实训让他们了解了企业的组织结构。设计能力水平的学生也达到了 50%，如图 2.3.75 所示。

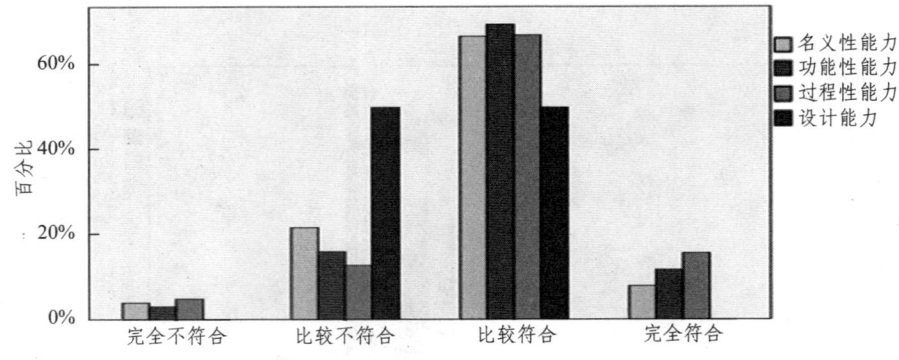

图 2.3.75 不同能力水平学生对"使我了解企业的组织结构"的回答

达到功能性能力水平、过程性能力水平和设计能力水平的各层级学生中，均有超过 77% 的同学表示有人向他们介绍企业其他部门的工作，其中设计能力水平学生认为符合的比例达到了 100%。这与我们的设想是完全相同的，如图 2.3.76 所示。

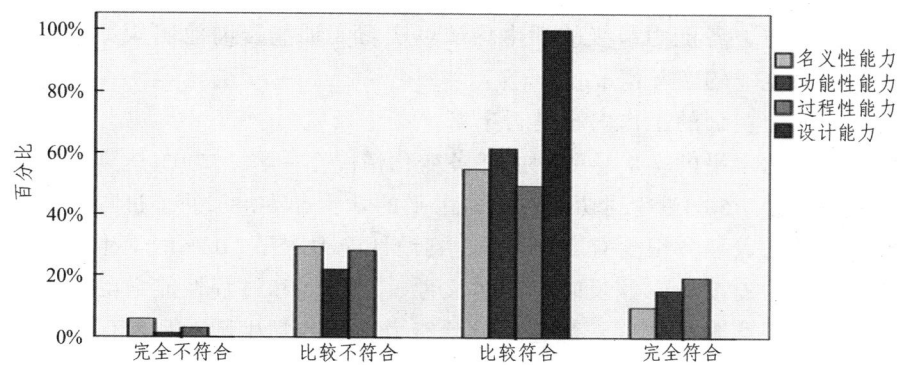

图 2.3.76　不同能力水平学生对"向我简要介绍企业其他部门的工作"的回答

在让学生了解他的任务与所在部门的工作组织关系方面,各能力层次水平的学生约 80% 明白工作任务与部门的工作组织的关系,如图 2.3.77、图 2.3.78 所示。

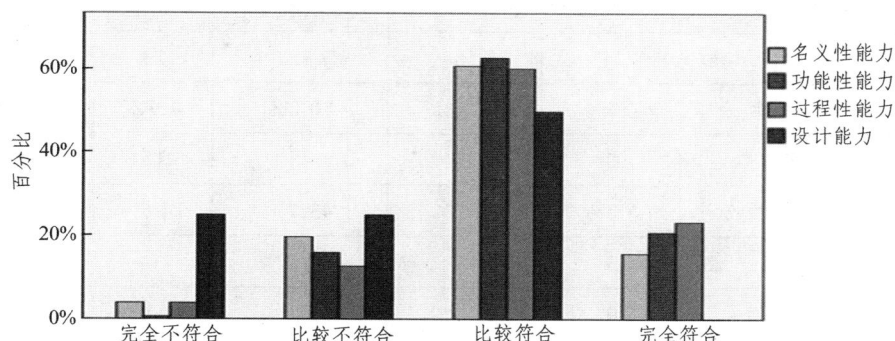

图 2.3.77　不同能力水平学生对"使我明白所在部门在整个企业生产业务体系中的作用"的回答

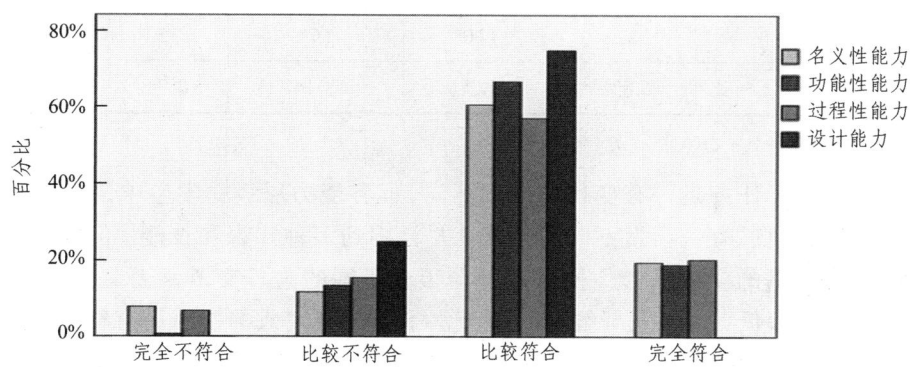

图 2.3.78　不同能力水平学生对"向我解释我的任务与我所在部门的工作组织的关系"的回答

总体来看，各能力层级的学生均认可实习实训能帮助他们从工作过程的结构上了解企业的实际情况。

（3）实习实训的工作内容是否丰富。

不同能力水平的学生感受到的任务变化情况不一样。57.9%达到名义性能力水平的学生、58.3%达到功能性能力水平的学生和60.8%处于过程性能力水平的学生认为其任务很少有变化，但达到设计能力水平100%的学生却认为他们的任务很少有变化。这反映具有名义性、功能性和过程性能力的学生通过相同的任务提高熟练程度，而达到设计能力水平的学生则对目前任务偏少的情况不满意，见表2.3.72。

表2.3.72 不同能力水平学生对于"实习实训期间，我执行的任务很少有变化"的回答情况

能力水平		完全不符合	比较不符合	比较符合	完全符合	合计
名义性能力	数量	11	58	82	13	164
	百分比	6.7%	35.4%	50.0%	7.9%	100.0%
功能性能力	数量	8	35	45	15	103
	百分比	7.8%	34.0%	43.7%	14.6%	100.0%
过程性能力	数量	3	17	25	6	51
	百分比	5.9%	33.3%	49.0%	11.8%	100.0%
设计能力	数量	0	0	3	1	4
	百分比	0.0%	0.0%	75.0%	25.0%	100.0%
合计	数量	22	110	155	35	322
	百分比	6.8%	34.2%	48.1%	10.9%	100.0%

卡方检验表明，$\chi^2=6.445$，$p>0.05$。

尽管对于任务是否有变化的认识不同，但各能力层级的学生中，超过75%的学生认为他们有机会做不同的工作，并且用到多种知识和技能。但100%的设计能力水平的学生认为他们有机会与很多不同的人打交道，名义能力人群该比例明显偏低，这也正好解释了能力水平与工作完成的接触面有很大关系，如图2.3.79、图2.3.80所示。

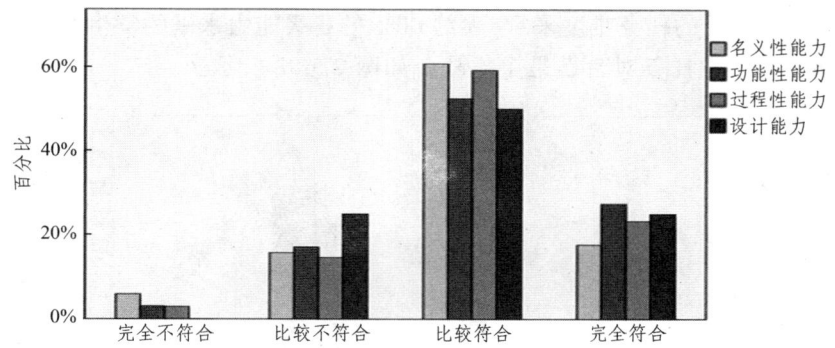

图 2.3.79　不同能力水平学生对"实习实训期间,我有机会做不同的工作,并且用到多种知识和技能"的回答

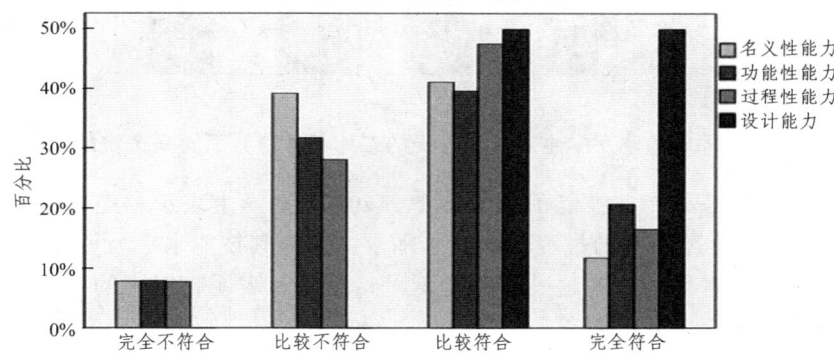

图 2.3.80　不同能力水平学生对"实习实训期间,我有机会与很多不同的人打交道"的回答

3)实习实训提出的要求与学生能力的吻合

在实习实训岗位与专业对口方面,80%以上各能力层级的学生感觉能经常吻合,如图 2.3.81 所示。

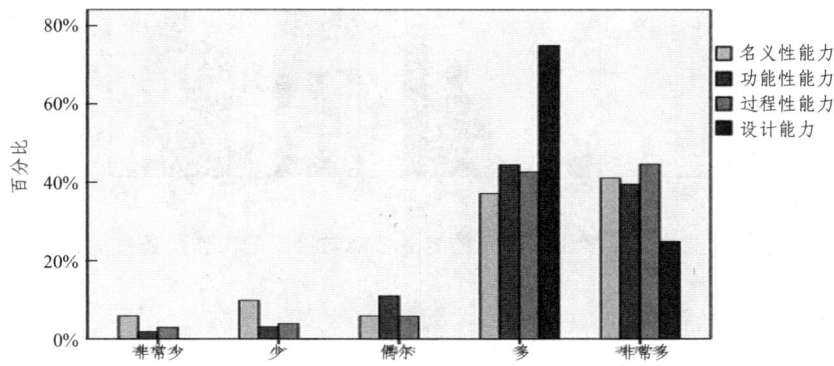

图 2.3.81　不同能力水平学生对"实习实训岗位与我所学的专业对口"的回答

从学生感受的任务难度来看,大约 60% 的各级能力水平的学生经常或非常多地感受到工作任务对自己是个挑战,如图 2.3.82 所示。

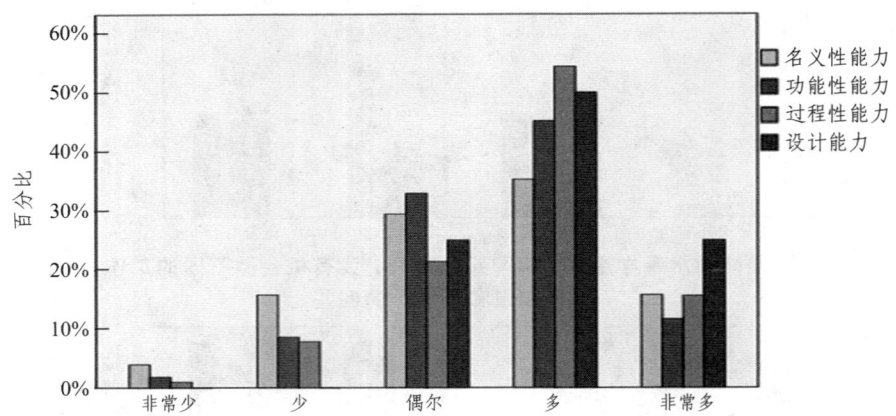

图 2.3.82　不同能力水平学生对"我接受的工作任务对我而言是个挑战"的回答

在工作任务与专业技能的吻合度上,70% 以上学生表示"经常"或"非常多"吻合。超过 90% 的过程性能力水平学生认为其技能水平与任务相适应,而名义性能力水平的学生这一比例最低。这清楚地表明,学生的技能水平越高越能适应工作任务,如图 2.3.83、图 2.3.84 所示。

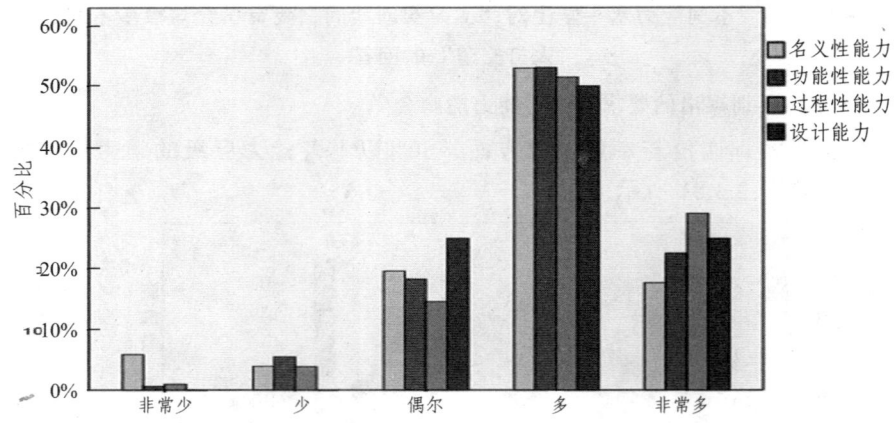

图 2.3.83　不同能力水平学生对"我的专业技能与接受的工作任务相适应"的回答

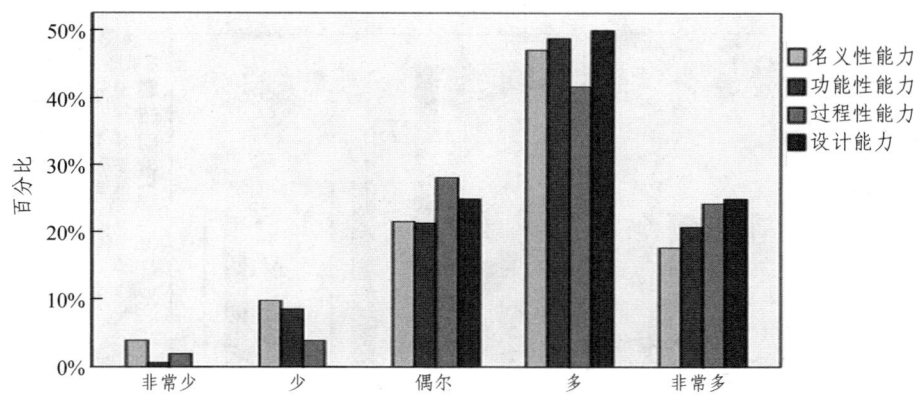

图 2.3.84 不同能力水平学生对"实习实训期间,我能展示出所学的东西"的回答

总体看来,在实习实训要求方面,各能力层级的同学感觉比较接近,认为岗位和专业能对口,任务能和他的专业技能或能力水平相对应。

针对"工作任务对我而言是个挑战的话,我能否在实习中经常或非常多地展示出我所学的东西?"得到表 2.3.73 和图 2.3.85。从中可以看出,学生从工作任务很少是个挑战,到非常多的是挑战,其在实习实训期间经常或非常多地展示所学东西的比例也在增大。这提示我们,在实习实训期间,为了让学生更多地展示或应用所学的东西,应给他们多提供具有挑战性的任务。

表 2.3.73 学生对"我接受的工作任务对我而言是个挑战"和"实习实训期间,我能展示出所学的东西"的回答

我接受的工作任务对我而言是个挑战		实习实训期间,我能展示出所学的东西					合计
		非常少	少	偶尔	经常	非常多	
非常少	数量	0	2	0	4	0	6
	百分比	0.0%	33.3%	0.0%	66.7%	0.0%	100.0%
少	数量	3	4	11	8	4	30
	百分比	10.0%	13.3%	36.7%	26.7%	13.3%	100.0%
偶尔	数量	1	5	23	50	13	92
	百分比	1.1%	5.4%	25.0%	54.3%	14.1%	100.0%
经常	数量	1	10	34	68	37	150
	百分比	0.7%	6.7%	22.7%	45.3%	24.7%	100.0%
非常多	数量	0	2	8	19	15	44
	百分比	0.0%	4.5%	18.2%	43.2%	34.1%	100.0%
合计	数量	5	23	76	149	69	322
	百分比	1.6%	7.1%	23.6%	46.3%	21.4%	100.0%

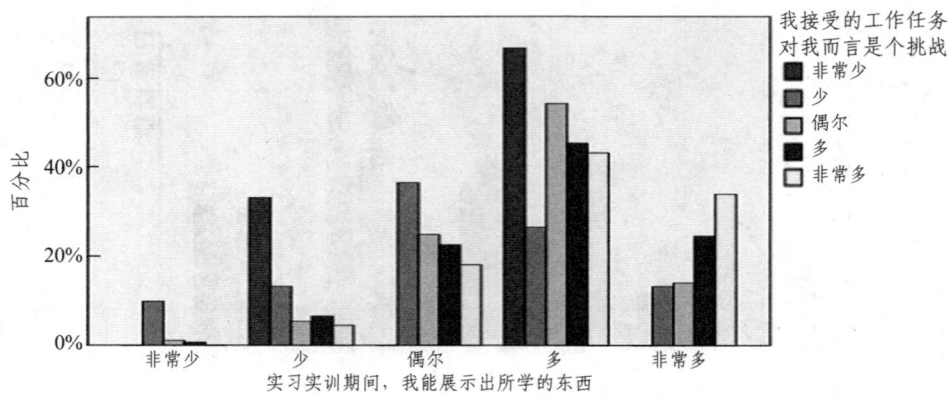

图 2.3.85 学生对"我接受的工作任务对我而言是个挑战"和"实习实训期间，我能展示出所学的东西"的回答

此外，在工作任务的挑战性和工作任务与专业技能的适应性方面，认为任务非常多的是个挑战的学生，也更多地认为他的专业技能经常或非常多地能与工作任务相适应。这也说明学生愿意用具有挑战性的工作任务来证明他们的专业能力。

此外，各能力水平的学生对任务复杂性的体验也是相似的。

4）学生完成任务的决定权方面

从总体看，学生在完成任务中所涉及的因素的决定权相似（具体分布见表2.3.74～表2.3.82）。

表 2.3.74 不同能力水平学生对"我是否可以自己选择工作任务"的回答

能力水平		1 完全不可以	2	3	4	5 完全可以	合计
名义性能力	数量	41	17	23	22	61	164
	百分比	25.0%	10.4%	14.0%	13.4%	37.2%	100.0%
功能性能力	数量	25	12	17	17	32	103
	百分比	24.3%	11.7%	16.5%	16.5%	31.1%	100.0%
过程性能力	数量	12	4	5	9	21	51
	百分比	23.5%	7.8%	9.8%	17.6%	41.2%	100.0%
设计能力	数量	1	0	0	1	2	4
	百分比	25.0%	0.0%	0.0%	25.0%	50.0%	100.0%
合计	数量	79	33	45	49	116	322
	百分比	24.5%	10.2%	14.0%	15.2%	36.0%	100.0%

表 2.3.75 不同能力水平学生对"我是否可以自己确定工作任务的目标"的回答

能力水平		1 完全不可以	2	3	4	5 完全可以	合计
名义性能力	数量	12	13	23	34	82	164
	百分比	7.3%	7.9%	14.0%	20.7%	50.0%	100.0%
功能性能力	数量	10	5	14	18	56	103
	百分比	9.7%	4.9%	13.6%	17.5%	54.4%	100.0%
过程性能力	数量	4	3	7	9	28	51
	百分比	7.8%	5.9%	13.7%	17.6%	54.9%	100.0%
设计能力	数量	0	0	0	1	3	4
	百分比	0.0%	0.0%	0.0%	25.0%	75.0%	100.0%
合计	数量	26	21	44	62	169	322
	百分比	8.1%	6.5%	13.7%	19.3%	52.5%	100.0%

表 2.3.76 不同能力水平学生对"我是否可以自己协调完成工作任务的进度安排"的回答

能力水平		1 完全不可以	2	3	4	5 完全可以	合计
名义性能力	数量	17	14	32	34	67	164
	百分比	10.4%	8.5%	19.5%	20.7%	40.9%	100.0%
功能性能力	数量	13	7	17	21	45	103
	百分比	12.6%	6.8%	16.5%	20.4%	43.7%	100.0%
过程性能力	数量	5	8	3	6	29	51
	百分比	9.8%	15.7%	5.9%	11.8%	56.9%	100.0%
设计能力	数量	0	1	0	0	3	4
	百分比	0.0%	25.0%	0.0%	0.0%	75.0%	100.0%
合计	数量	35	30	52	61	144	322
	百分比	10.9%	9.3%	16.1%	18.9%	44.7%	100.0%

表 2.3.77 不同能力水平学生对"我是否可以自己确定如何展示工作过程与工作成果"的回答

能力水平		1 完全不可以	2	3	4	5 完全可以	合计
名义性能力	数量	10	14	24	43	73	164
	百分比	6.1%	8.5%	14.6%	26.2%	44.5%	100.0%

第二部分 实证研究

续表

能力水平		1 完全不可以	2	3	4	5 完全可以	合计
功能性能力	数量	9	7	14	31	42	103
	百分比	8.7%	6.8%	13.6%	30.1%	40.8%	100.0%
过程性能力	数量	6	4	7	7	27	51
	百分比	11.8%	7.8%	13.7%	13.7%	52.9%	100.0%
设计能力	数量	0	1	0	1	2	4
	百分比	0.0%	25.0%	0.0%	25.0%	50.0%	100.0%
合计	数量	25	26	45	82	144	322
	百分比	7.8%	8.1%	14.0%	25.5%	44.7%	100.0%

表 2.3.78　不同能力水平学生对"我是否可以自己确定完成任务所需要的时间"的回答

能力水平		1 完全不可以	2	3	4	5 完全可以	合计
名义性能力	数量	19	15	33	28	69	164
	百分比	11.6%	9.1%	20.1%	17.1%	42.1%	100.0%
功能性能力	数量	10	9	17	24	43	103
	百分比	9.7%	8.7%	16.5%	23.3%	41.7%	100.0%
过程性能力	数量	7	3	7	9	25	51
	百分比	13.7%	5.9%	13.7%	17.6%	49.0%	100.0%
设计能力	数量	0	0	1	2	1	4
	百分比	0.0%	0.0%	25.0%	50.0%	25.0%	100.0%
合计	数量	36	27	58	63	138	322
	百分比	11.2%	8.4%	18.0%	19.6%	42.9%	100.0%

表 2.3.79　不同能力水平学生对"我是否可以自己确定完成任务的具体方法和步骤"的回答

能力水平		1 完全不可以	2	3	4	5 完全可以	合计
名义性能力	数量	7	10	19	37	91	164
	百分比	4.3%	6.1%	11.6%	22.6%	55.5%	100.0%
功能性能力	数量	12	3	10	30	48	103
	百分比	11.7%	2.9%	9.7%	29.1%	46.6%	100.0%
过程性能力	数量	2	4	8	8	29	51
	百分比	3.9%	7.8%	15.7%	15.7%	56.9%	100.0%

续表

能力水平		1完全不可以	2	3	4	5完全可以	合计
设计能力	数量	0	0	1	0	3	4
	百分比	0.0%	0.0%	25.0%	0.0%	75.0%	100.0%
合计	数量	21	17	38	75	171	322
	百分比	6.5%	5.3%	11.8%	23.3%	53.1%	100.0%

表 2.3.80　不同能力水平学生对"我是否可以自己确定所需经费"的回答

能力水平		1完全不可以	2	3	4	5完全可以	合计
名义性能力	数量	49	20	24	33	38	164
	百分比	29.9%	12.2%	14.6%	20.1%	23.2%	100.0%
功能性能力	数量	24	12	22	15	30	103
	百分比	23.3%	11.7%	21.4%	14.6%	29.1%	100.0%
过程性能力	数量	13	5	6	7	19	50
	百分比	26.0%	10.0%	12.0%	14.0%	38.0%	100.0%
设计能力	数量	0	1	0	2	1	4
	百分比	0.0%	25.0%	0.0%	50.0%	25.0%	100.0%
合计	数量	86	38	52	57	88	321
	百分比	26.8%	11.8%	16.2%	17.8%	27.4%	100.0%

表 2.3.81　不同能力水平学生对"我是否可以自己确定完成任务的途径"的回答

能力水平		1完全不可以	2	3	4	5完全可以	合计
名义性能力	数量	5	8	24	41	86	164
	百分比	3.0%	4.9%	14.6%	25.0%	52.4%	100.0%
功能性能力	数量	8	4	13	30	48	103
	百分比	7.8%	3.9%	12.6%	29.1%	46.6%	100.0%
过程性能力	数量	3	2	7	6	33	51
	百分比	5.9%	3.9%	13.7%	11.8%	64.7%	100.0%
设计能力	数量	0	1	0	1	2	4
	百分比	0.0%	25.0%	0.0%	25.0%	50.0%	100.0%
合计	数量	16	15	44	78	169	322
	百分比	5.0%	4.7%	13.7%	24.2%	52.5%	100.0%

表 2.3.82　不同能力水平学生对"我是否可以自己确定完成工作要遵循的规则、规章制度和协议"的回答

能力水平		1 完全不可以	2	3	4	5 完全可以	合计
名义性能力	数量	11	11	12	31	99	164
	百分比	6.7%	6.7%	7.3%	18.9%	60.4%	100.0%
功能性能力	数量	9	4	9	17	64	103
	百分比	8.7%	3.9%	8.7%	16.5%	62.1%	100.0%
过程性能力	数量	2	2	6	10	31	51
	百分比	3.9%	3.9%	11.8%	19.6%	60.8%	100.0%
设计能力	数量	0	0	0	0	4	4
	百分比	0.0%	0.0%	0.0%	0.0%	100.0%	100.0%
合计	数量	22	17	27	58	198	322
	百分比	6.8%	5.3%	8.4%	18.0%	61.5%	100.0%

由于处于设计能力水平阶段的学生人数较少，若略去这部分学生进行分析可以发现：名义性能力、功能性能力、过程性能力水平的学生在确定完成任务的合作伙伴和确定完成工作需要的信息、原材料的性能和规格方面的决定权情况差异不大。在各个能力水平阶段选择"5 完全可以"的学生认识明显高于其他选项的学生人数，这说明，（参与）决策可以促进学生的能力发展，见表 2.3.83、表 2.3.84。

表 2.3.83　不同能力水平学生对"我是否可以自己确定完成工作需要的信息、原材料的性能和规格"的回答

能力水平		1 完全不可以	2	3	4	5 完全可以	合计
名义性能力	数量	22	11	29	30	72	164
	百分比	13.4%	6.7%	17.7%	18.3%	43.9%	100.0%
功能性能力	数量	11	7	19	20	46	103
	百分比	10.7%	6.8%	18.4%	19.4%	44.7%	100.0%
过程性能力	数量	5	5	4	9	28	51
	百分比	9.8%	9.8%	7.8%	17.6%	54.9%	100.0%
设计能力	数量	0	1	0	1	2	4
	百分比	0.0%	25.0%	0.0%	25.0%	50.0%	100.0%
合计	数量	38	24	52	60	148	322
	百分比	11.8%	7.5%	16.1%	18.6%	46.0%	100.0%

表 2.3.84　不同能力水平学生对"我是否可以自己确定完成任务的合作伙伴"的回答

能力水平		1 完全不可以	2	3	4	5 完全可以	合计
名义性能力	数量	12	7	26	30	89	164
	百分比	7.3%	4.3%	15.9%	18.3%	54.3%	100.0%
功能性能力	数量	9	7	10	23	54	103
	百分比	8.7%	6.8%	9.7%	22.3%	52.4%	100.0%
过程性能力	数量	5	3	3	11	29	51
	百分比	9.8%	5.9%	5.9%	21.6%	56.9%	100.0%
设计能力	数量	0	0	0	0	4	4
	百分比	0.0%	0.0%	0.0%	0.0%	100.0%	100.0%
合计	数量	26	17	39	64	176	322
	百分比	8.1%	5.3%	12.1%	19.9%	54.7%	100.0%

5）小结

（1）在测试动机方面，参加测评学生完成测评任务用时主要集中在 1~2 小时。超过 70% 的参评者对测试任务感兴趣；78% 以上的参评者认为这种测试任务有用；超过 84% 的参评者认为测试任务和他们的职业有关系。

（2）在接受实习实训指导方面，达到较高职业能力水平的学生更多认为能经常或非常多接受到实训指导人员的反馈和支持。一半以上的参评者均认为实训指导人员经常提供指导。设计能力水平的学生更多地认为实习实训能让帮助其了解作为企业工作人员需要特别关注和留心哪些方面的内容。

所有学生均认可实习实训能帮助他们从工作过程的结构上了解企业的实际情况。在了解任务与所在部门的工作组织关系方面，约 80% 的学生表示了解。

不同能力水平的学生感受到的任务变化情况基本一样。设计能力水平的学生全部认为学习任务较少有变化。

在任务难度方面，约 60% 的学生经常或非常多地感受到工作任务对自己是个挑战。学生对任务复杂性的体验也比较一致，他们对任务完成过程的决定权的感受也没有明显差异。

所有学生都愿意接受有挑战性的任务，认为这能让他们在实习实训中展示所学的东西。

4. 不同院校学生实习实训期间的学习情况

1）实习实训人员组织和指导

在学生实习实训指导人员安排方面，学生普遍认为以学校教师的指导为主，同时也安排较多的企业兼职教师和高年级学生进行指导。高年级学生参与指导，说明以学生为中心的教学改革取得了积极的进展，见表2.3.85。

表 2.3.85　不同类型院校学生对实习实训指导人员的选择情况

学校	学校教师	企业兼职教师	高年级学生	没有人专门指导
行业类高职院校（n=336）	93.8%	20.5%	9.6%	2.8%

在参加测评的学生中，有42.9%的学生认为他们在完成实训任务的过程中，能经常得到实训指导人员的反馈和支持，有23.6%的学生认为他们能非常多地得到反馈和支持，见表2.3.86。

表 2.3.86　不同职业能力水平的学生对于"我在完成实训任务的过程中，可以得到实训指导人员的反馈和支持"的回答情况

能力水平		非常少	少	偶尔	经常	非常多	合计
名义性能力	数量	1	15	40	75	33	164
	百分比	0.6%	9.1%	24.4%	45.7%	20.1%	100.0%
功能性能力	数量	0	11	16	47	29	103
	百分比	0.0%	10.7%	15.5%	45.6%	28.2%	100.0%
过程性能力	数量	3	3	16	15	14	51
	百分比	5.9%	5.9%	31.4%	29.4%	27.5%	100.0%
设计能力	数量	0	1	2	1	0	4
	百分比	0.0%	25.0%	50.0%	25.0%	0.0%	100.0%
合计	数量	4	30	74	138	76	322
	百分比	1.2%	9.3%	23.0%	42.9%	23.6%	100.0%

各能力水平均有大部分的学生认为实训指导人员经常向他们示范如何处理具体问题、告诉他们解决专业问题的思路，并向他们解释这样做的原因以便他们掌握处理任务的方式方法，如图2.3.86～图2.3.88所示。

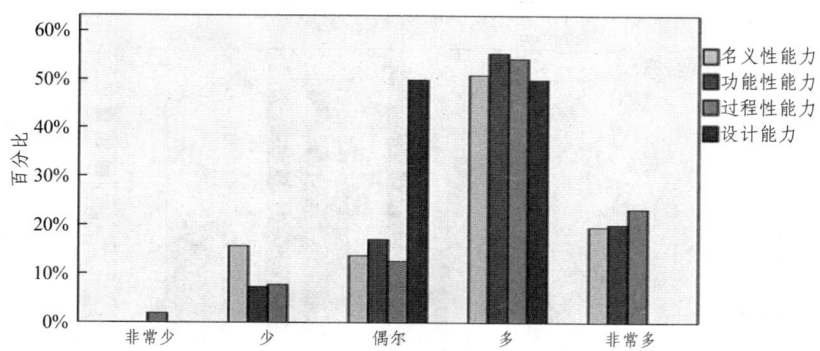

图 2.3.86　不同能力级别学生对"实训指导人员向我示范如何处理具体问题"的回答

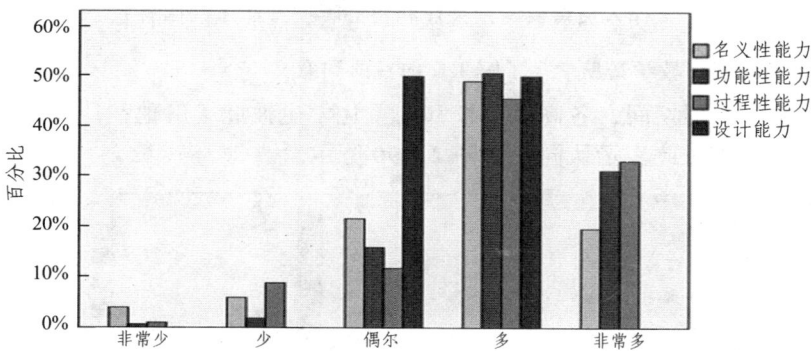

图 2.3.87　不同能力级别学生对"实训指导人员告诉学生解决专业问题的思路"的回答

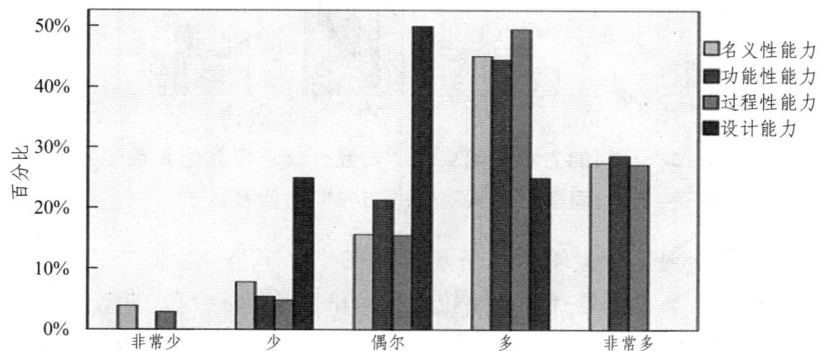

图 2.3.88　不同能力级别学生对"为了让我掌握处理任务的方式方法，解释要这样做而不那样做的理由"的回答

在让学生了解作为企业员工需要特别关注和留心的内容方面，各能力水平的学生认为实训指导人员做的也比较接近。这说明，所有学生都比较关心

企业的真实工作环境和工作要求,如图 2.3.89 所示。

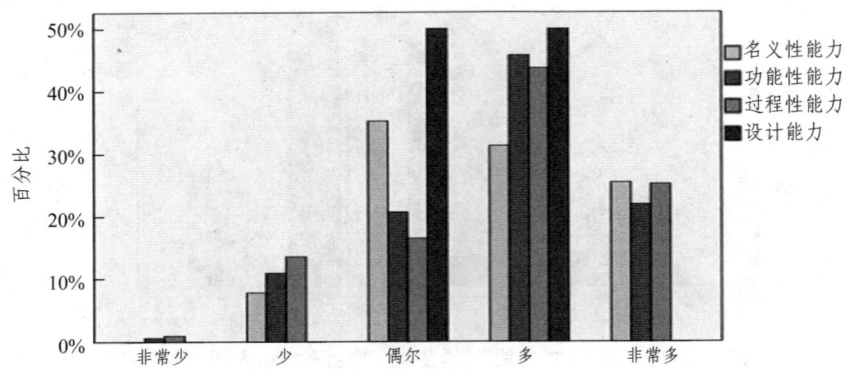

图 2.3.89　不同能力级别学生对"我更加清楚了如果我是一个企业工作人员需要特别关注和留心哪些方面"的回答

2）实习实训教学帮助学生了解工作的目的和意义

在实习实训期间,各高职院校都注重让学生彼此了解他们所做的工作,约 80% 的学生对此表示认同,如图 2.3.90 所示。

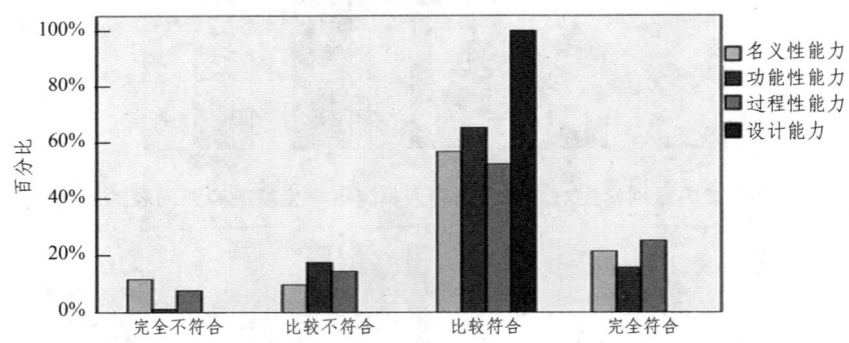

图 2.3.90　不同能力水平学生对"向我介绍承担其他角色任务的同学们在从事哪些工作"的回答

各院校都重视让学生明白他所承担的工作对于企业实际工作的意义,各能力水平的学生基本都选择了"比较符合"和"完全符合",如图 2.3.91 所示。

实习实训教学在帮助学生了解企业的组织架构和工作过程方面,设计能力水平的学生略低于其他能力水平阶段的学生,即更好地帮助学生理解所在部门在整个企业生产业务体系中的作用,理解其他部门的工作,并理解学生个人的任务与所在部门的组织关系。但整体来说各能力水平的学生基本都选择了"比较符合"和"完全符合",如图 2.3.92 ~ 图 2.3.95 所示。

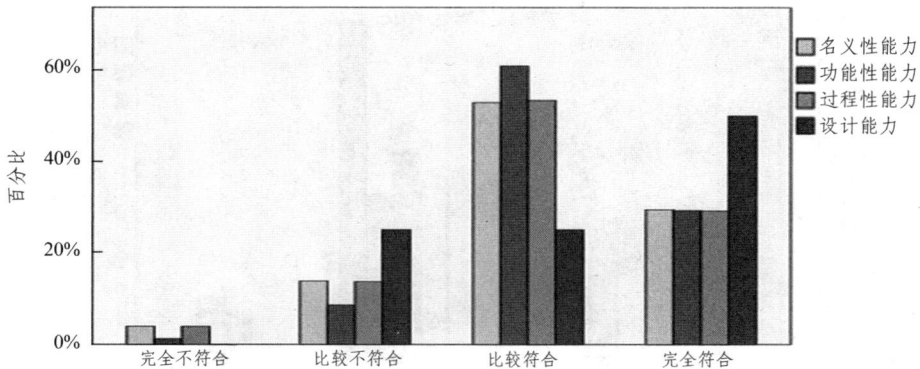

图 2.3.91　不同能力水平学生对"使我明白了我所承担的工作是整个企业工作成果的一部分"的回答

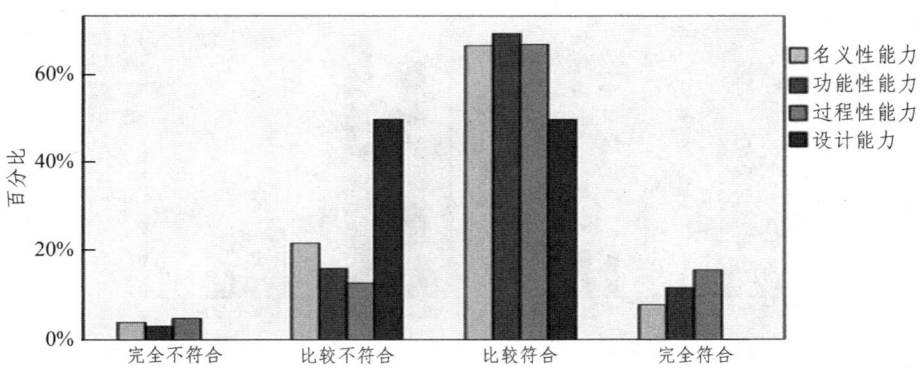

图 2.3.92　不同能力水平学生对"使我了解企业的组织结构"的回答

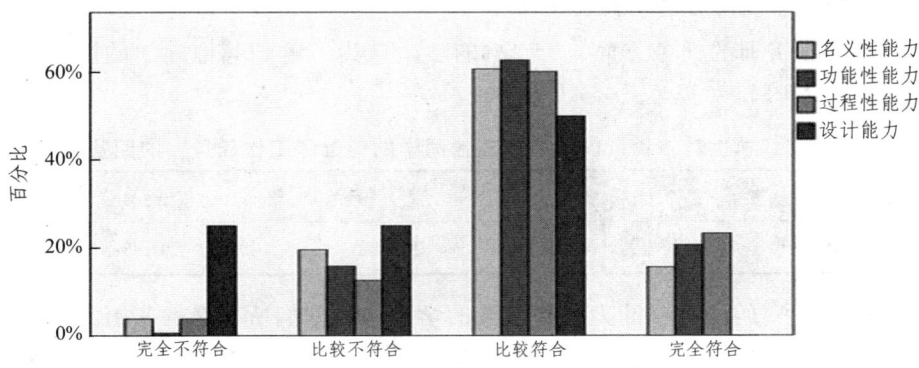

图 2.3.93　不同能力水平学生对"使我明白所在部门在整个企业生产业务体系中的作用"的回答

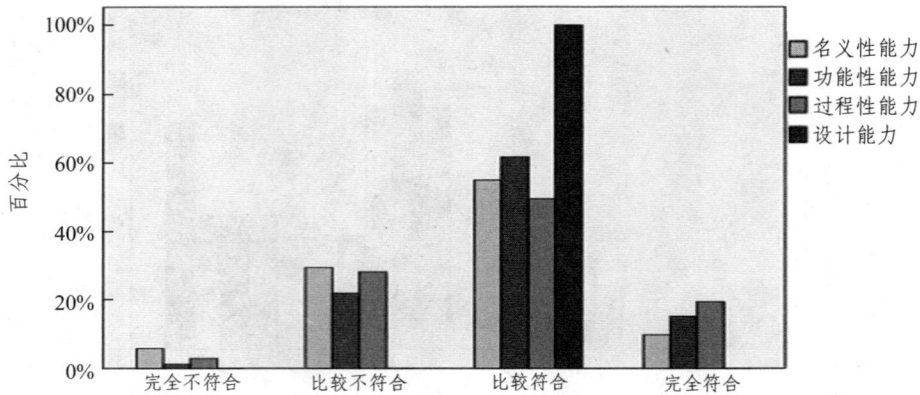

图 2.3.94 不同能力水平学生对"向我简要介绍企业其他部门的工作"的回答

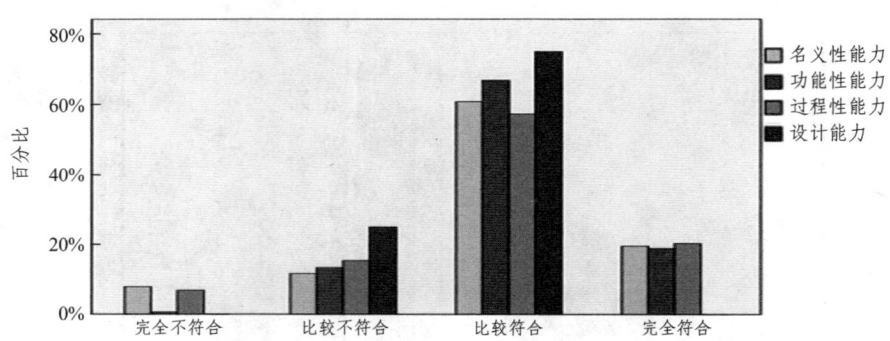

图 2.3.95 不同能力水平学生对"向我解释我的任务与我所在部门的工作组织的关系"的回答

3）实习实训的工作内容是否丰富

在实习实训的任务方面，74.2%的学生认为了解到其他同学的岗位和任务，见表2.3.87。

表 2.3.87 学生对"我可以了解到其他同学的岗位和工作任务"的回答情况

学校	完全不符合	比较不符合	比较符合	完全符合	总计
行业类职业学院（n=331）	4.3%	21.4%	53.4%	20.8%	100.0%

超过58%的功能性能力水平阶段的学生认为他们所面对的实习实训任务很少有变化，而这个比例在设计能力水平阶段学生中为100%，在名义性能力水平阶段学生中为37.9%。这说明，能力水平越高的学生越感觉在实训期间任务发生变化越小，见表2.3.88。

表 2.3.88　不同能力水平学生对于"实习实训期间，我执行的任务很少有变化"的回答情况

能力水平		完全不符合	比较不符合	比较符合	完全符合	合计
名义性能力	数量	11	58	82	13	164
	百分比	6.7%	35.4%	50.0%	7.9%	100.0%
功能性能力	数量	8	35	45	15	103
	百分比	7.8%	34.0%	43.7%	14.6%	100.0%
过程性能力	数量	3	17	25	6	51
	百分比	5.9%	33.3%	49.0%	11.8%	100.0%
设计能力	数量	0	0	3	1	4
	百分比	0.0%	0.0%	75.0%	25.0%	100.0%
合计	数量	22	110	155	35	322
	百分比	6.8%	34.2%	48.1%	10.9%	100.0%

卡方检验表明，$\chi^2=6.445$，$p>0.05$。

在是否有机会做不同的工作、并且用到多种知识和技能方面，各学校学生的回答大体相当，而且有机会做不同的工作的学生比例也较高。这反映了实习实训中的学习成分还是很高的，如图 2.3.96、图 2.3.97 所示。

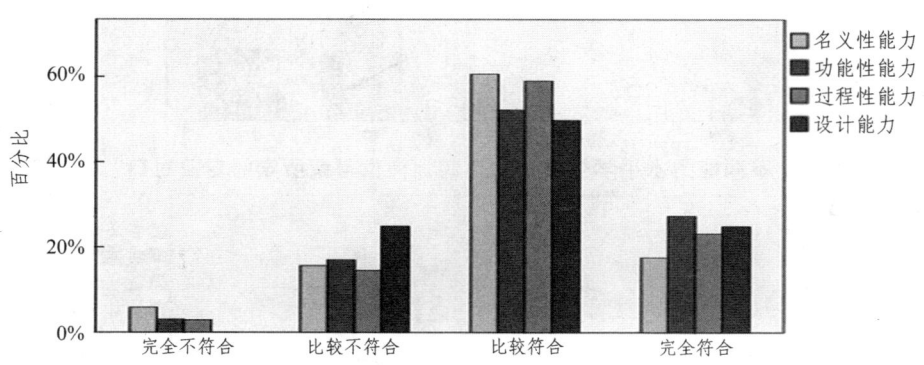

图 2.3.96　不同能力水平学生对"实习实训期间，我有机会做不同的工作，并且用到多种知识和技能"的回答

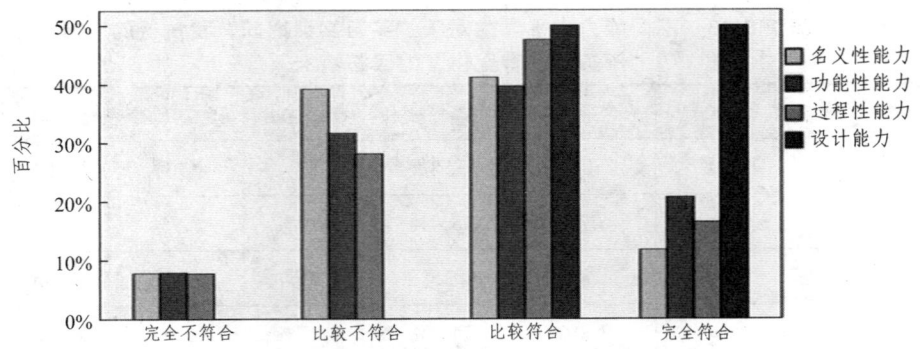

图 2.3.97　不同能力水平学生对"实习实训期间，我有机会与很多不同的人打交道"的回答

4）实习实训提出的要求与学生能力的吻合

在实习实训岗位与专业对口方面，各能力水平阶段的学生都认为比较高，尤其是设计能力水平阶段的学生最为明显，如图 2.3.98 所示。

从学生感受到的任务难度来看，各能力水平阶段的学生经常或非常多地感受到工作任务对自己是个挑战，尤其是设计能力水平阶段的学生最为明显，如图 2.3.99 所示。

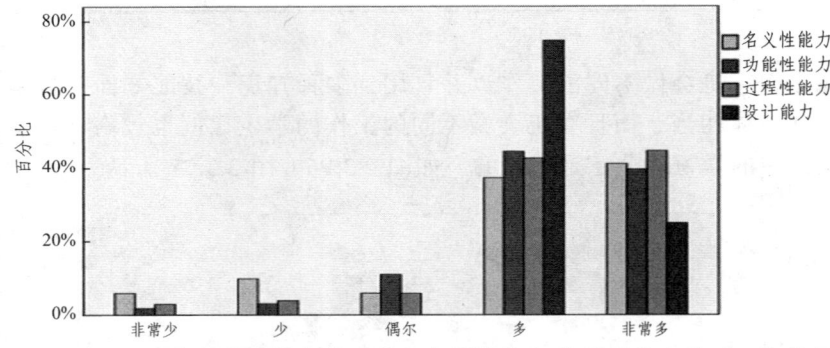

图 2.3.98　不同能力水平学生对"实习实训岗位与我所学的专业对口"的回答

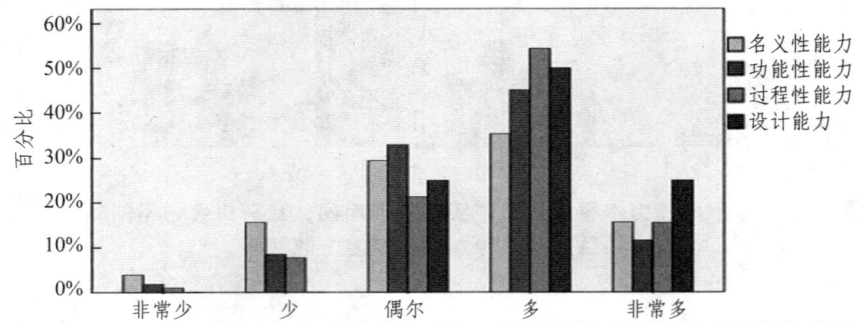

图 2.3.99　不同能力水平学生对"我接受的工作任务对我而言是个挑战"的回答

在工作任务与专业技能的吻合度上，75%的学生表示"经常"或"非常多"吻合。这表明学生更多认为能在实习实训期间展示出所学的东西，过程性能力水平阶段的学生感受较为明显，如图2.3.100、图2.3.101所示。

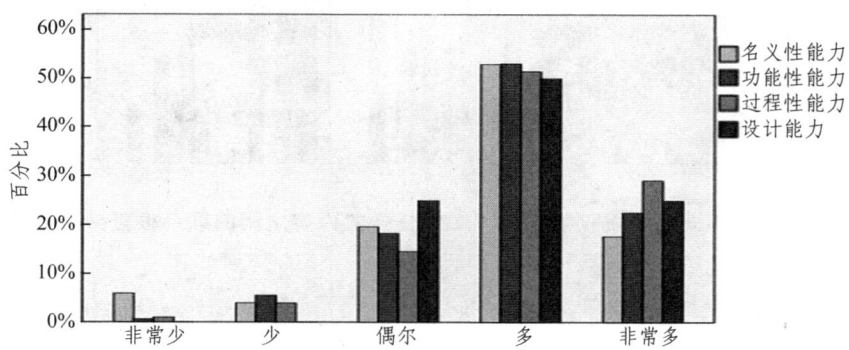

图2.3.100　不同能力水平学生对"我的专业技能与接受的工作任务相适应"的回答

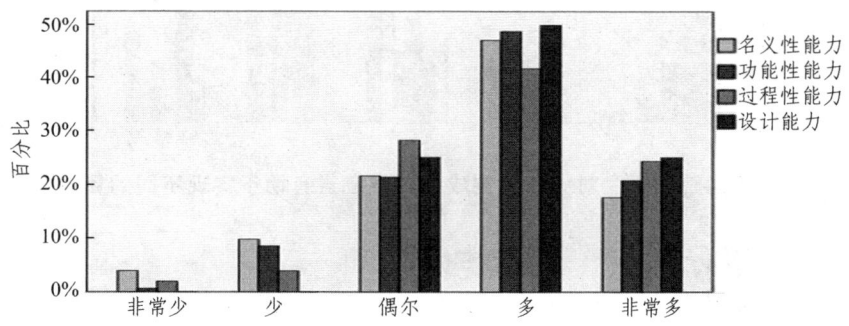

图2.3.101　不同能力水平学生对"实习实训期间，我能展示出所学的东西"的回答

5）实习实训期间任务的复杂性

对于工作任务的复杂性，约47%的学生经常或非常多地感觉到实习实训期间所完成工作任务的内容之间有很复杂的联系，偶尔感到复杂的学生比例超过了40%。总体来看，有80%的学生能感受到任务的复杂性，如图2.3.102所示。

由于认识到任务的复杂性，学生们也能认识到工作目标及准确确定目标的重要性。从总体来看，有60%的学生能经常或非常多地认识到"任务完成的结果应当有助于实现不同的目标"，有79%的学生能经常或非常多地意识到必须准确确定目标，如图2.3.103、图2.3.104所示。

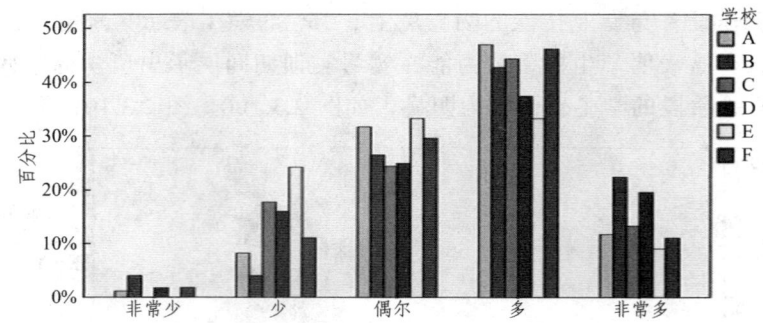

图 2.3.102 不同高职院校学生对"工作任务的内容之间的联系很复杂"的回答

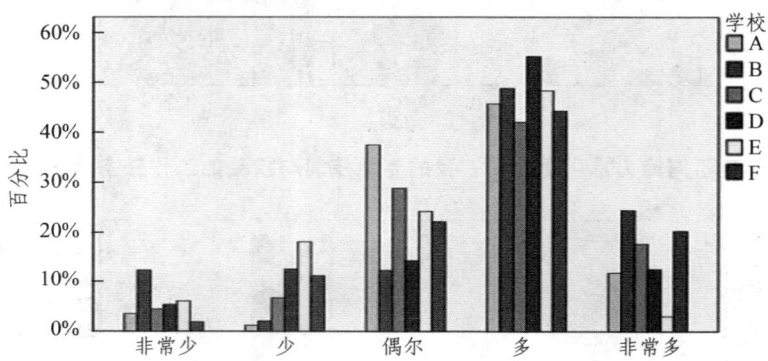

图 2.3.103 不同院校学生对"任务完成的结果应当有助于实现不同的目标"的回答

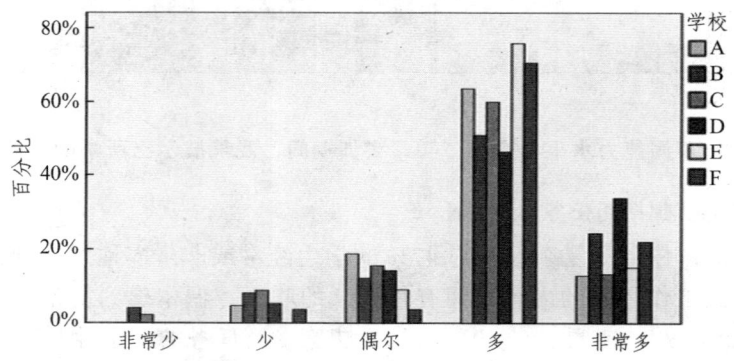

图 2.3.104 不同院校学生对"在完成任务过程中,我必须准确确定目标"的回答

从以下几张图中可以看出,完成复杂任务需要综合考虑各方需求,需平衡各方关系,考虑多种因素,要搜集处理各种相关的重要信息和应对多种变化方面,60%以上的学生能更经常或非常多地考虑以上各方面,各院校有较为明显的差别,如图 2.3.105~图 2.3.109 所示。

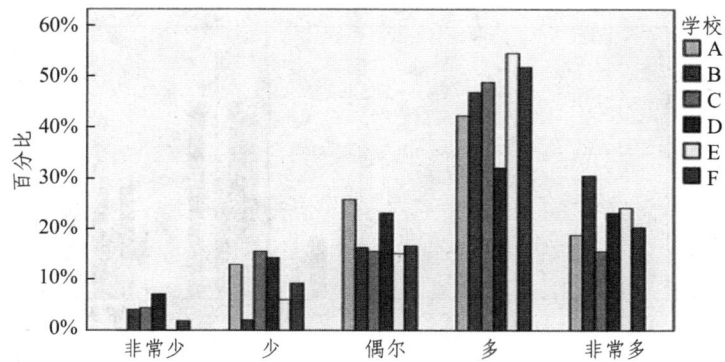

图 2.3.105　不同高职院校学生对"我必须搜集并处理很多与工作相关的重要信息"的回答

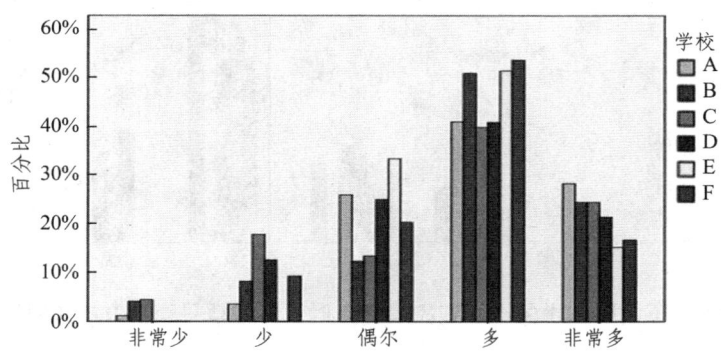

图 2.3.106　不同院校学生对"做工作期间，我必须应对很多变化"的回答

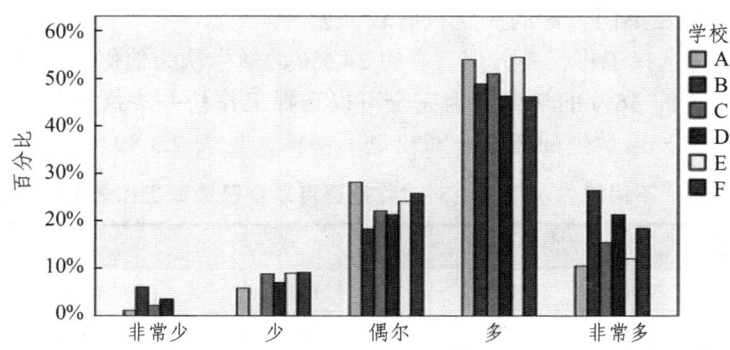

图 2.3.107　不同院校学生对"在完成任务过程中，我必须考虑工作任务受多种因素影响"的回答

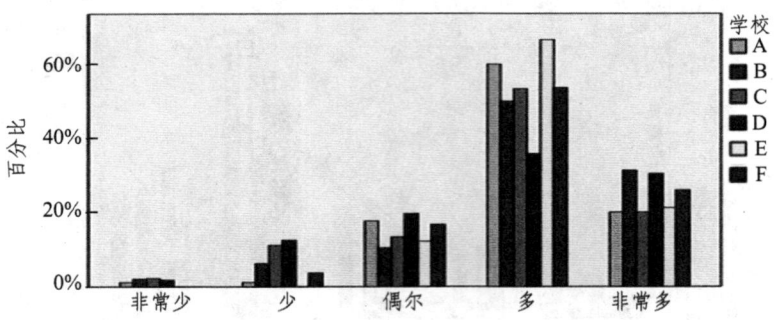

图 2.3.108　不同院校学生对"在完成任务时,我必须综合考虑各方的需求"的回答

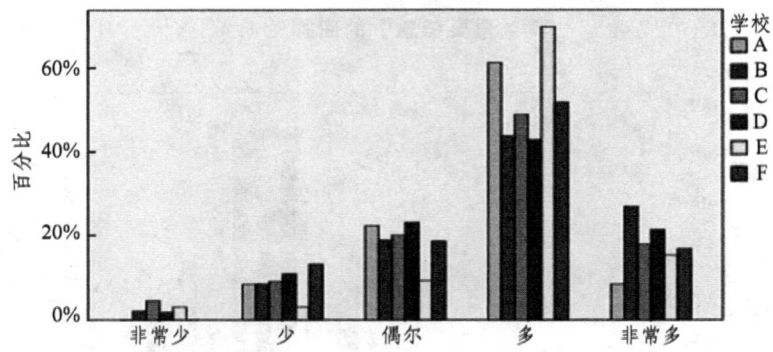

图 2.3.109　不同院校学生对"在完成任务时,我必须平衡各方的关系"的回答

6) 学生完成任务的决定权

在实习实训期间,学生能在一定程度上对完成任务的过程做出决策,但各类学校学生在不同方面的决定权有较大差异。

首先,在选择工作任务方面,有约 24.5% 的学生认为他们完全不能选择工作任务,也有约 36% 的学生认为完全可以选择工作任务。这反映出各校实习安排差别很大,给学生的任务选择权也不一样,见表 2.3.89。

表 2.3.89　不同能力水平学生对"我是否可以自己选择工作任务"的回答

能力水平		1 完全不可以	2	3	4	5 完全可以	合计
名义性能力	数量	41	17	23	22	61	164
	百分比	25.0%	10.4%	14.0%	13.4%	37.2%	100.0%
功能性能力	数量	25	12	17	17	32	103
	百分比	24.3%	11.7%	16.5%	16.5%	31.1%	100.0%

续表

能力水平		1 完全不可以	2	3	4	5 完全可以	合计
过程性能力	数量	12	4	5	9	21	51
	百分比	23.5%	7.8%	9.8%	17.6%	41.2%	100.0%
设计能力	数量	1	0	0	1	2	4
	百分比	25.0%	0.0%	0.0%	25.0%	50.0%	100.0%
合计	数量	79	33	45	49	116	322
	百分比	24.5%	10.2%	14.0%	15.2%	36.0%	100.0%

其次，在确定所需经费方面，各校学生的决定权都不大，超过 26% 的学生认为完全不可以确定所需经费，这可能是因为在任务设计中留给学生确定经费的空间不大。

再次，9 项完成工作任务需确定的内容方面，各校学生的选择均出现"完全可以"一项选择人数最多，其余各选项选择较为分散。

各校学生在以下各项上认为完全可以做出决定的比例均超过 40%，其中在确定完成任务所需要的时间一项上为 42.9%，确定完成工作要遵循的规则、规章制度和协议的比例是 61.5%，其余介于这二者之间。

各能力阶段学生在确定所需费用一项上比例值差距最小，为 15.6%；在确定完成工作要遵循的规则、规章制度和协议一项上的比例值相差最大，为 56.2%，见表 2.3.90 ~ 表 2.3.99。

表 2.3.90 不同能力水平学生对"我是否可以自己确定工作任务的目标"的回答

能力水平		1 完全不可以	2	3	4	5 完全可以	合计
名义性能力	数量	12	13	23	34	82	164
	百分比	7.3%	7.9%	14.0%	20.7%	50.0%	100.0%
功能性能力	数量	10	5	14	18	56	103
	百分比	9.7%	4.9%	13.6%	17.5%	54.4%	100.0%
过程性能力	数量	4	3	7	9	28	51
	百分比	7.8%	5.9%	13.7%	17.6%	54.9%	100.0%
设计能力	数量	0	0	0	1	3	4
	百分比	0.0%	0.0%	0.0%	25.0%	75.0%	100.0%
合计	数量	26	21	44	62	169	322
	百分比	8.1%	6.5%	13.7%	19.3%	52.5%	100.0%

表 2.3.91　不同能力水平学生对"我是否可以自己协调完成工作任务的进度安排"的回答

能力水平		1 完全不可以	2	3	4	5 完全可以	合计
名义性能力	数量	17	14	32	34	67	164
	百分比	10.4%	8.5%	19.5%	20.7%	40.9%	100.0%
功能性能力	数量	13	7	17	21	45	103
	百分比	12.6%	6.8%	16.5%	20.4%	43.7%	100.0%
过程性能力	数量	5	8	3	6	29	51
	百分比	9.8%	15.7%	5.9%	11.8%	56.9%	100.0%
设计能力	数量	0	1	0	0	3	4
	百分比	0.0%	25.0%	0.0%	0.0%	75.0%	100.0%
合计	数量	35	30	52	61	144	322
	百分比	10.9%	9.3%	16.1%	18.9%	44.7%	100.0%

表 2.3.92　不同能力水平学生对"我是否可以自己确定如何展示工作过程与工作成果"的回答

能力水平		1 完全不可以	2	3	4	5 完全可以	合计
名义性能力	数量	10	14	24	43	73	164
	百分比	6.1%	8.5%	14.6%	26.2%	44.5%	100.0%
功能性能力	数量	9	7	14	31	42	103
	百分比	8.7%	6.8%	13.6%	30.1%	40.8%	100.0%
过程性能力	数量	6	4	7	7	27	51
	百分比	11.8%	7.8%	13.7%	13.7%	52.9%	100.0%
设计能力	数量	0	1	0	1	2	4
	百分比	0.0%	25.0%	0.0%	25.0%	50.0%	100.0%
合计	数量	25	26	45	82	144	322
	百分比	7.8%	8.1%	14.0%	25.5%	44.7%	100.0%

表 2.3.93　不同能力水平学生对"我是否可以自己确定完成任务所需要的时间"的回答

能力水平		1 完全不可以	2	3	4	5 完全可以	合计
名义性能力	数量	19	15	33	28	69	164
	百分比	11.6%	9.1%	20.1%	17.1%	42.1%	100.0%
功能性能力	数量	10	9	17	24	43	103
	百分比	9.7%	8.7%	16.5%	23.3%	41.7%	100.0%

续表

能力水平		1 完全不可以	2	3	4	5 完全可以	合计
过程性能力	数量	7	3	7	9	25	51
	百分比	13.7%	5.9%	13.7%	17.6%	49.0%	100.0%
设计能力	数量	0	0	1	2	1	4
	百分比	0.0%	0.0%	25.0%	50.0%	25.0%	100.0%
合计	数量	36	27	58	63	138	322
	百分比	11.2%	8.4%	18.0%	19.6%	42.9%	100.0%

表 2.3.94　不同能力水平学生对"我是否可以自己确定完成任务的具体方法和步骤"的回答

能力水平		1 完全不可以	2	3	4	5 完全可以	合计
名义性能力	数量	7	10	19	37	91	164
	百分比	4.3%	6.1%	11.6%	22.6%	55.5%	100.0%
功能性能力	数量	12	3	10	30	48	103
	百分比	11.7%	2.9%	9.7%	29.1%	46.6%	100.0%
过程性能力	数量	2	4	8	8	29	51
	百分比	3.9%	7.8%	15.7%	15.7%	56.9%	100.0%
设计能力	数量	0	0	1	0	3	4
	百分比	0.0%	0.0%	25.0%	0.0%	75.0%	100.0%
合计	数量	21	17	38	75	171	322
	百分比	6.5%	5.3%	11.8%	23.3%	53.1%	100.0%

表 2.3.95　不同能力水平学生对"我是否可以自己确定所需经费"的回答

能力水平		1 完全不可以	2	3	4	5 完全可以	合计
名义性能力	数量	49	20	24	33	38	164
	百分比	29.9%	12.2%	14.6%	20.1%	23.2%	100.0%
功能性能力	数量	24	12	22	15	30	103
	百分比	23.3%	11.7%	21.4%	14.6%	29.1%	100.0%
过程性能力	数量	13	5	6	7	19	50
	百分比	26.0%	10.0%	12.0%	14.0%	38.0%	100.0%
设计能力	数量	0	1	0	2	1	4
	百分比	0.0%	25.0%	0.0%	50.0%	25.0%	100.0%
合计	数量	86	38	52	57	88	321
	百分比	26.8%	11.8%	16.2%	17.8%	27.4%	100.0%

表 2.3.96　不同能力水平学生对"我是否可以自己确定完成任务的途径"的回答

能力水平		1 完全不可以	2	3	4	5 完全可以	合计
名义性能力	数量	5	8	24	41	86	164
	百分比	3.0%	4.9%	14.6%	25.0%	52.4%	100.0%
功能性能力	数量	8	4	13	30	48	103
	百分比	7.8%	3.9%	12.6%	29.1%	46.6%	100.0%
过程性能力	数量	3	2	7	6	33	51
	百分比	5.9%	3.9%	13.7%	11.8%	64.7%	100.0%
设计能力	数量	0	1	0	1	2	4
	百分比	0.0%	25.0%	0.0%	25.0%	50.0%	100.0%
合计	数量	16	15	44	78	169	322
	百分比	5.0%	4.7%	13.7%	24.2%	52.5%	100.0%

表 2.3.97　不同能力水平学生对"我是否可以自己确定完成工作要遵循的规则、规章制度和协议"的回答

能力水平		1 完全不可以	2	3	4	5 完全可以	合计
名义性能力	数量	11	11	12	31	99	164
	百分比	6.7%	6.7%	7.3%	18.9%	60.4%	100.0%
功能性能力	数量	9	4	9	17	64	103
	百分比	8.7%	3.9%	8.7%	16.5%	62.1%	100.0%
过程性能力	数量	2	2	6	10	31	51
	百分比	3.9%	3.9%	11.8%	19.6%	60.8%	100.0%
设计能力	数量	0	0	0	0	4	4
	百分比	0.0%	0.0%	0.0%	0.0%	100.0%	100.0%
合计	数量	22	17	27	58	198	322
	百分比	6.8%	5.3%	8.4%	18.0%	61.5%	100.0%

表 2.3.98　不同能力水平学生对"我是否可以自己确定完成工作需要的信息、原材料的性能和规格"的回答

能力水平		1 完全不可以	2	3	4	5 完全可以	合计
名义性能力	数量	22	11	29	30	72	164
	百分比	13.4%	6.7%	17.7%	18.3%	43.9%	100.0%
功能性能力	数量	11	7	19	20	46	103
	百分比	10.7%	6.8%	18.4%	19.4%	44.7%	100.0%

续表

能力水平		1完全不可以	2	3	4	5完全可以	合计
过程性能力	数量	5	5	4	9	28	51
	百分比	9.8%	9.8%	7.8%	17.6%	54.9%	100.0%
设计能力	数量	0	1	0	1	2	4
	百分比	0.0%	25.0%	0.0%	25.0%	50.0%	100.0%
合计	数量	38	24	52	60	148	322
	百分比	11.8%	7.5%	16.1%	18.6%	46.0%	100.0%

表 2.3.99 不同能力水平学生对"我是否可以自己确定完成任务的合作伙伴"的回答

能力水平		1完全不可以	2	3	4	5完全可以	合计
名义性能力	数量	12	7	26	30	89	164
	百分比	7.3%	4.3%	15.9%	18.3%	54.3%	100.0%
功能性能力	数量	9	7	10	23	54	103
	百分比	8.7%	6.8%	9.7%	22.3%	52.4%	100.0%
过程性能力	数量	5	3	3	11	29	51
	百分比	9.8%	5.9%	5.9%	21.6%	56.9%	100.0%
设计能力	数量	0	0	0	0	4	4
	百分比	0.0%	0.0%	0.0%	0.0%	100.0%	100.0%
合计	数量	26	17	39	64	176	322
	百分比	8.1%	5.3%	12.1%	19.9%	54.7%	100.0%

7）小结

在实习实训教学中，各院校总体上与企业实际生产结合得很紧密；在实习实训岗位与专业对口方面，各院校比例都比较高。各院校都为学生提供了复杂的学习任务。但是各能力水平阶段学生的差距较大。

5. 不同院校的教学特征

1）教师方面

参评各类院校学生总体上对教师比较满意。各院校均有超过70%的学生认为教师在教学中能部分或充分考虑到学生的兴趣，超过80%的学生认为课堂教学生动有趣。在这两项中，近一半的学生选择了"部分正确"，如图2.3.110、图2.3.111所示。

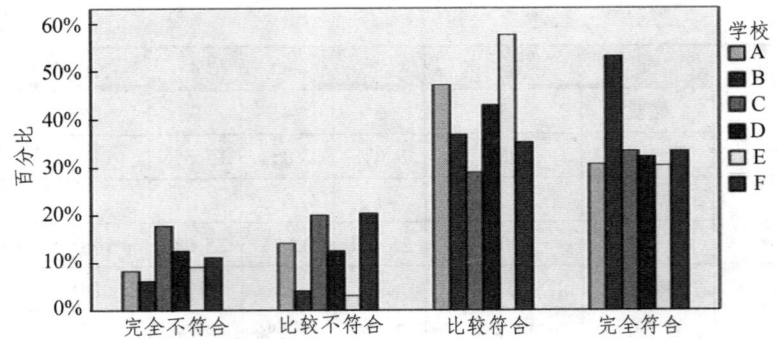

图 2.3.110 不同高职院校学生对"在教学中考虑学生的兴趣"的回答

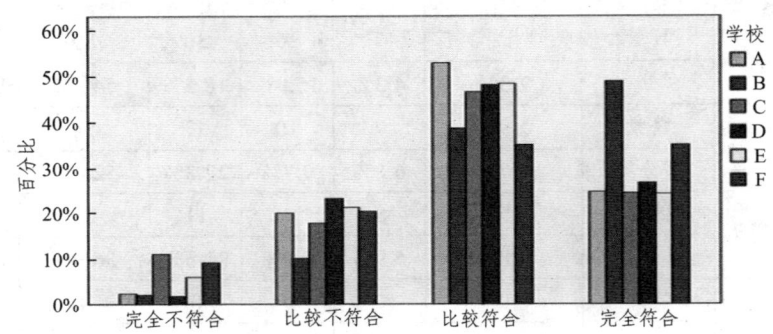

图 2.3.111 不同院校学生对"课堂教学生动有趣"的回答

81.9%的学生认为其老师对学生负责,如图 2.3.112、图 2.3.113 所示。

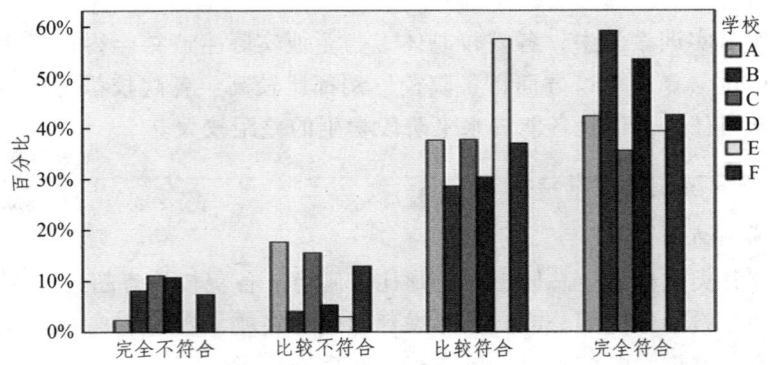

图 2.3.112 不同院校学生对"对学生认真负责"的回答

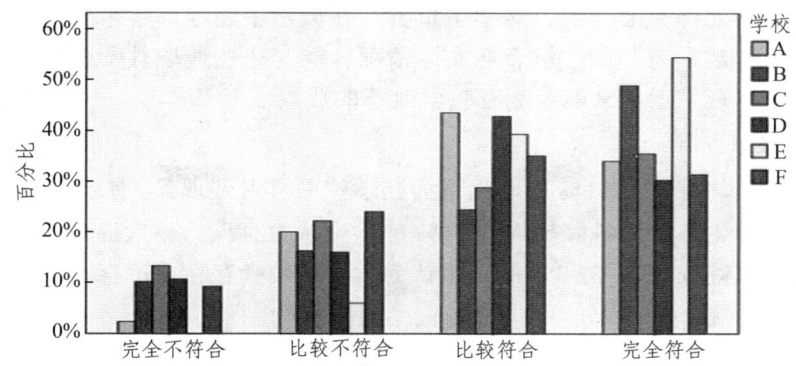

图 2.3.113　不同院校学生对"关心各个学生"的回答

总体来看，70%的学生认为他们的老师了解或非常了解企业实际情况。75%左右的学生认为他们的老师在与兼职教师合作，如图 2.3.114、图 2.3.115 所示。

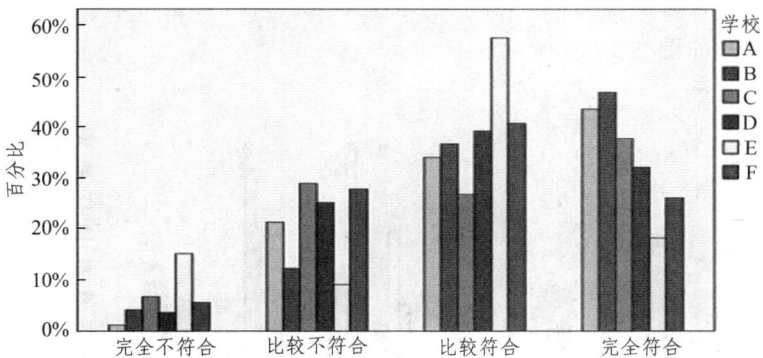

图 2.3.114　不同院校学生对"非常了解企业实际情况"的回答

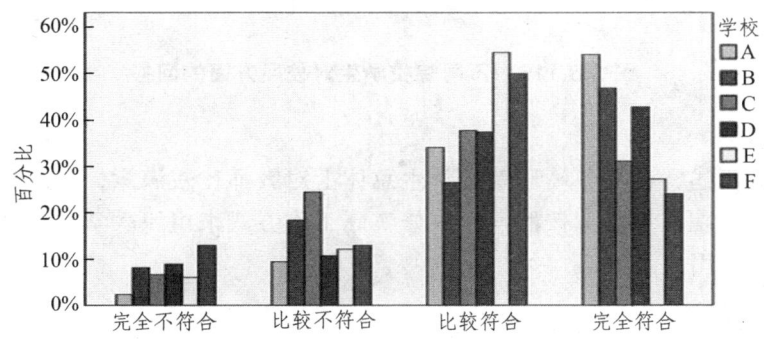

图 2.3.115　不同院校学生对"与企业兼职教师合作"回答

总体来看，参加测评的学生对他们的老师比较满意，各院校均有 70% 以

第二部分　实证研究　129

上学生认为老师关心学生，对学生负责；在教学中能考虑学生的兴趣，课程教学生动有趣；老师能了解企业实际情况，能与企业兼职教师合作。这在一定程度上体现了近年来职业教育教学改革的成效。

2）校风方面

各院校均有超过 56% 的学生认为其学校中有迟到现象。有 50% 的学生认为学校有学生逃课，各院校均有 34% 的学生认为有人一整天逃课。

各高职院校超过 82.3% 的学生认为学校中较少存在或不存在学生殴打其他同学的情况。

各院校学生均认为课堂纪律尚可，82% 的学生不太认可或不认为学校中有同学经常扰乱课堂教学。

各院校均有超过 74.9% 的学生不认可或不太认可学校里有同学不尊重其他同学。

在爱护校园环境方面，75.1%的学生不太认可或不认可学校里有人在墙上乱写乱画，如图 2.3.116 所示。

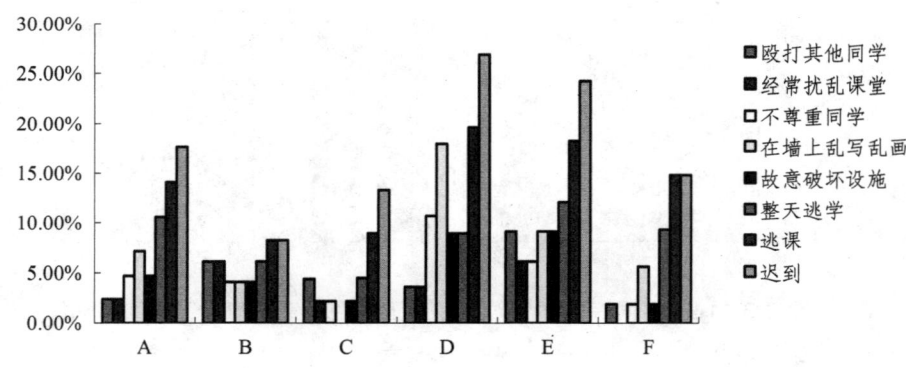

图 2.3.116　不同院校学生对校风方面的回答

3）小结

综上所述，参评各高职院校学生总体上对教师比较满意，各院校校风整体尚可。各院校都注意按照汽车维修实际工作方式来组织教学，要展现各种汽车维修中用的工具等。

6. 学生对学习的总体满意度

数据显示，各院校各能力层次水平的学生对学习表示满意和很满意的比例基本一致，见表 2.3.100、表 2.3.101。

表 2.3.100 不同能力水平学生对"总体说来，我对整个学习很满意"的回答

能力水平		完全不正确	不太正确	不确定	有点正确	完全正确	合计
名义性能力	人数	4	11	19	81	49	164
	百分比	2.4%	6.7%	11.6%	49.4%	29.9%	100.0%
功能性能力	人数	3	10	16	50	24	103
	百分比	2.9%	9.7%	15.5%	48.5%	23.3%	100.0%
过程性能力	人数	3	3	8	24	13	51
	百分比	5.9%	5.9%	15.7%	47.1%	25.5%	100.0%
设计能力	人数	1	0	0	2	1	4
	百分比	25.0%	0.0%	0.0%	50.0%	25.0%	100.0%
合计	人数	11	24	43	157	87	322
	百分比	3.4%	7.5%	13.4%	48.8%	27.0%	100.0%

表 2.3.101 不同高职院校学生对"总体说来，我对整个学习很满意"的回答

学校	人数和百分比	完全不正确	不太正确	不确定	有点正确	完全正确	合计
A	人数	0	7	18	37	23	85
	百分比	0.0%	8.2%	21.2%	43.5%	27.1%	100.0%
B	人数	2	2	6	25	14	49
	百分比	4.1%	4.1%	12.2%	51.0%	28.6%	100.0%
C	人数	4	6	7	21	7	45
	百分比	8.9%	13.3%	15.6%	46.7%	15.6%	100.0%
D	人数	2	3	5	31	15	56
	百分比	3.6%	5.4%	8.9%	55.4%	26.8%	100.0%
E	人数	1	3	2	16	11	33
	百分比	3.0%	9.1%	6.1%	48.5%	33.3%	100.0%
F	人数	2	3	5	27	17	54
	百分比	3.7%	5.6%	9.3%	50.0%	31.5%	100.0%
合计	人数	11	24	43	157	87	322
	百分比	3.4%	7.5%	13.4%	48.8%	27.0%	100.0%

关于对自己在学校的表现和成绩是否满意的问题，达到设计能力和过程能力水平的学生认为满意的比例大于其他两个能力水平的学生，见表2.3.102、表 2.3.103。

表 2.3.102 不同能力水平学生对"我对自己在学校的表现和成绩很满意"的回答

能力水平		完全不正确	不太正确	不确定	有点正确	完全正确	合计
名义性能力	人数	10	20	29	77	28	164
	百分比	6.1%	12.2%	17.7%	47.0%	17.1%	100.0%
功能性能力	人数	8	15	20	45	15	103
	百分比	7.8%	14.6%	19.4%	43.7%	14.6%	100.0%
过程性能力	人数	2	11	5	25	8	51
	百分比	3.9%	21.6%	9.8%	49.0%	15.7%	100.0%
设计能力	人数	1	0	0	2	1	4
	百分比	25.0%	0.0%	0.0%	50.0%	25.0%	100.0%
合计	人数	21	46	54	149	52	322
	百分比	6.5%	14.3%	16.8%	46.3%	16.1%	100.0%

表 2.3.103 不同院校学生对"我对自己在学校的表现和成绩很满意"的回答

学校	人数和百分比	完全不正确	不太正确	不确定	有点正确	完全正确	合计
A	人数	3	11	13	42	16	85
	百分比	3.5%	12.9%	15.3%	49.4%	18.8%	100.0%
B	人数	3	5	10	18	13	49
	百分比	6.1%	10.2%	20.4%	36.7%	26.5%	100.0%
C	人数	2	8	9	19	7	45
	百分比	4.4%	17.8%	20.0%	42.2%	15.6%	100.0%
D	人数	8	10	8	28	2	56
	百分比	14.3%	17.9%	14.3%	50.0%	3.6%	100.0%
E	人数	1	0	3	20	9	33
	百分比	3.0%	0.0%	9.1%	60.6%	27.3%	100.0%
F	人数	4	12	11	22	5	54
	百分比	7.4%	22.2%	20.4%	40.7%	9.3%	100.0%
合计	人数	21	46	54	149	52	322
	百分比	6.5%	14.3%	16.8%	46.3%	16.1%	100.0%

关于现在是否比入学时对专业更感兴趣的问题，达到设计能力水平学生的认同度远远高于其他三个能力水平学生，见表 2.3.104、表 2.3.105。

表 2.3.104　不同能力水平学生对"现在,我对所学的专业比入学时更感兴趣了"的回答

能力水平		完全不正确	不太正确	不确定	有点正确	完全正确	合计
名义性能力	人数	3	9	22	63	67	164
	百分比	1.8%	5.5%	13.4%	38.4%	40.9%	100.0%
功能性能力	人数	8	7	13	42	33	103
	百分比	7.8%	6.8%	12.6%	40.8%	32.0%	100.0%
过程性能力	人数	3	8	11	15	14	51
	百分比	5.9%	15.7%	21.6%	29.4%	27.5%	100.0%
设计能力	人数	0	0	0	1	3	4
	百分比	0.0%	0.0%	0.0%	25.0%	75.0%	100.0%
合计	人数	14	24	46	121	117	322
	百分比	4.3%	7.5%	14.3%	37.6%	36.3%	100.0%

表 2.3.105　不同院校学生对"现在,我对所学的专业比入学时更感兴趣了"的回答

学校	人数和百分比	完全不正确	不太正确	不确定	有点正确	完全正确	合计
A	人数	2	5	19	32	27	85
	百分比	2.4%	5.9%	22.4%	37.6%	31.8%	100.0%
B	人数	2	5	8	16	18	49
	百分比	4.1%	10.2%	16.3%	32.7%	36.7%	100.0%
C	人数	2	4	11	18	10	45
	百分比	4.4%	8.9%	24.4%	40.0%	22.2%	100.0%
D	人数	4	3	3	17	29	56
	百分比	7.1%	5.4%	5.4%	30.4%	51.8%	100.0%
E	人数	1	1	1	14	16	33
	百分比	3.0%	3.0%	3.0%	42.4%	48.5%	100.0%
F	人数	3	6	4	24	17	54
	百分比	5.6%	11.1%	7.4%	44.4%	31.5%	100.0%
合计	人数	14	24	46	121	117	322
	百分比	4.3%	7.5%	14.3%	37.6%	36.3%	100.0%

7. 结　语

本研究属于第二次基线调查，采用了国家职业教育最新的理念和测评手段。本次测评采用了四道测试题目，基本能对被测学生职业能力发展水平作出一个整体的评价和相关分析描述。

（三）2013年测评概况及结果

1. 参加测评学生的基本情况

1）参加测评学生的年龄结构

各学院参评学生中年龄最小的为19岁，最大的为25岁，平均年龄21岁。各校参评学生年龄分布情况为：A校学生年龄分布最为集中，其次是E（E_1、E_2）校和F校；B校学生年龄分布最为分散，见表2.3.106。

表 2.3.106　各院校参评学生年龄情况

学校	学生人数	极小值	极大值	年龄均值	标准差
A	51	19	23	21.118	0.816
B	33	20	25	21.818	1.211
C	40	19	23	20.875	0.939
D	39	19	23	20.641	0.986
E_1	38	19	23	20.895	0.924
E_2	41	19	23	20.805	0.901
F	35	19	23	21.343	0.938
总计	277	19	25	21.051	1.006

2）原毕业学校结构

参评学生的来源比较单一，92%的学生来自普通高中，0.4%来自普通初中，7.3%来自中职学校，见表2.3.107。

表 2.3.107　不同学校学生原毕业学校分布

学校	计数和所占比例	A	B	C	D	E_1	E_2	F	合计
普通高中	计数	51	32	33	33	36	41	29	253
	所占比例	100.0%	97.0%	82.5%	84.6%	94.7%	100.0%	82.9%	92.0%

续表

学校	计数和所占比例	A	B	C	D	E_1	E_2	F	合计
普通初中	计数	0	0	1	0	0	0	0	1
	所占比例	0.0%	0.0%	2.5%	0.0%	0.0%	0.0%	0.0%	0.4%
中职学校	计数	0	1	6	6	1	0	6	20
	所占比例	0.0%	3.0%	15.0%	15.4%	2.6%	0.0%	17.1%	7.3%
合计	计数	51	33	40	39	37	41	35	276
	所占比例	100.0%	100.0%	100.0%	100.0%	100.0%	100.0%	100.0%	100.0%

从各院校情况看，A、B、E校来自普通高中的学生接近100%，说明在这些院校该专业生源的学习基础较好；C、D、F校来自中职学校的学生在15%左右，表现出在这些学校该专业的招生范围较广。

3）先前学校学习情况

（1）对学校里所学的内容。

A、C、D和E校均有超过70%的学生认为能掌握学校里所学东西。B校和F校这一比例略低，但也非常接近70%，如图2.3.117所示。

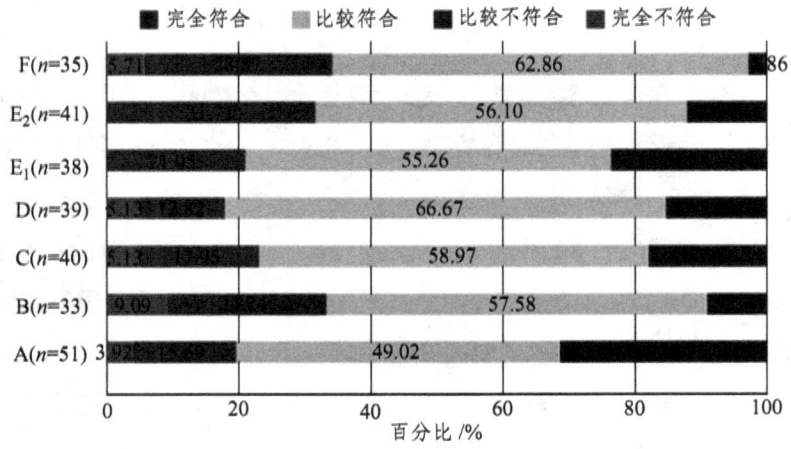

图 2.3.117 各院校学生对"我相信我掌握了学校里所学的东西"的回答

（2）对于课堂测验和考试。

81.5%的学生认为自己能取得好成绩。在各院校中，A、D、E_2和F校均有80%以上的同学认为能在课堂测验和考试中取得好成绩，B、C和E_1校这一比例略低，但也非常接近80%，如图2.3.118所示。

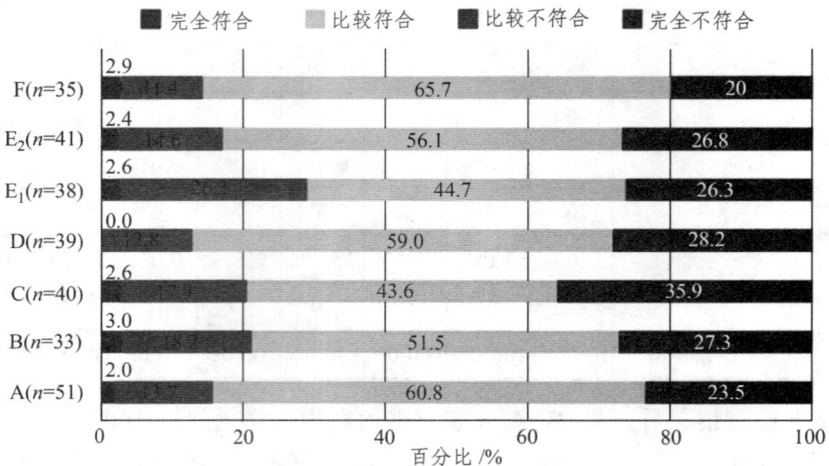

图 2.3.118　各院校学生对"我相信我在课堂测验和考试中能取得好成绩"的回答

（3）对于学校里最难的学习内容。

67.6%的学生认为自己能理解。各院校中，A、C 和 D 校中认为自己能理解学校里最难内容的学生比例均超过 70%，E 校和 F 校的这一比例也达到或超过 60%，B 的这一比例略低，但也接近 60%，如图 2.3.119 所示。

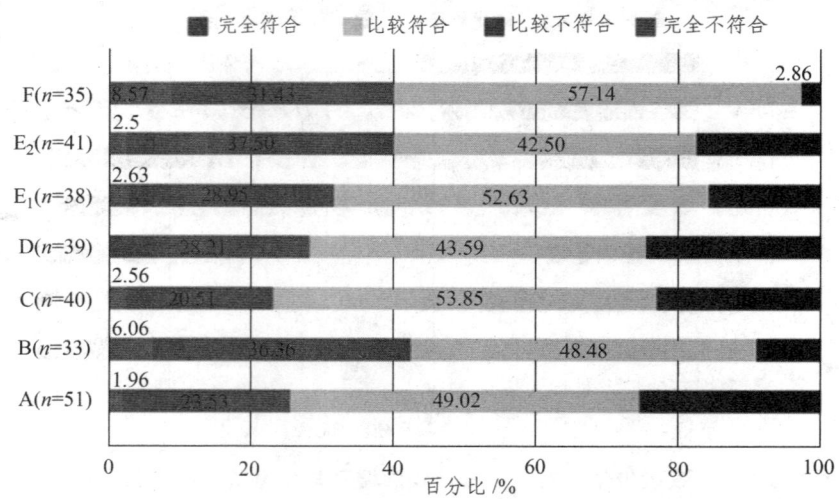

图 2.3.119　各院校学生对"我能理解学校里教的最难的学习内容"的回答

总体来看，各个学院参评学生对学校学习的信心非常接近。A 校和 D 校参评学生对学校学习的信心较高，认为能掌握学校所学内容，能在课堂测验和考试中取得好成绩，能理解学校里最难的学习内容。

4）家长对学生学习的支持情况

（1）家长学历情况。

大部分学生的家长学历并不高，主要为高中以下学历，父亲和母亲分别达到84.7%和89.1%。从各院校看，D校和E校的学生家长学历为高中的比例相对其他学校较高，见表2.3.108、表2.3.109。

表2.3.108 各院校学生父亲的学历分布

学校	初中及以下	高中	中职	专科	本科	合计
A（$n=51$）	52.9%	25.5%	5.9%	11.8%	3.9%	100.0%
B（$n=33$）	71.9%	21.9%	0%	6.2%	0%	100.0%
C（$n=40$）	59.0%	25.6%	2.6%	10.3%	2.6%	100.0%
D（$n=39$）	44.7%	36.8%	2.6%	5.3%	10.5%	100.0%
E_1（$n=38$）	44.7%	47.4%	2.6%	2.6%	2.6%	100.0%
E_2（$n=41$）	53.7%	31.7%	4.9%	4.9%	4.9%	100.0%
F（$n=35$）	65.7%	14.3%	14.3%	2.9%	2.9%	100.0%
合计（$n=277$）	55.5%	29.2%	4.7%	6.6%	4.0%	100.0%

表2.3.109 各院校学生母亲的学历分布

学校	初中及以下	高中	中职	专科	本科	合计
A（$n=51$）	56.9%	17.6%	11.8%	11.8%	2.0%	100.0%
B（$n=33$）	90.6%	9.4%	0%	0%	0%	100.0%
C（$n=40$）	61.5%	25.6%	7.7%	0%	5.1%	100.0%
D（$n=39$）	55.3%	31.6%	0%	5.3%	7.9%	100.0%
E_1（$n=38$）	73.7%	21.1%	0%	0%	5.3%	100.0%
E_2（$n=41$）	61.0%	34.1%	0%	0%	4.9%	100.0%
F（$n=35$）	85.7%	5.7%	0%	5.7%	2.9%	100.0%
合计（$n=277$）	67.9%	21.2%	3.3%	3.6%	4.0%	100.0%

（2）父母对学生接受职业教育的支持度。

在各院校中，所有学校均有80%以上学生认为家长支持其接受职业教育，其中B校的这一比例最高，达到96.97%，如图2.3.120所示。

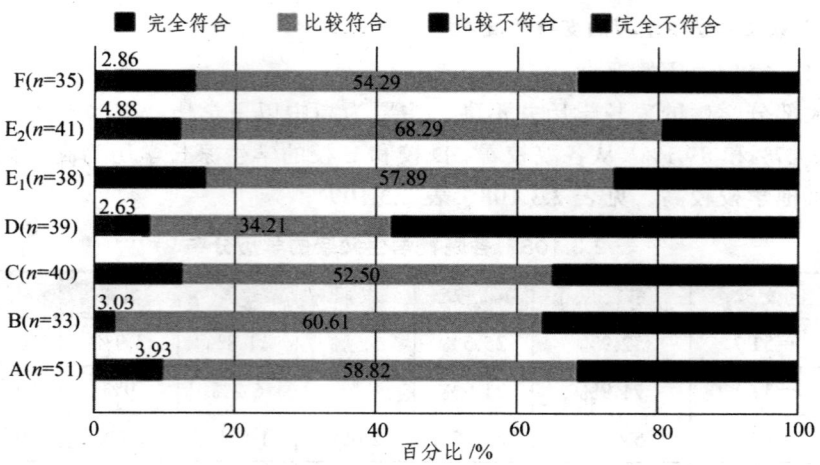

图 2.3.120　各院校家长对学生接受职业教育的兴趣

（3）家长对学生专业学习的帮助。

55.1%的学生认为家长对他的专业学习有帮助。在各个学校中，A校和D校有超过60%的学生认为家长对其专业学习有帮助，而F校的这一比例略低，但也达到了42.86%，如图2.3.121所示。

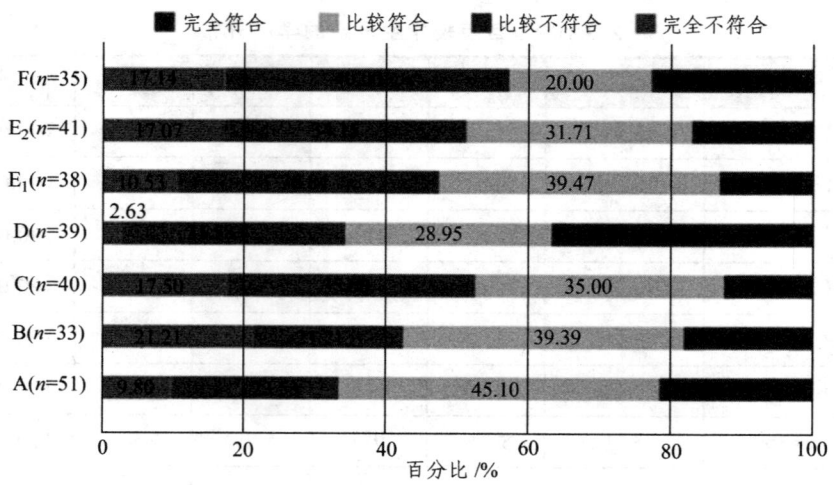

图 2.3.121　各院校学生对"家长对我的专业学习有帮助"的回答

总体来看，参评学生家长学历以高中及以下为主，且父亲学历为高中的比例高于母亲。参评学生中近90%认为家长对其接受职业教育感兴趣。超过一半的参评学生认为家长对其专业学习有帮助。

5）选择本专业的原因

（1）学生对本专业的认同。

在如何看待本专业，即对本专业的认同感方面，69.2%的被测学生表示想一直从事这个专业。各院校中，差异较大。A、D 和 E_2 校这一比例超过 80%，B、E_1 和 F 校这一比例低于 60%。如图 2.3.122 所示。

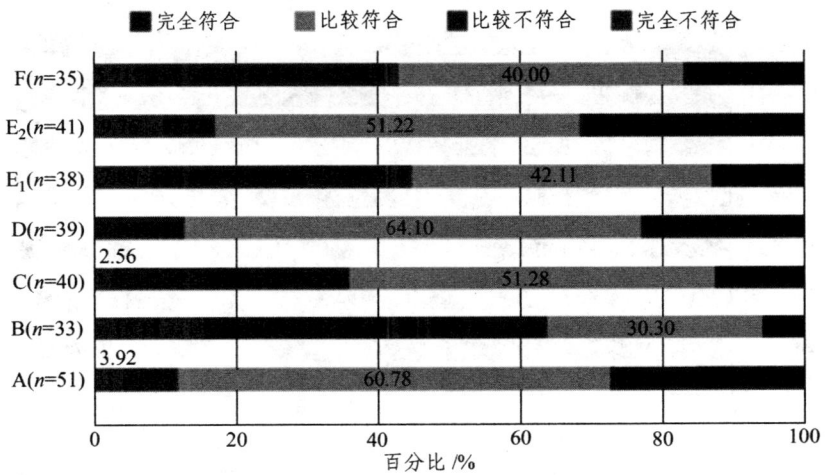

图 2.3.122　各院学生对"我想一直从事这一专业"的回答情况

总体来看，在一开始选择专业时，53.3%的学生表示汽车检测和维修是他们的首选专业。各院校中，A 校和 E_1 校只有不到 50% 的学生认为汽车检测和维修是其首选专业。相对来说，B 校和 E_2 校检测和维修是首选专业的学生比例较高，如图 2.3.123 所示。

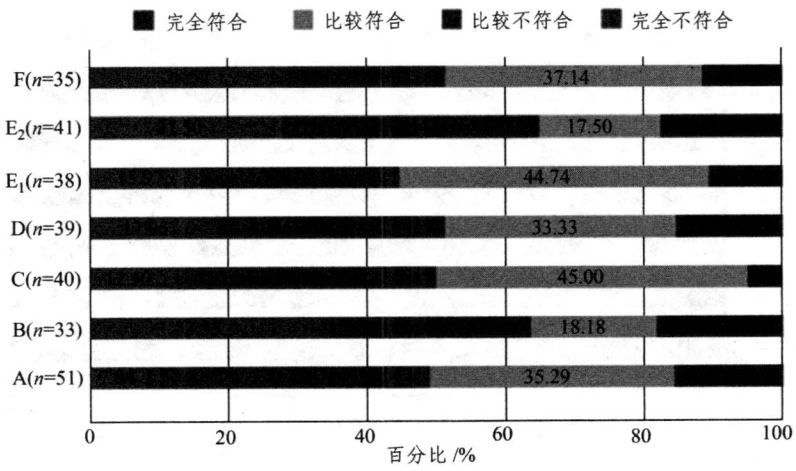

图 2.3.123　各院校学生对"我本想学习另一个专业，但我考上了这一专业"的回答

50.4%的参评学生表示：如果有其他机会，他们想学习另一个专业。各院校中，C校学生表示有机会想学另一个专业的比例均超过60%。这反映了学生总体上的专业和职业认同感不高，这在将来可能会造成较大的质量和责任心问题，这一现象值得引起各院校的重视和反思，如图2.3.124所示。

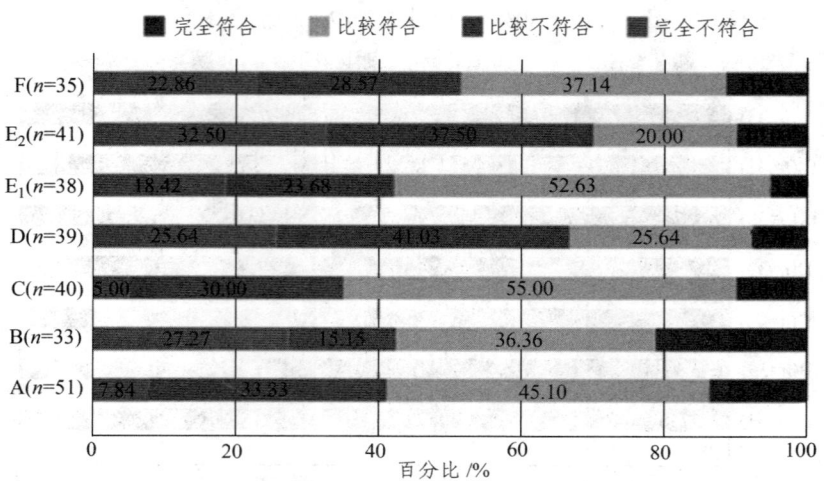

图2.3.124　各院校学生对"如果有其他机会，我想学习另一个专业"的回答情况

（2）学生对所在学校和专业的认同。

75.7%的参评学生表示想在所在校学习汽修专业。这在一定程度上反映出专业教育教学的成功度，如图2.3.125所示。

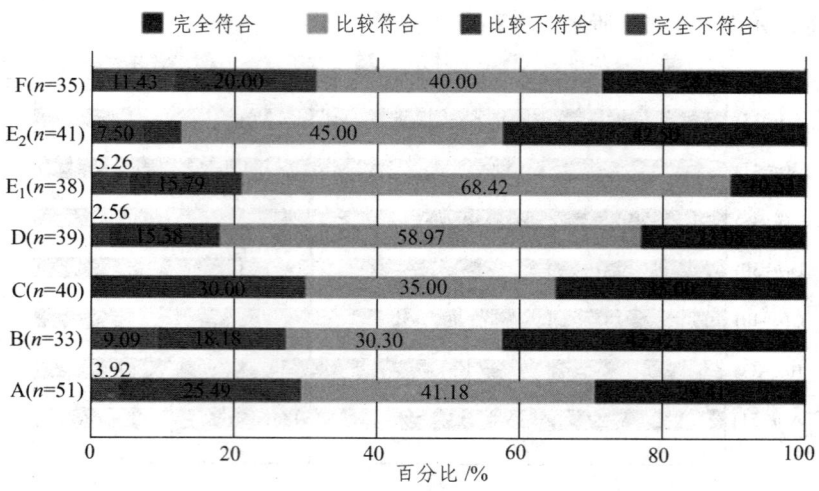

图2.3.125　各院校学生对"我主要想在目前这所学校学习这一专业"的回答情况

（3）学生选择本专业的原因。

42%的参评学生认为他们受朋友的影响，C校学生较其他学校而言，选择专业受朋友的影响较大。

39.5%的学生有家人或亲戚从事（学习）汽修专业，C校学生在此项上选择"比较符合"或"完全符合"的比例略高于其他学校，如图2.3.126、图2.3.127所示。

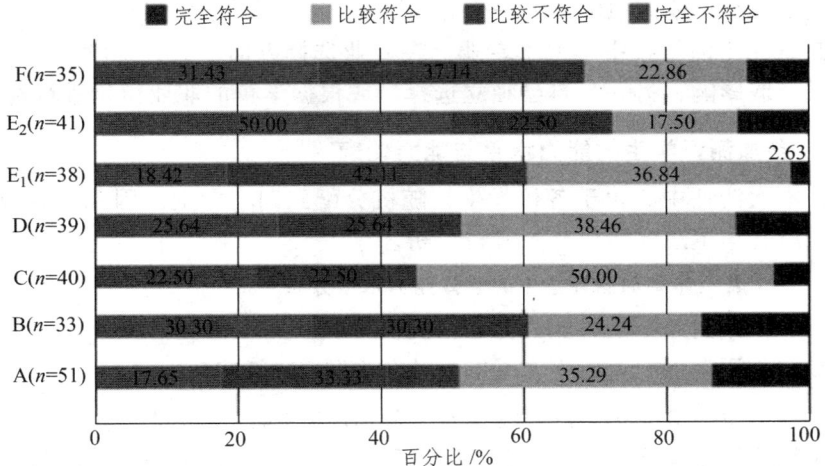

图2.3.126　各院校学生对"受朋友的影响，我选择这个专业"的回答情况

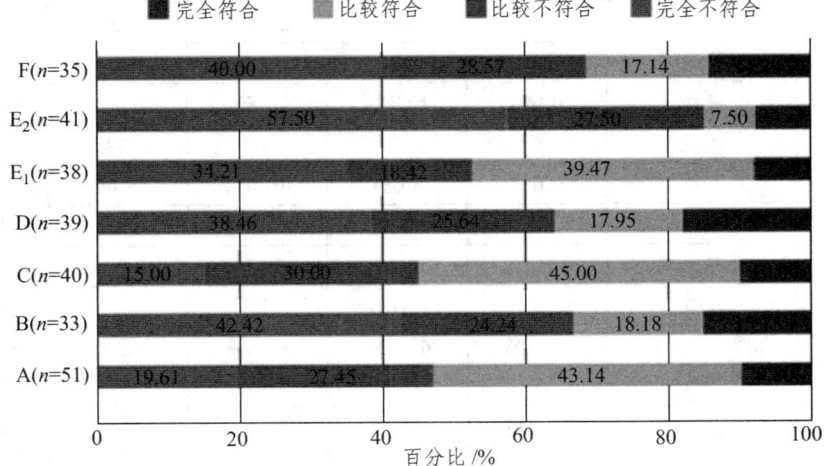

图2.3.127　各院校学生对"家人或亲戚中有人从事（学习）和我一样的专业"的回答

6）小结

通过以上数据，可以对参评学生的基本情况做出以下总结：

（1）总体上，各学院学生对学校学习自信心较高，且没有明显差异。

（2）学生家长的学历主要为高中及以下，且父亲学历为高中的比例高于母亲。从父母对学生学习的支持情况看，90%的参评学生认为家长对学生接受职业教育感兴趣，超过一半的学生认为家长对其专业学习有帮助。

（3）有关对本专业的总体认同感方面，69.2%的学生表示愿意从事本专业工作，53.3%的学生表示汽修是他们的首选专业；但有50.4%的学生表示，如果有其他机会，他们想学习另一个专业。在对所在学校的认同方面上，75.7%学生愿意在当前学校中学习本专业。在专业选择方面，近一半学生受朋友、家人或亲戚影响，另一半自己独立选择，或根据学校的职业指导进行选择。

2. 参加测评学生的能力水平与能力轮廓

在本次测评中，由于各校学生被随机分配到四套题上。因此将各校学生情况、所有学生总体情况分开进行分析。

1）277名全体参加测评学生的总体能力水平分布

（1）全体测评学生的能力分布情况。

参加测评学生职业能力水平的总体分布见表2.3.110。

表2.3.110　各类学校参加A卷测评学生能力水平的分布

学校	计数和所占比例	名义性能力	功能性能力	过程性能力	设计能力	合计
A	计数	2	34	14	1	51
A	所占比例	3.9%	66.7%	27.5%	2.0%	100.0%
B	计数	0	6	25	2	33
B	所占比例	0.0%	18.2%	75.8%	6.1%	100.0%
C	计数	0	2	16	22	40
C	所占比例	0.0%	5.0%	40.0%	55.0%	100.0%
D	计数	25	13	0	1	39
D	所占比例	64.1%	33.3%	0.0%	2.6%	100.0%
E_1	计数	8	16	12	2	38
E_1	所占比例	21.1%	42.1%	31.6%	5.3%	100.0%
E_2	计数	7	21	13	0	41
E_2	所占比例	17.1%	51.2%	31.7%	0.0%	100.0%
F	计数	14	19	2	0	35
F	所占比例	40.0%	54.3%	5.7%	0.0%	100.0%
合计	计数	56	111	82	28	277
合计	所占比例	20.2%	40.1%	29.6%	10.1%	100.0%

卡方检验表明，$\chi^2=232.426$，$p<0.01$。

（2）全体测评学生的能力测评得分和能力等级分布直方图。

通过图 2.3.128 数据看出，全体测评分均值为 26.32，标准差为 10.643，分值分布较分散；40%学生测评能力等级为功能性能力，30%为过程性能力，20%为名义性能力，只有 10%的学生具备设计能力。

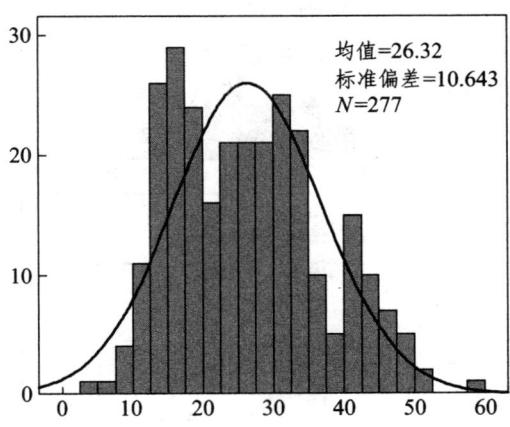

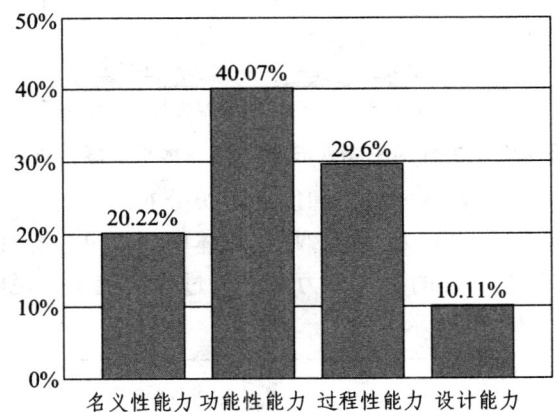

图 2.3.128 所有学生测评总分、能力水平等级的总体分布

2）各个学校参加测评学生的能力水平分布

（1）A 校学生的能力测评得分和能力等级分布。

A 校学生测评得分均值为 26.85，与总体情况接近，标准差为 5.881，分值分布较集中；接近 70%的学生能力水平为功能性能力，接近 30%的能力为过程性能力，能力水平等级中等且分布比较集中，如图 2.3.129 所示。

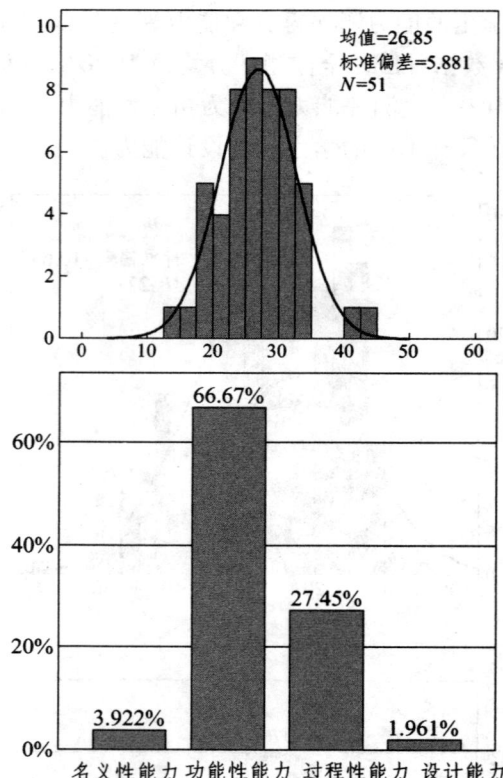

图 2.3.129　所有学生测评总分、能力水平等级的总体分布

（2）B 校学生的能力测评得分和能力等级分布。

B 校学生测评得分均值为 33.2，超出总体的测评分，标准差为 6.956，分值分布较集中；超过 75% 的学生能力水平为过程性能力，说明该校学生能力水平较高，如图 2.3.130 所示。

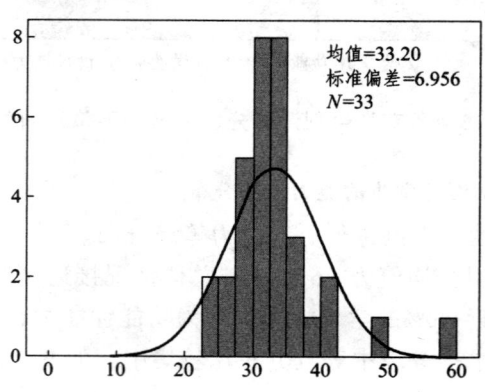

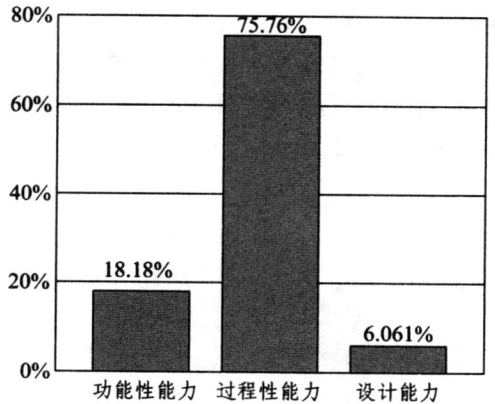

图 2.3.130 所有学生测评总分、能力水平等级的总体分布

(3) C校学生的能力测评得分和能力等级分布。

C校学生测评得分均值为40.91,超出总体的测评分较多,标准差为6.132,分值分布较集中;95%的学生能力水平达到功能性能力和设计能力,说明该校学生具备非常高的职业能力,如图2.3.131所示。

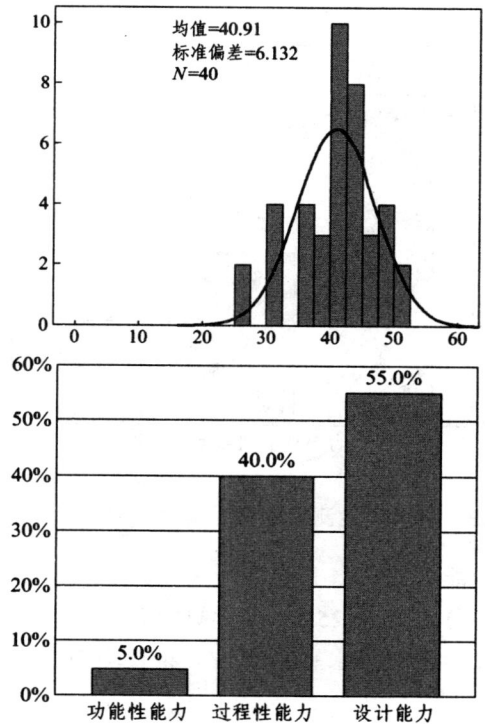

图 2.3.131 所有学生测评总分、能力水平等级的总体分布

（4）D 校学生的能力测评得分和能力等级分布。

D 校学生测评得分均值为 15.46，低于总体测评得分，标准差为 5.723，分值分布较集中；97.43%的学生能力水平只达到名义性能力和功能性能力，学生职业能力水平较低。如图 2.3.132 所示。

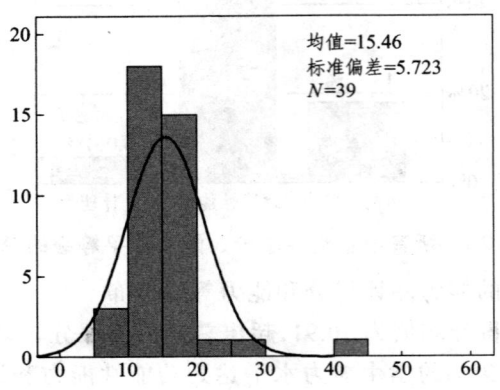

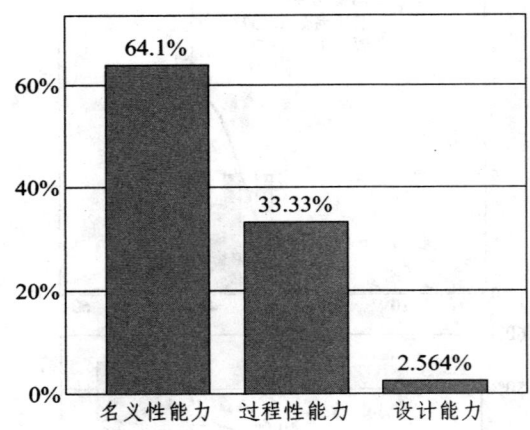

图 2.3.132　所有学生测评总分、能力水平等级的总体分布

（5）E_1 校学生的能力测评得分和能力等级分布。

E_1 校学生测评得分均值为 25.27，与总体情况接近，标准差为 9.644，分值分布较分散；该校学生能力水平中等且分布较均匀，也与总体情况比较接近，如图 2.3.133 所示。

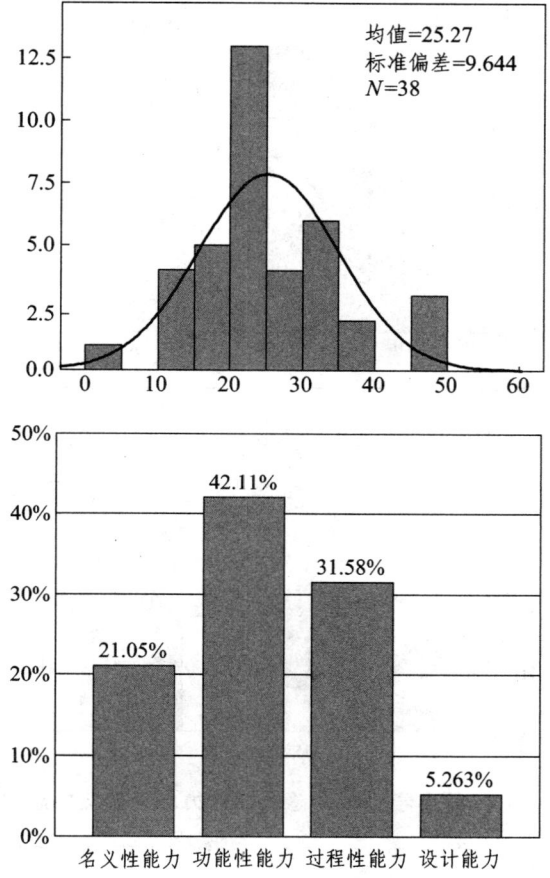

图 2.3.133 所有学生测评总分、能力水平等级的总体分布

（6）E_2 校学生的能力测评得分和能力等级分布。

E_2 校学生测评得分均值为 24.20，与总体情况接近，标准差为 9.528，分值分布较分散；超过 50% 的学生能力水平为功能性能力，超过 30% 的能力为过程性能力，职业能力水平中等偏上，如图 2.3.134 所示。

（7）F 校学生的能力测评得分和能力等级分布。

F 校学生测评得分均值为 18.12，低于总体测评得分，标准差为 5.256，分值分布较集中；94.29% 的学生能力水平为名义性能力和功能性能力，职业能力水平较低且分布比较集中，如图 2.3.135 所示。

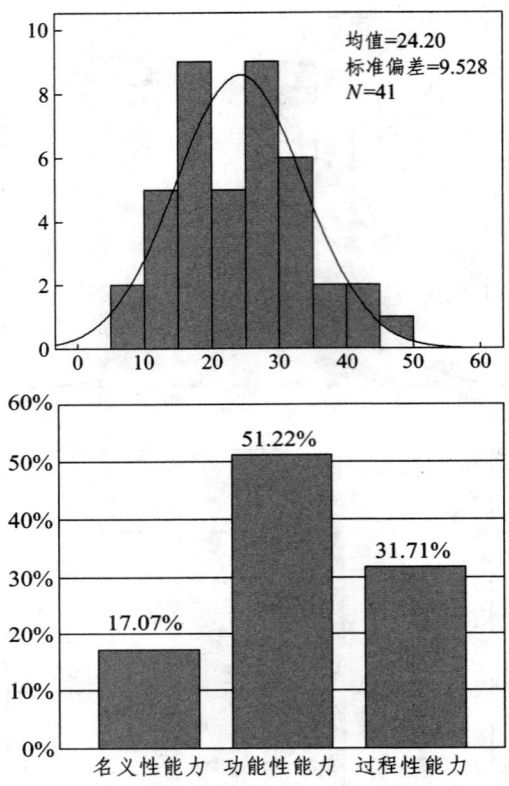

图 2.3.134　所有学生测评总分、能力水平等级的总体分布

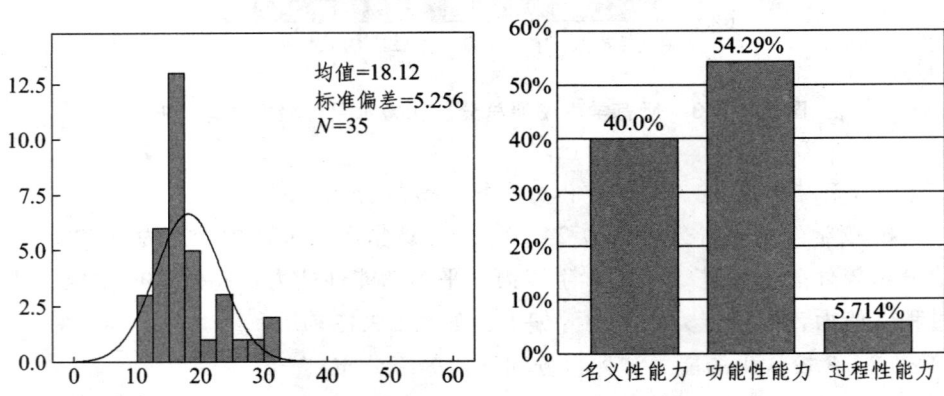

图 2.3.135　所有学生测评总分、能力水平等级的总体分布

3）不同学生的能力水平分布比较

（1）各个学校学生能力水平分布比较。

从图2.3.136折线图中进行比较看出,学校之间的能力水平分布差异较大。

D校学生具备名义性能力的人数最多，A校学生具备功能性能力的人数最多，B校学生具备过程性能力的人数最多，C校学生具备设计能力的人数最多。

从图2.3.137能力水平分布图可以看出，C校学生能力水平较高，具备过程性能力和设计能力的学生达到95%，其次是B校，这一比例达到81.82%，D校和F校的学生具备过程性能力和设计能力的较低。

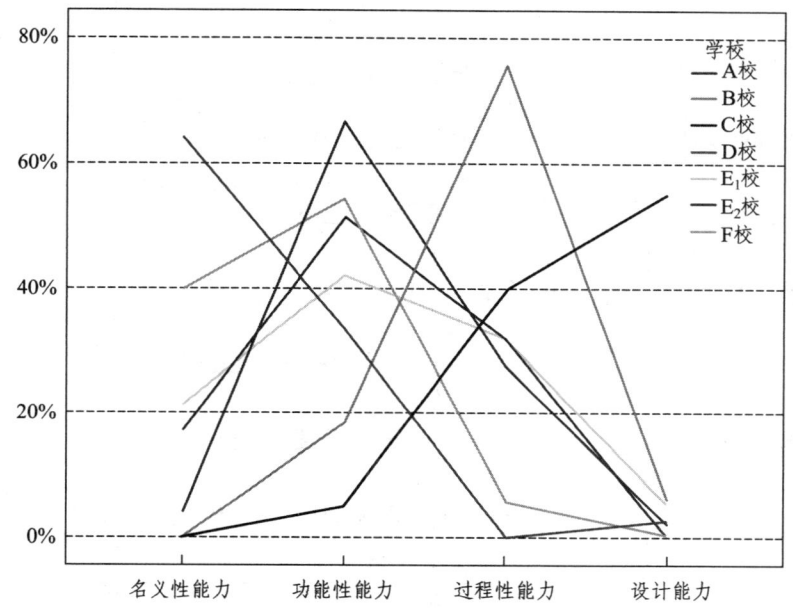

图2.3.136　各个学校学生能力水平分布折线图

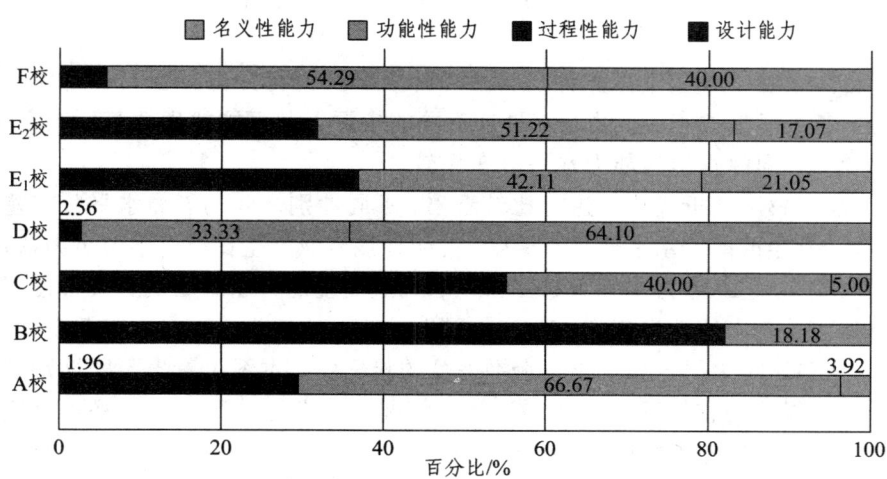

图2.3.137　各个学校学生能力水平总体分布

图 2.3.138 为各院校学生能力水平得分的箱索图。本图可看出各校学生能力水平得分的整体反应。从参评各学校情况看，C 校整体情况最好。6 所学校的平均值分布从 14 到 41 分，说明各校学生职业能力水平的差距还是比较大的。

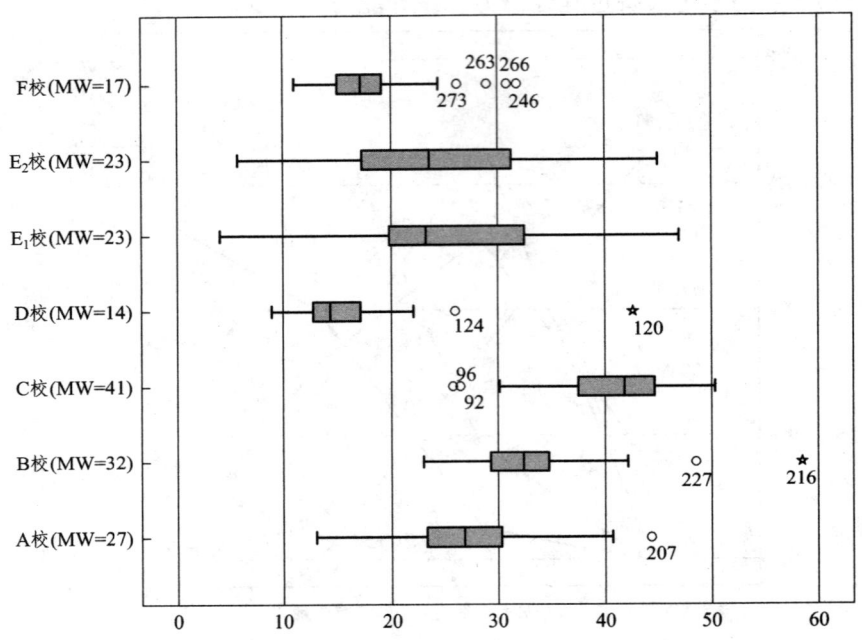

图 2.3.138　各个学校学生能力得分箱索图

总体来看，各校学生测评能力水平等级和测评得分都存在明显差异。这是由于各个学校位于不同省份，具有不同的生源以及不同招生政策所决定的。

（2）不同性别学生能力水平分布比较。

从图 2.3.139 折线图中进行比较看出，不同性别之间的能力水平分布差异不明显。女生的能力水平略高于男生，说明在该专业女生比男生学习更为认真。

从图 2.3.140 能力水平分布图可以看出，女生能力水平略高，具备过程性能力和设计能力的学生达到 43.75%，男生的这一比例为 39.23%，略低于女生。

图 2.3.141 为男、女生能力水平得分的箱索图。本图可看出不同性别学生能力水平得分的整体反应。从参评学生情况看，女生情况较好，平均分值为 26.75，男生为 26.26，差异也并不明显。

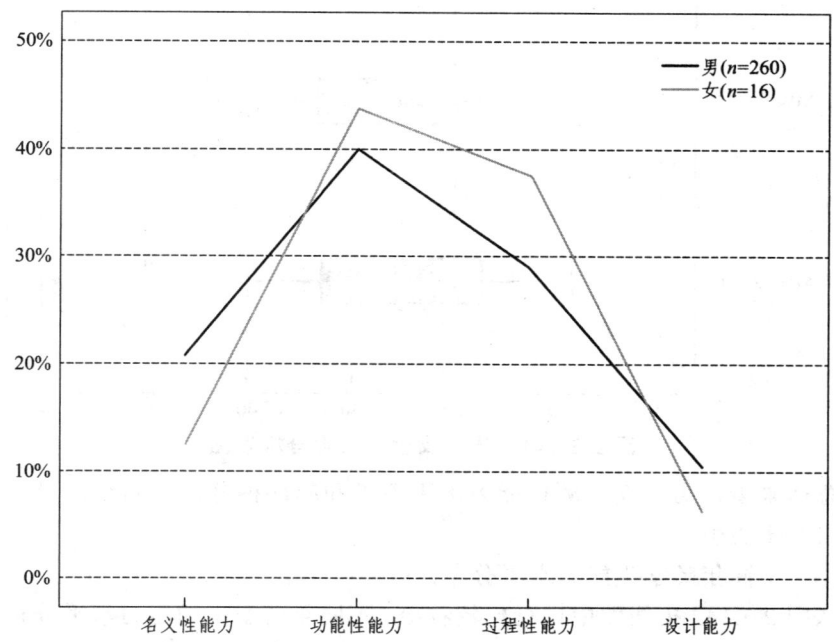

图 2.3.139 男、女生能力水平分布折线图

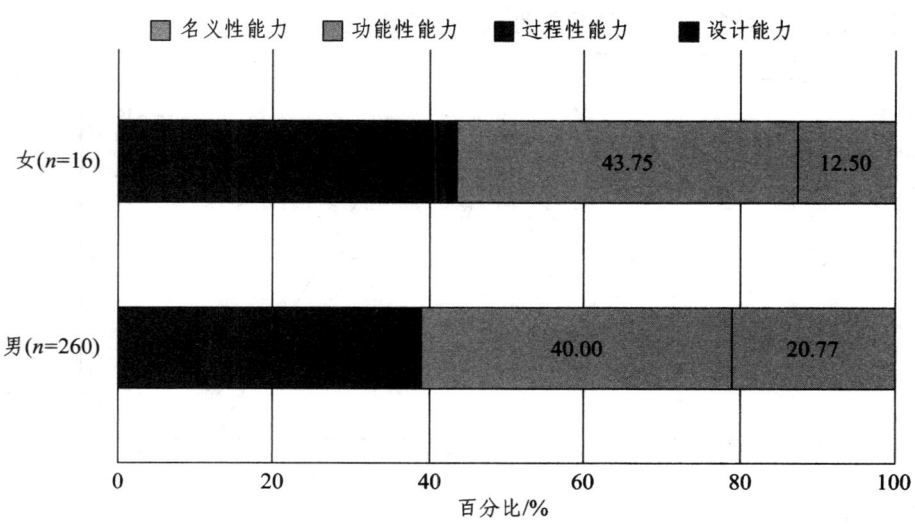

图 2.3.140 男、女生生能力水平总体分布

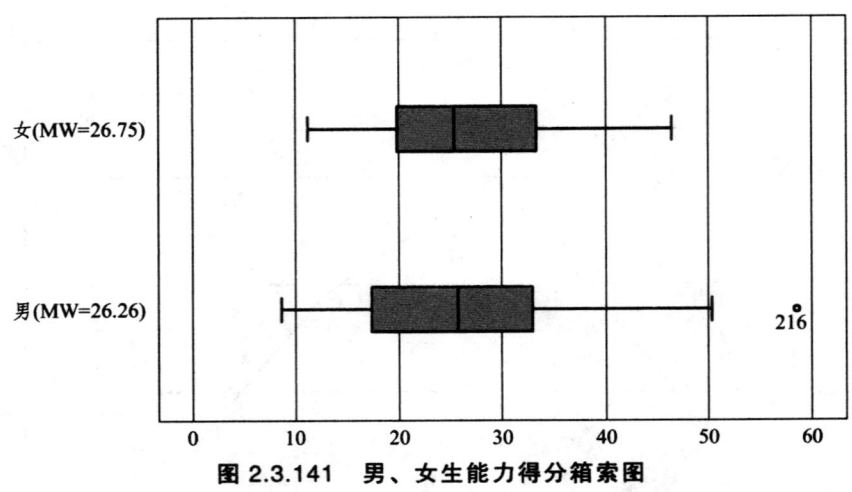

图 2.3.141　男、女生能力得分箱索图

总体来看，男、女生测评能力水平等级和测评得分没有明显差异，女生情况略好于男生。

（3）不同年龄学生能力水平分布比较。

从图 2.3.142 折线图中进行比较看出，不同年龄学生的能力水平分布存在差异。年龄 19 岁的学生能力水平较低，主要集中在名义性能力和功能性能力级别，这是因为这一年龄的学生大部分刚进入大学，还处于一年级水平。随着年龄的增长，可以看到 20~23 岁年龄段的学生能力水平差异不大，且能力水平较高，有更多学生获得功能性能力和设计能力。

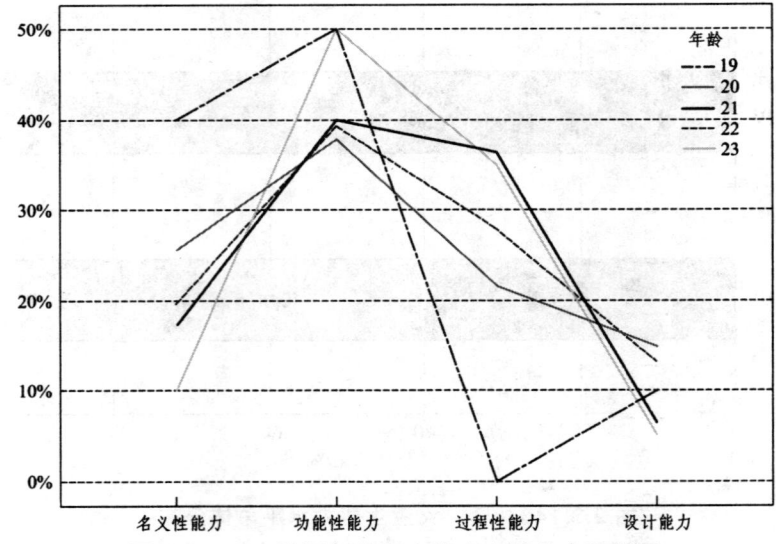

图 2.3.142　不同年龄学生能力水平分布折线图

从图 2.3.143 能力水平分布图可以看出，年龄 19 岁的学生只有 10%具备了过程性能力和设计能力，而 20~23 岁年龄段学生这一比例达到 35%以上。

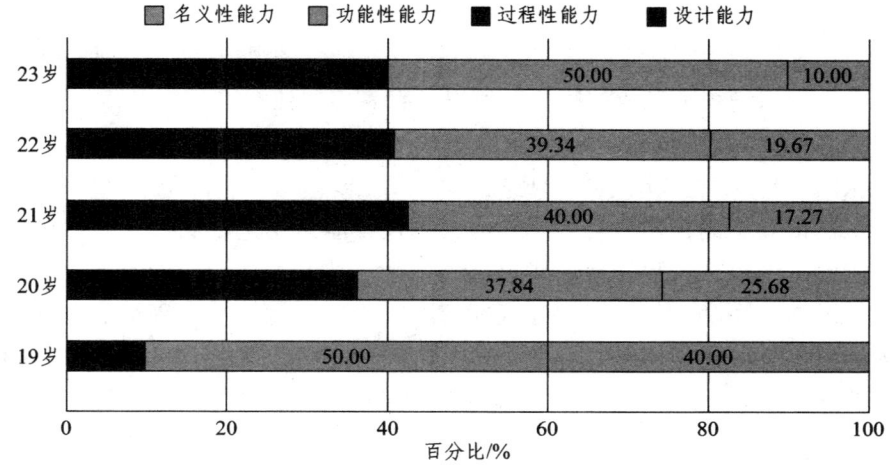

图 2.3.143　不同年龄学生能力水平总体分布

图 2.3.144 为各院校学生能力水平得分的箱索图。本图可看出不同年龄学生能力水平得分的整体反应。从参评学生情况看，年龄 19 岁的测评得分均值只有 21.6，而 20~23 年龄段的学生测评均值在 25.6~27.1，明显优于年龄 19 岁的学生，且随年龄增长测评得分有所增长。

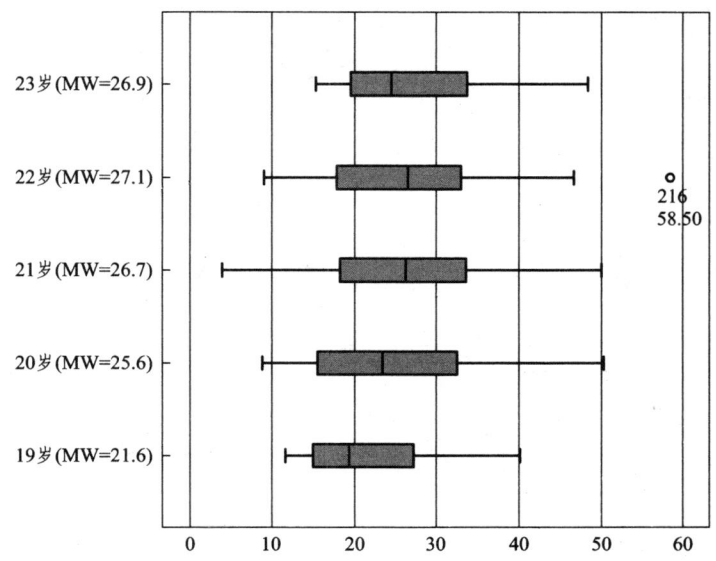

图 2.3.144　不同年龄学生能力得分箱索图

第二部分　实证研究　153

总体来看，不同年龄的学生测评能力水平等级和测评得分都存在明显差异。年龄 19 岁的学生由于刚入学校，学习时间较短，因此能力水平和得分最低。随着年龄的增长和学习时间的增长，19～23 岁年龄段能力水平和得分也在逐渐增长，到 22 岁后增长变缓。这一现象符合客观规律，也说明 19～22 岁是学生学识增长最迅速的阶段，值得教育者们的注意。

（4）不同试卷学生能力水平分布比较。

从图 2.3.145 折线图中进行比较看出，A、B、C、D 四卷测评结果比较相似。虽然试卷不同，但测得名义性能力和设计能力比例较低，功能性能力和过程能力比例较高，共同趋势都是：两头少，中间多。

从图 2.3.146 能力水平分布图可以看出，C 卷测评结果过程性能力和设计能力的学生只占 25.4%，而 A、B、D 卷的测评结果这一比例都达到 40% 以上。这一差异显示 C 卷（汽车空调故障处理）难度最大，从而达到高能力水平的学生比例最小。

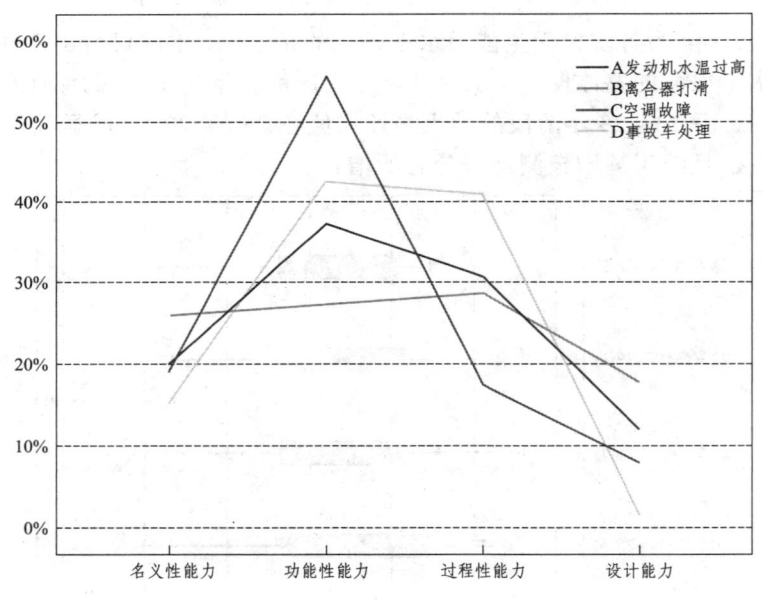

图 2.3.145　不同试卷学生能力水平分布折线图

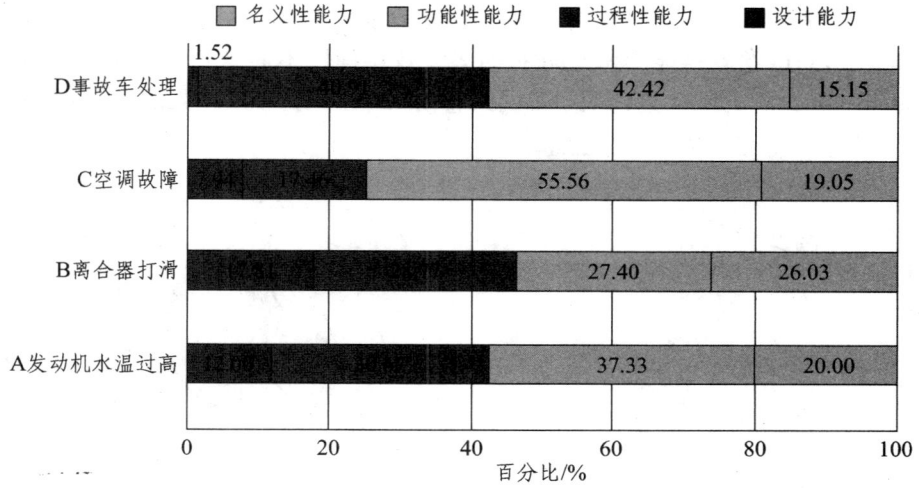

图 2.3.146　不同试卷学生能力水平总体分布

图 2.3.147 为各院校学生能力水平得分的箱索图。本图可看作各校学生能力水平得分的整体反应。从参评各学校情况看，C 卷得分最低，平均得分只有 24.3，B 卷得分最高，平均得分达到 28.4，但完成 B 卷的学生得分最为分散。

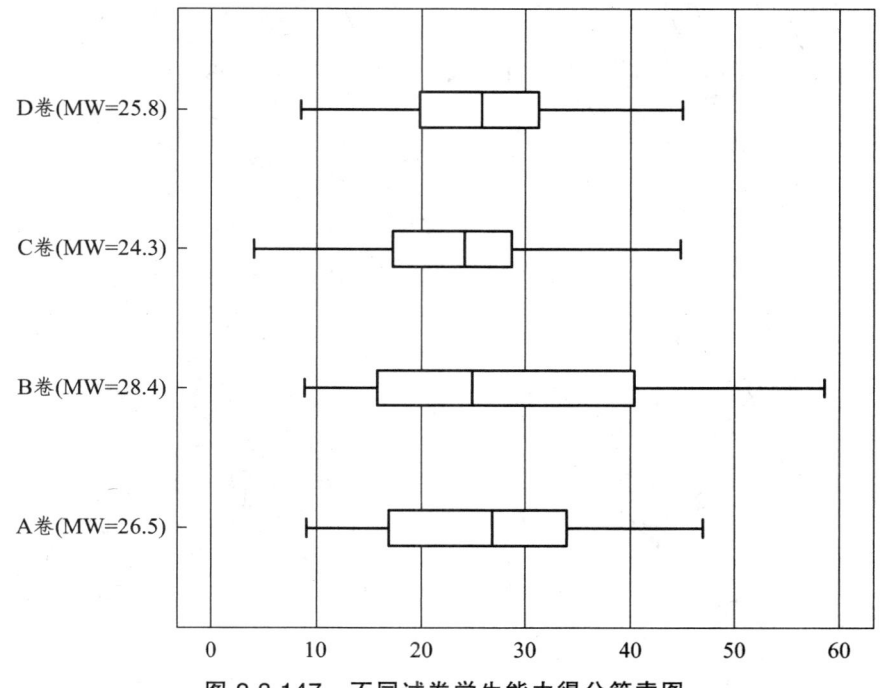

图 2.3.147　不同试卷学生能力得分箱索图

总体来看，A、B、C、D 四卷测评能力水平等级和测评得分不存在明显差异。不同试卷测得能力水平分布趋势大致相同，不同试卷测评平均得分大致相同，为 24.3~28.4。这说明了不同试卷在测评中保持了对结果的客观一致性。

4）学生能力轮廓图（图 2.3.148）

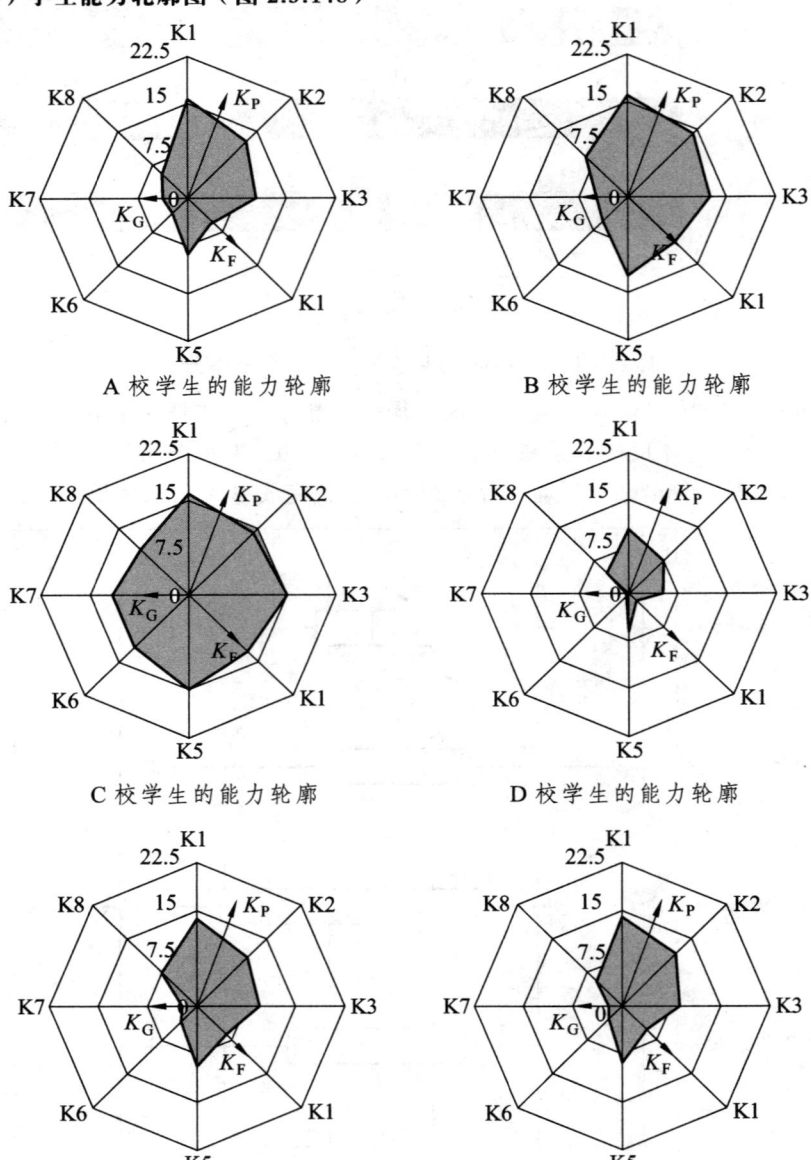

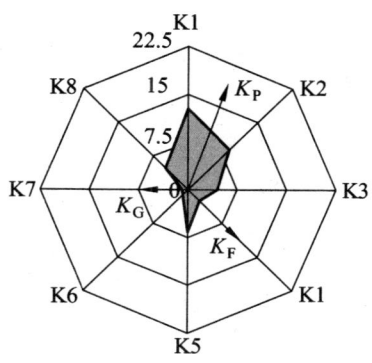

F 校学生的能力轮廓

图 2.3.148　各校学生与参评学生总体的能力轮廓图

K1—直观性和展示性；K_F—功能性能力；K2—功能性；K_P—过程性能力；K3—使用价值导向；K_G—整体设计能力；K4—经济性；K5—经营过程/生产流程与工作过程导向；K6—社会接受度/社会相容性；K7—环保性；K8—创造性

从图中可以看出，B、C 两校学生能力轮廓较好。总体看来，K1（直观性和展示性）、K2（功能性）、K3（使用价值导向）、K4（经济性）和 K5（生产流程与工作过程导向）方面的能力水平较强，而 K6（社会接受度）、K7（环保性）和 K8（创新性）方面的能力水平较弱。

此外，在测评成绩最好的 B、C 两校中可以发现，学生在 K2（功能性）、K3（使用价值导向）、K4（经济性）、K6（社会接受度）和 K7（环保性）方面的表现优于其他学生。B 校有 55%的学生达到了设计能力水平，40%的学生达到了过程性能力水平；C 校有 6.06%的学生达到了设计能力水平，75.76%的学生达到了过程性能力水平。

3. 不同职业能力水平学生对职业学习的认识

为更好地了解不同职业能力水平学生对职业学习的认识，以下对各个院校参加测评的 277 名学生的相关情况进行分析。

1）测试动机

学生在完成测试任务后填写对测试任务的看法，反映了测试动机。以下就相关问题进行分析。

（1）完成测试任务所用时间。

总体来看，大部分用时在 30～90 分钟，如图 2.3.149 所示。

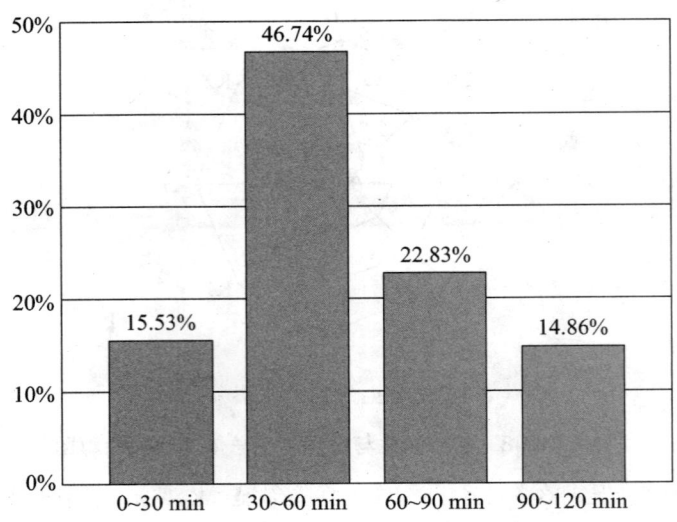

图 2.3.149 所有参评学生完成测试任务所用时间分布情况

不同能力水平学生完成测试任务的时间有差异。从学生所达到的能力级别和用时情况看，如图 2.3.150 所示，各时间段内完成测试任务的学生能力水平均覆盖了从名义能力水平到设计能力水平的四个阶段。这里需要引起注意的是，少数用时少于 30 分钟的学生竟然能够达到设计能力级别，需要对这些学生进行进一步的分析。

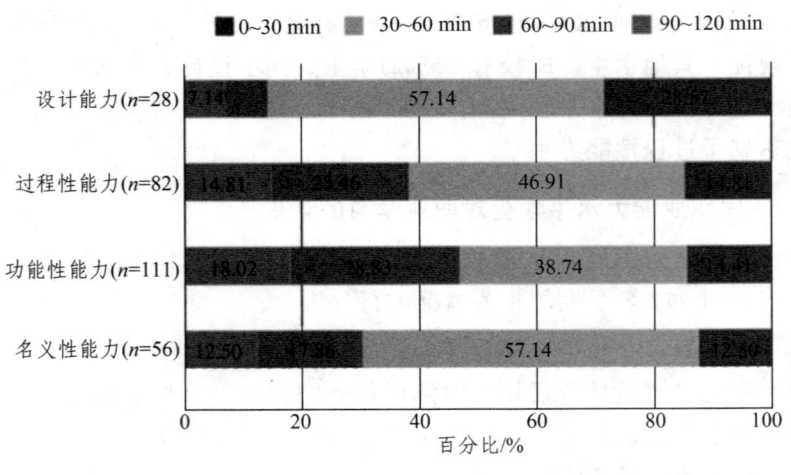

图 2.3.150 四个能力水平学生完成测试任务的不同用时情况

（2）对测试任务的兴趣。

从能力水平级别看，各能力级别均有超过60%的学生表示对任务有较大或非常大的兴趣，如图2.3.151所示。这反证了被测学生具有较好的测试动机。

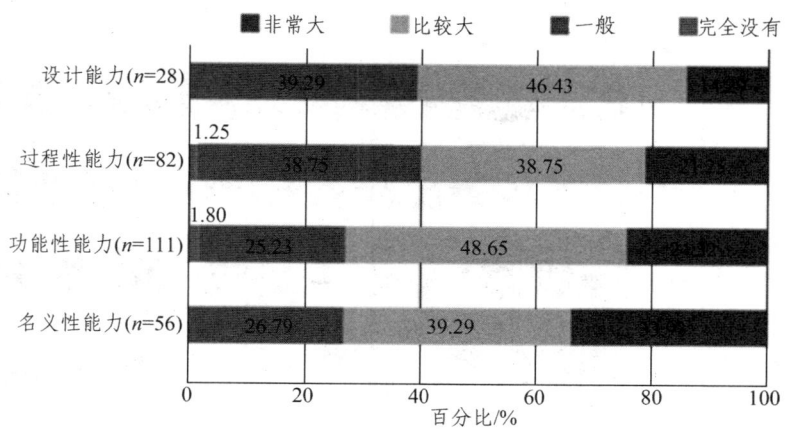

图 2.3.151　不同职业能力水平学生对测试题的兴趣

（3）测试任务是否有用。

各个能力的参评者认为这种任务有用的比例都超过了50%，如图2.3.152所示，说明了大多数的参评学生认为该测试任务是有用的。

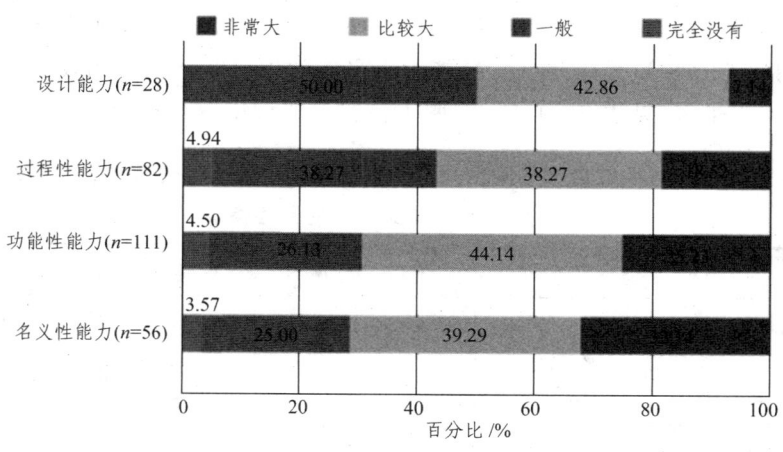

图 2.3.152　不同能力水平学生对"测试任务是否有用"的回答

（4）测试任务与参评者职业的关系。

从能力水平来看，大家普遍认为测试任务和他们的职业有关系，且达到

第二部分　实证研究

设计能力水平的学生无人认为测试任务与职业完全没有关系,如图 2.3.153 所示。这说明职业能力高的学生对综合性工作任务内涵和意义的理解更好,也反映本测评方案的科学性。

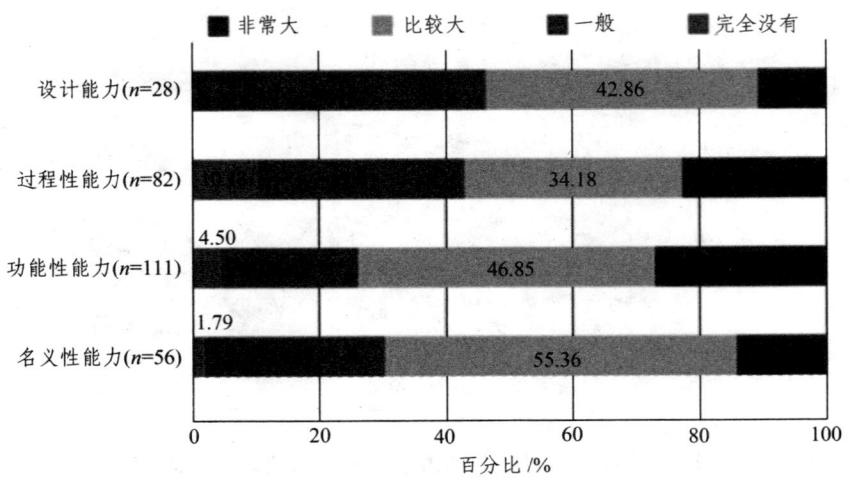

图 2.3.153　不同能力水平的学生对"测试任务与你的职业是否有关系"的回答

2) 对实习实训的认识

(1) 在实习实训中与指导人员的交流。

达到设计能力水平的学生认为能经常或非常多接受到实训指导人员的反馈和支持(71.4%),而处于名义性能力水平的学生对此认同比例较低(62.5%,低于平均水平),见表 2.3.111。说明了在实习实训中获得指导的重要性。

表 2.3.111　不同职业能力水平学生对"我在完成实训任务的过程中,可得到实训指导人员的反馈和支持"的回答情况

能力水平	非常少	少	偶尔	经常	非常多	总计
名义性能力(n=56)	5.4%	5.4%	26.8%	51.8%	10.7%	100.0%
功能性能力(n=111)	1.8%	7.2%	25.2%	45.0%	20.7%	100.0%
过程性能力(n=82)	1.2%	12.2%	28.0%	42.7%	15.9%	100.0%
设计能力(n=28)	0.0%	14.3%	14.3%	57.1%	14.3%	100.0%
总计(n=277)	2.2%	9.0%	25.3%	46.9%	16.6%	100.0%

总体来看，所有参评学生中超过 65%认为实训指导人员经常向他们示范如何处理具体问题、告诉他们解决专业问题的思路、解释这样做的原因，以便他们掌握处理任务的方式方法，了解作为企业员工需要特别关注或留心的内容，如图 2.3.154～图 2.3.157 所示。

这一情况说明，实训指导人员指导工作都比较全面，经常为学生示范如何处理具体问题，告诉学生解决专业问题的思路，解释要这样做而不那样做的理由和提醒学生需要特别关注和留心哪些方面。

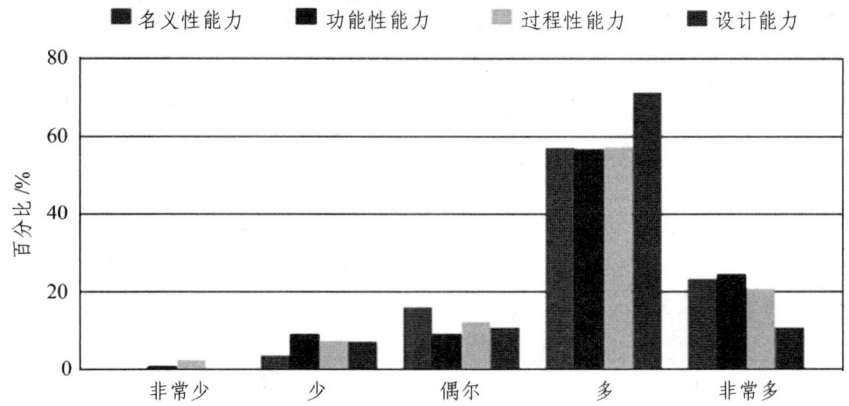

图 2.3.154　不同能力级别学生对"实训指导人员向我示范如何处理具体问题"的回答

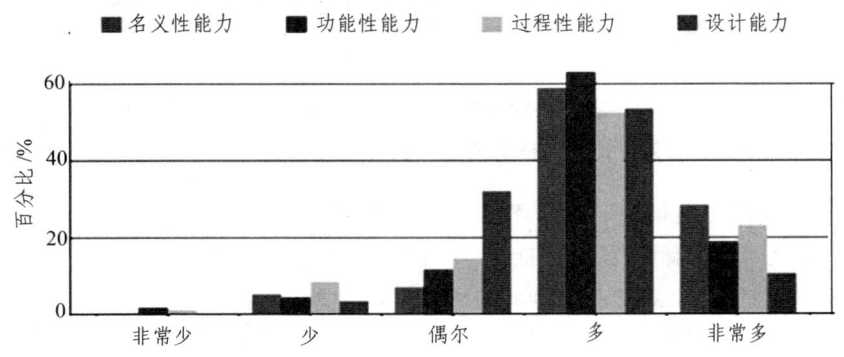

图 2.3.155　不同能力级别学生对"实训指导人员告诉学生解决专业问题的思路"的回答

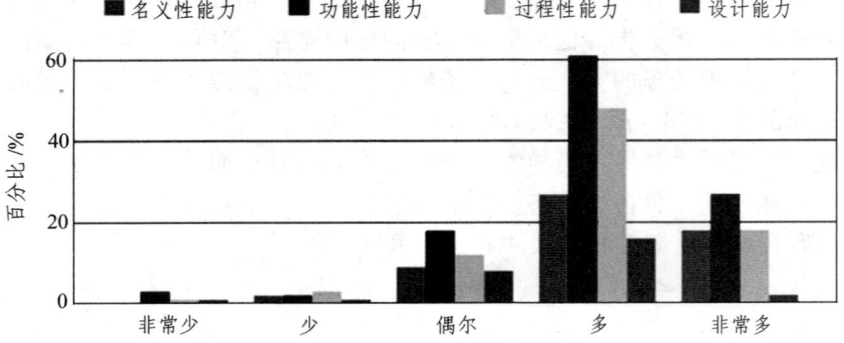

图 2.3.156　不同能力级别学生对"为了让我掌握处理任务的方式方法，解释要这样做而不那样做的理由"的回答

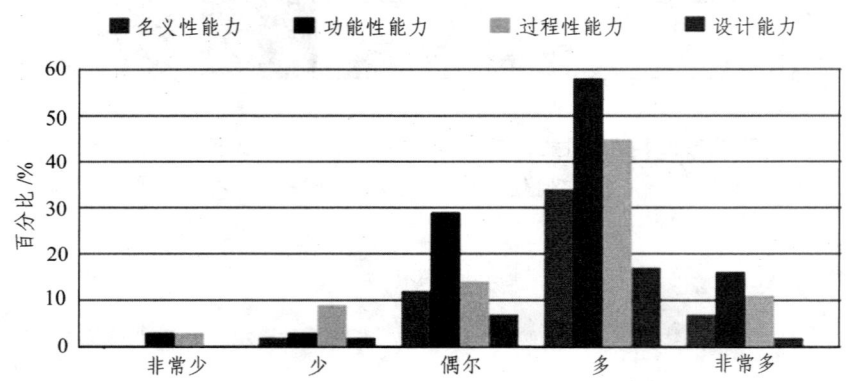

图 2.3.157　不同能力级别学生对"我更加清楚了如果我是一个企业工作人员需要特别关注和留心哪些方面"的回答

（2）实习实训帮助学生了解工作的目的和意义。

在实习实训期间，名义性能力、功能性、过程性和设计能力水平各有 78% 以上学生认为实习实训让他们了解了其他同学所做的工作，如图 2.3.158 所示。

在实习实训期间，各有 85% 以上学生认为，实习让他们明白了所承担的工作是整个企业工作成果的一部分，这有助于他们把实习和企业实际联系起来，如图 2.3.159 所示。

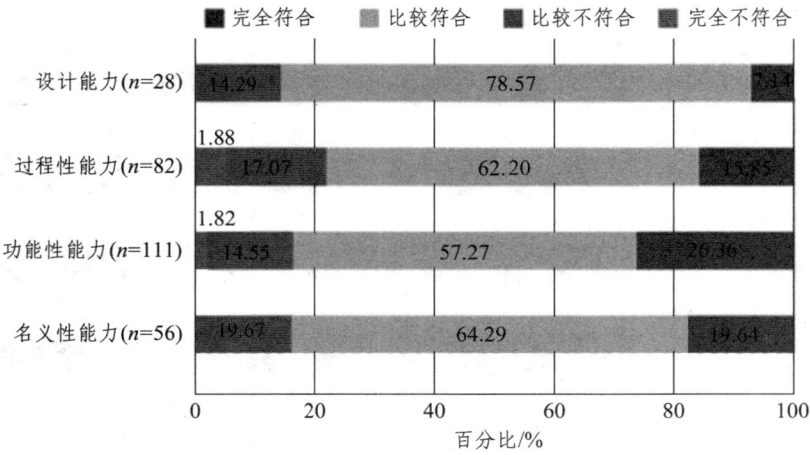

图 2.3.158　不同能力水平学生对"向我介绍承担其他角色任务的
同学们在从事哪些工作"的回答

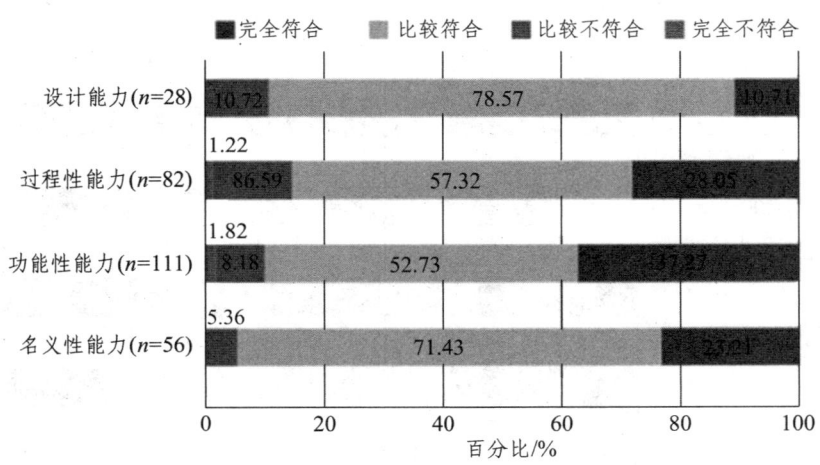

图 2.3.159　不同能力水平学生对"使我明白了我所承担的工作是
整个企业工作成果的一部分"的回答

各能力层级学生中，均有超过71%的学生认为实习实训让他们了解了企业的组织结构，如图2.3.160所示。

达到设计能力水平的学生更多地认为自己能了解企业其他部门的工作，如图2.3.161所示。

第二部分　实证研究　163

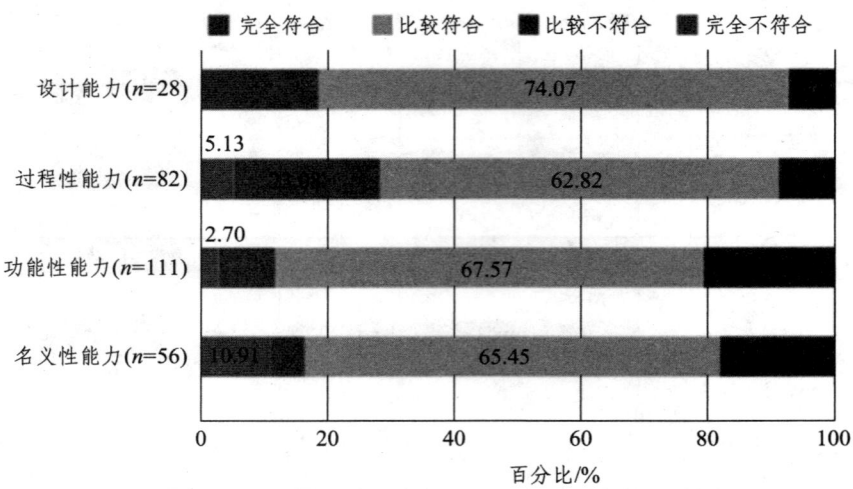

图 2.3.160　不同能力水平学生对"使我了解企业的组织结构"的回答

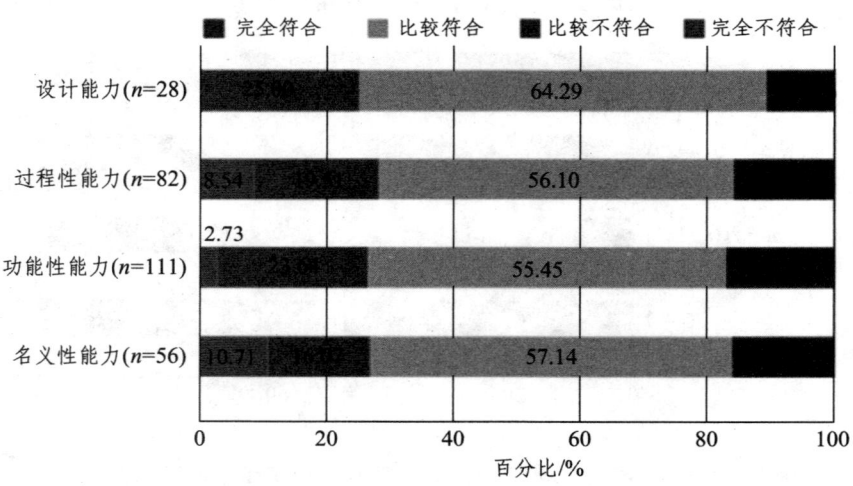

图 2.3.161　不同能力水平学生对"向我简要介绍企业其他部门的工作"的回答

达到功能性和过程性能力水平的学生认为实习实训让他们明白所在部门在整个企业生产业务体系中的作用的比例要高于达到设计能力水平的学生，如图 2.3.162 所示。

达到名义性和过程性能力水平的学生认为向我解释我的任务与我所在部门的工作组织的关系的比例要高于达到设计能力水平的学生，如图 2.3.163 所示。

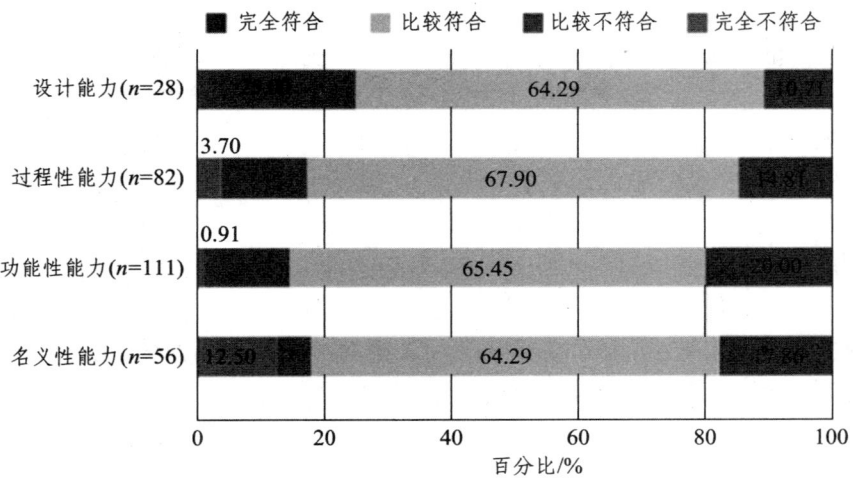

图 2.3.162　不同能力水平学生对"使我明白所在部门在整个企业
生产业务体系中的作用"的回答

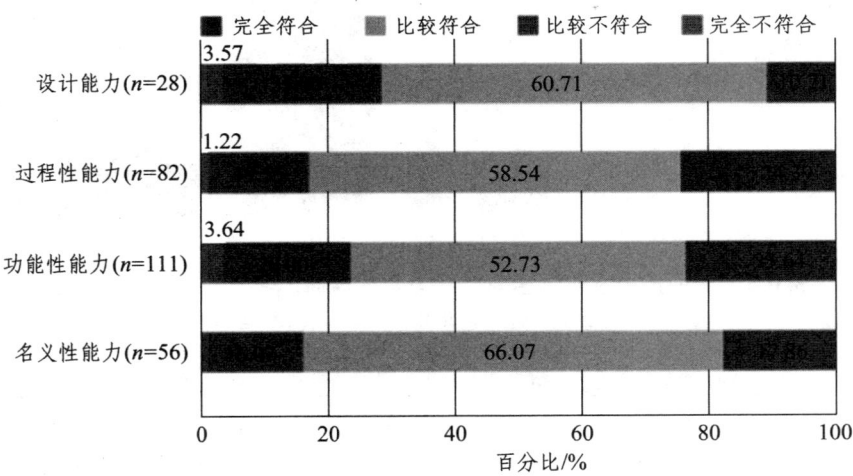

图 2.3.163　不同能力水平学生对"向我解释我的任务与我所在部门的
工作组织的关系"的回答

总体来看，各能力层级的学生均认可实习实训能帮助他们从工作过程结构上了解企业的一些实际情况，包括了解企业的组织结构、了解所在部门与整个企业生产业务体系的关系了解自己的任务与所在部门的工作组织关系、了解自己的工作与整个企业工作成果的关系以及了解其他同学的工作。各能力层级的学生之间没有显著的差异，可能是被测学生对其中的一些概念把握不准造成的。

第二部分　实证研究　165

（3）实习实训工作内容的丰富性。

不同能力水平学生所感受到的任务变化情况差异不大。55.4%处于名义性能力水平的学生认为其任务很少有变化，64.5%处于功能性能力水平的学生认为其任务很少有变化，50%处于过程性能力水平的学生认为其任务很少有变化，64.2%处于设计能力水平的学生认为其任务很少有变化，见表2.3.112。

在各能力层级学生中，均有超过80%认为有机会做不同的工作，并且用到多种知识和技能，如图2.3.164所示。但各能力层级学生中，均有超过55%的学生认为他们有机会与很多不同人打交道，如图2.3.165所示。这一现象说明学生在实习实训中，工作实践能力可以通过经常完成不同的任务得以提高，但人际交流方面的锻炼还有待给予更多的机会。

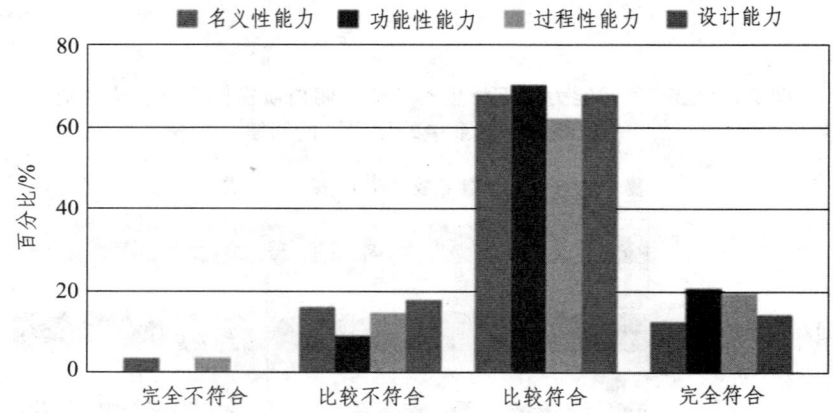

图2.3.164　不同能力水平学生对"实习实训期间，我有机会做不同的工作，并且用到多种知识和技能"的回答

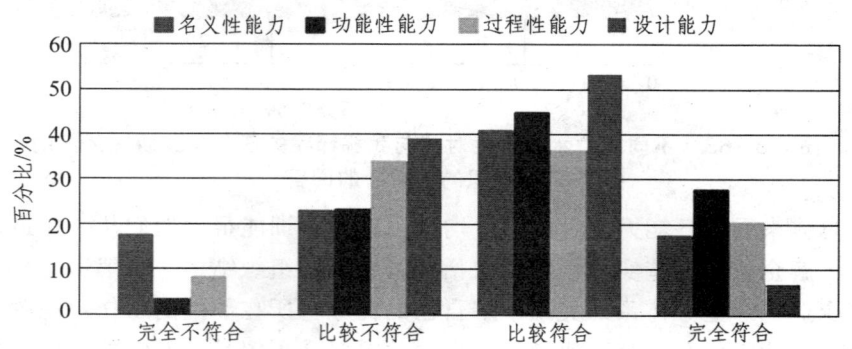

图2.3.165　不同能力水平学生对"实习实训期间，我有机会与很多不同的人打交道"的回答

表 2.3.112　不同能力水平学生对于"实习实训期间，我执行的任务很少有变化"回答情况

能力水平		完全不符合	比较不符合	比较符合	完全符合	总计
名义性能力	计数	9	16	24	7	56
	所占比例	16.1%	28.6%	42.9%	12.5%	100.0%
功能性能力	计数	6	33	55	16	110
	所占比例	5.5%	30.0%	50.0%	14.5%	100.0%
过程性能力	计数	3	38	31	10	82
	所占比例	3.7%	46.3%	37.8%	12.2%	100.0%
设计能力	计数	0	10	16	2	28
	所占比例	0.0%	35.7%	57.1%	7.1%	100.0%
总计	计数	18	97	126	35	276
	所占比例	6.5%	35.1%	45.7%	12.7%	100.0%

3）实习实训要求与学生能力的吻合度

（1）岗位对口与工作任务要求。

在实习实训岗位与专业对口方面，89.4%的名义性能力水平学生认为能多或非常多地吻合，这个比例高于其他三个能力水平，其他三个能力水平学生的这一比例也高于70%，如图2.3.166所示。这说明了当前培训任务的设计还可以做进一步改善。

从学生所感受的任务难度来看，设计能力水平有42.8%的学生经常或非常多地感受到工作任务对自己是个挑战，这一比例明显低于其余三个能力水平的学生，如图2.3.167所示。说明具备高职业能力水平的学生完成工作任务越容易。

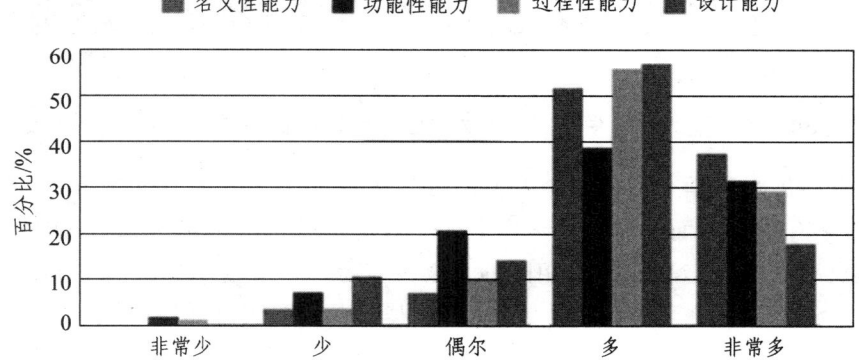

图 2.3.166　不同能力水平学生对"实习实训岗位与我所学的专业对口"的回答

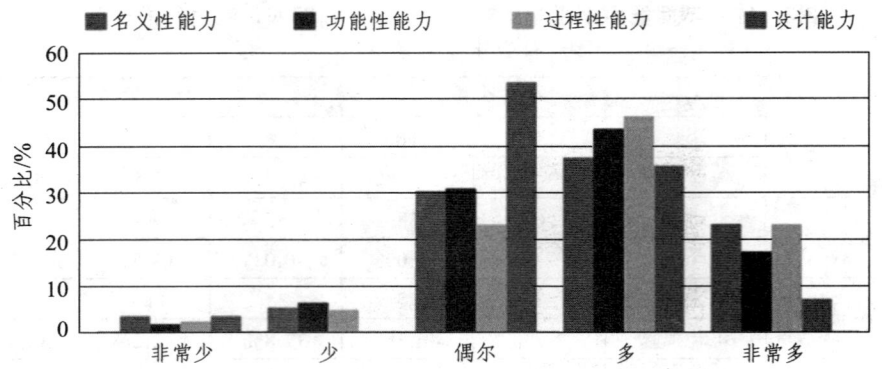

图 2.3.167　不同能力水平学生对"我接受的工作任务对我而言是个挑战"的回答

在工作任务与专业技能的吻合度上,名义性能力有 85.7% 的学生表示"多"或"非常多"吻合,而设计能力学生中这一比例只有 64.3%,如图 2.3.168 所示。这说明了职业能力水平高的学生对自身专业技能会有更高的要求,而学校应该进一步满足这部分学生对更高专业技能的需求。

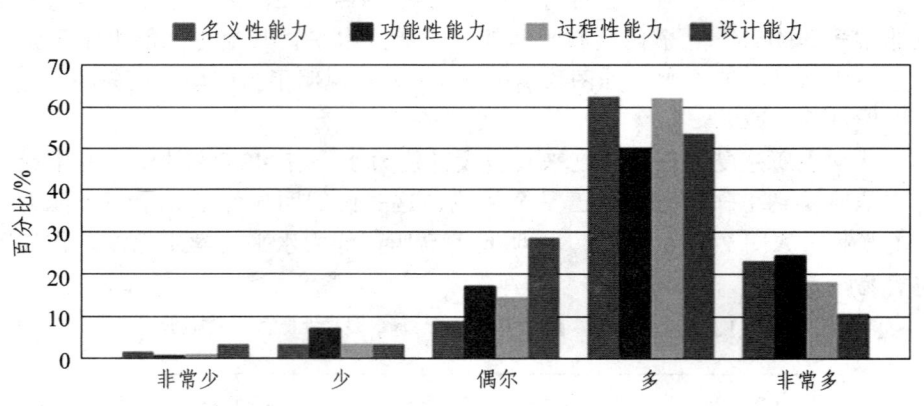

图 2.3.168　不同能力水平学生对"我的专业技能与接受的工作任务相适应"的回答

在能展示所学东西的吻合度上,名义性能力有 84% 的学生表示"多"或"非常多"吻合,而设计能力学生中这一比例只有 50%,如图 2.3.169 所示。这里反映的问题与上一个是相同的。学校应考虑具有高职业能力水平学生的需求,进一步加强其专业技能或改善实习实训工作任务的设计。

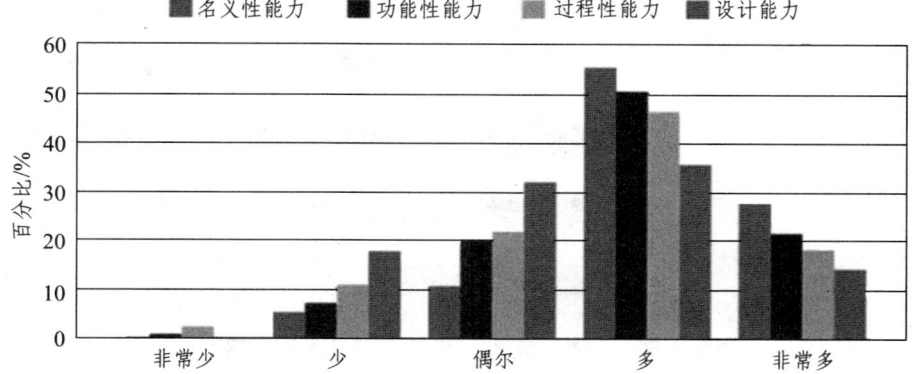

图 2.3.169 不同能力水平学生对"实习实训期间,我能展示出所学的东西"的回答

(2)工作任务的挑战性与展示所学内容的关系。

针对"工作任务对我而言是个挑战的话,我能否在实习中经常或非常多展示出所学东西?"问题的答案见表 2.3.113 和图 2.3.170。可以看出,工作任务挑战性越大,学生在实习实训期间就能更多地展示所学东西。这提示我们,在实习实训中,为了让学生更多地展示和应用所学,应给他们多提供具有挑战性的任务。

表 2.3.113　学生对"我接受的工作任务对我而言是个挑战"和"实习实训期间,我能展示出所学的东西"的回答

我接受的工作任务对我而言是个挑战	实习实训期间,我能展示出所学的东西					总计
	非常少	少	偶尔	经常	非常多	
非常少（$n=7$）	42.9%	14.3%	14.3%	28.6%	0.0%	100.0%
少（$n=14$）	0.0%	21.4%	28.6%	35.7%	14.3%	100.0%
偶尔（$n=85$）	0.0%	15.3%	20.0%	49.4%	15.3%	100.0%
经常（$n=117$）	0.0%	3.4%	23.9%	53.8%	18.8%	100.0%
非常多（$n=53$）	0.0%	7.5%	9.4%	43.4%	39.6%	100.0%
总计（$n=276$）	1.1%	9.1%	19.9%	48.9%	21.0%	100.0%

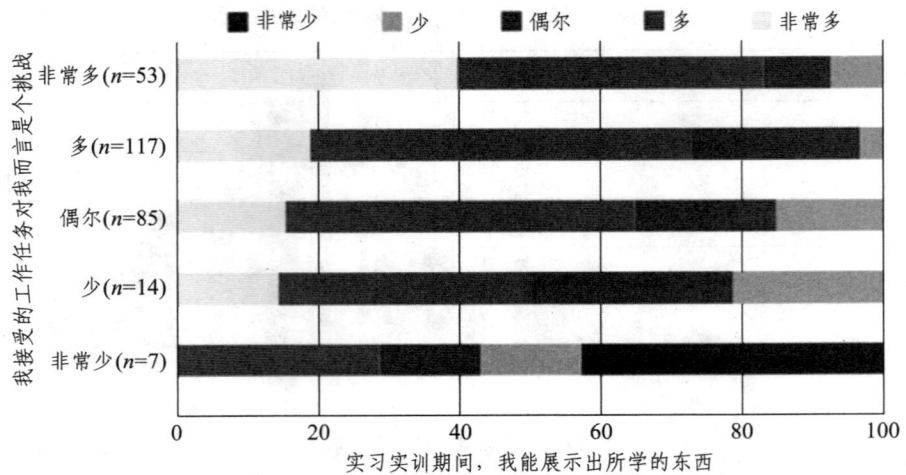

图 2.3.170 学生对"我接受的工作任务对我而言是个挑战"和"实习实训期间，我能展示出所学的东西"的回答

（3）工作任务的挑战性与工作任务适应性的关系。

在工作任务的挑战性和工作任务与专业技能适应性方面，认为任务挑战性高的同学，也更多地认为专业技能经常与工作任务相适应，见表 2.3.114 和图 2.3.171。这也说明挑战性的工作任务可以培养具有应用价值的专业能力。

表 2.3.114 学生对"我接受的工作任务对我而言是个挑战"和"我的专业技能与接受的工作任务相适应能展示出所学的东西"的回答

我接受的工作任务对我而言是个挑战	我的专业技能与接受的工作任务相适应能展示出所学的东西					总计
	非常少	少	偶尔	经常	非常多	
非常少（n=7）	42.9%	28.6%	14.3%	14.3%	0.0%	100.0%
少（n=14）	0.0%	35.7%	14.3%	35.7%	14.3%	100.0%
偶尔（n=84）	1.2%	6.0%	17.9%	64.3%	10.7%	100.0%
经常（n=117）	0.0%	0.0%	17.1%	61.5%	21.4%	100.0%
非常多（n=53）	0.0%	1.9%	11.3%	45.3%	41.5%	100.0%
总计（n=275）	1.5%	4.7%	16.0%	56.7%	21.1%	100.0%

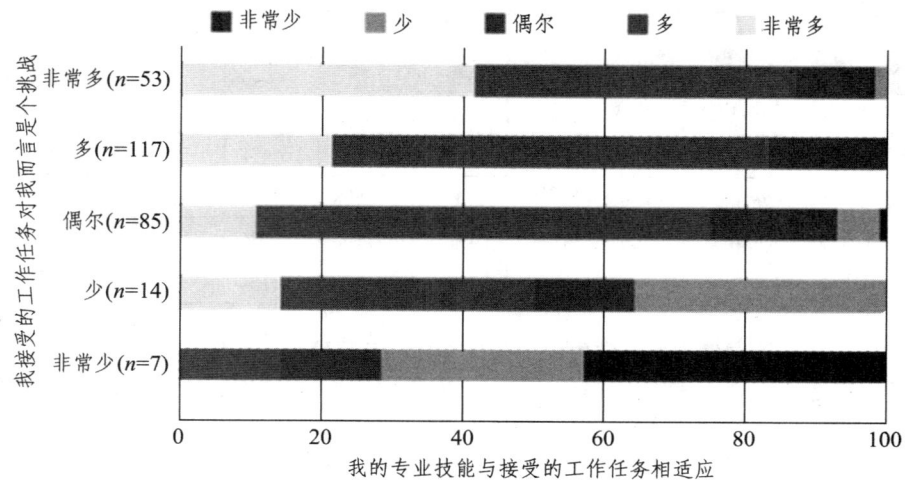

图 2.3.171　学生对"我接受的工作任务对我而言是个挑战"和"我的专业技能与接受的工作任务相适应能展示出所学的东西"的回答

4）学生完成任务的决定权

总体来看，学生在完成任务过程中针对各因素上的决定权较高，但相对来说，对经费的决定权低于其他因素（具体分布见表 2.3.115～表 2.3.125）。值得注意的是，达到设计能力水平学生在各个方面的决定权都低于其他能力水平。这使得我们对着一部分的答案结果产生了一些怀疑。

在确定如何展示工作过程与工作成果，确定完成任务所需要的时间，确定完成任务的具体方法和步骤，确定完成任务的途径，确定完成工作需要的信息、原材料的性能和规格等方面，名义性能力和过程性能力水平学生决定权较大。

在选择工作任务，协调完成工作任务的进度安排，确定完成工作要遵循的规则、规章制度和协议，确定完成任务的合作伙伴方面，过程性能力水平学生决定权较大，而且较为突出。

在确定工作任务的目标方面，名义性能力、功能性能力、过程性能力选择"完全可以"的学生比例在 41.1%～48.8%，这三个能力级别没有明显差异，而设计能力的学生这一比例只有 21.4%，明显低于其他三个能力级别。在确定所需经费方面，名义性能力、功能性能力、过程性能力选择"完全可以"的学生比例在 21.2%～26.8%，这三个能力级别没有明显差异，而设计能力的学生这一比例只有 14.3%，明显低于其他三个能力级别。

表 2.3.115 不同能力水平学生对"我是否可以自己选择工作任务"的回答

能力水平	1 完全不可以	2	3	4	5 完全可以	总计
名义性能力（$n=11$）	8.9%	21.4%	23.2%	17.9%	28.6%	100.00%
功能性能力（$n=68$）	6.4%	14.5%	23.6%	16.4%	39.1%	100.00%
过程性能力（$n=83$）	13.4%	7.3%	25.6%	18.3%	35.4%	100.00%
设计能力（$n=34$）	14.3%	14.3%	32.1%	25.0%	14.3%	100.00%
总计（$n=277$）	9.8%	13.8%	25.0%	18.1%	33.3%	100.00%

表 2.3.116 不同能力水平学生对"我是否可以自己确定工作任务的目标"的回答

能力水平	1 完全不可以	2	3	4	5 完全可以	总计
名义性能力（$n=11$）	1.8%	19.6%	14.3%	23.2%	41.1%	100.00%
功能性能力（$n=68$）	1.8%	10.9%	18.2%	24.5%	44.5%	100.00%
过程性能力（$n=82$）	8.5%	4.9%	20.7%	17.1%	48.8%	100.00%
设计能力（$n=34$）	0%	7.1%	28.6%	42.9%	21.4%	100.00%
总计（$n=277$）	3.6%	10.5%	19.2%	23.9%	42.8%	100.00%

表 2.3.117 不同能力水平学生对"我是否可以自己协调完成工作任务的进度安排"的回答

能力水平	1 完全不可以	2	3	4	5 完全可以	总计
名义性能力（$n=11$）	0%	14.3%	16.1%	33.9%	35.7%	100.00%
功能性能力（$n=68$）	3.6%	10.0%	21.8%	29.1%	35.5%	100.00%
过程性能力（$n=83$）	4.9%	6.1%	9.8%	30.5%	48.8%	100.00%
设计能力（$n=34$）	0%	3.7%	40.7%	33.3%	22.2%	100.00%
总计（$n=277$）	2.9%	9.1%	18.9%	30.9%	38.2%	100.00%

表 2.3.118 不同能力水平学生对"我是否可以自己确定如何展示工作过程与工作成果"的回答

能力水平	1 完全不可以	2	3	4	5 完全可以	总计
名义性能力（$n=10$）	8.9%	1.8%	17.9%	25.0%	46.4%	100.00%
功能性能力（$n=68$）	7.3%	6.4%	21.8%	28.2%	36.4%	100.00%
过程性能力（$n=83$）	3.7%	6.2%	22.2%	21.0%	46.9%	100.00%
设计能力（$n=34$）	0.0%	7.1%	42.9%	35.7%	14.3%	100.00%
总计（$n=277$）	5.8%	5.5%	23.3%	26.2%	39.3%	100.00%

表 2.3.119　不同能力水平学生对"我是否可以自己确定完成任务所需要的时间"的回答

能力水平	1 完全不可以	2	3	4	5 完全可以	总计
名义性能力（n=11）	7.1%	10.7%	19.6%	23.2%	39.3%	100.00%
功能性能力（n=67）	7.4%	9.3%	32.4%	22.2%	28.7%	100.00%
过程性能力（n=82）	9.8%	1.2%	23.2%	26.8%	39.0%	100.00%
设计能力（n=34）	3.6%	3.6%	28.6%	50.0%	14.3%	100.00%
总计（n=277）	7.7%	6.6%	26.6%	26.6%	32.5%	100.00%

表 2.3.120　不同能力水平学生对"我是否可以自己确定完成任务的具体方法和步骤"的回答

能力水平	1 完全不可以	2	3	4	5 完全可以	总计
名义性能力（n=11）	1.8%	5.4%	14.3%	28.6%	50.0%	100.00%
功能性能力（n=66）	2.8%	8.3%	21.1%	34.9%	33.0%	100.00%
过程性能力（n=83）	7.4%	4.9%	13.6%	24.7%	49.4%	100.00%
设计能力（n=34）	0.0%	3.6%	46.4%	28.6%	21.4%	100.00%
总计（n=277）	3.6%	6.2%	20.1%	29.9%	40.1%	100.00%

表 2.3.121　不同能力水平学生对"我是否可以自己确定所需经费"的回答

能力水平	1 完全不可以	2	3	4	5 完全可以	总计
名义性能力（n=11）	21.4%	7.1%	10.7%	33.9%	26.8%	100.00%
功能性能力（n=68）	18.2%	10.0%	26.4%	21.8%	23.6%	100.00%
过程性能力（n=83）	27.5%	10.0%	25.0%	16.2%	21.2%	100.00%
设计能力（n=34）	10.7%	28.6%	28.6%	17.9%	14.3%	100.00%
总计（n=277）	20.8%	11.3%	23.0%	22.3%	22.6%	100.00%

表 2.3.122　不同能力水平学生对"我是否可以自己确定完成任务的途径"的回答

能力水平	1 完全不可以	2	3	4	5 完全可以	总计
名义性能力（n=11）	7.1%	3.6%	16.1%	28.6%	44.6%	100.00%
功能性能力（n=68）	3.6%	7.3%	23.6%	32.7%	32.7%	100.00%
过程性能力（n=82）	6.3%	6.3%	19.0%	27.8%	40.5%	100.00%
设计能力（n=34）	3.6%	7.1%	35.7%	32.1%	21.4%	100.00%
总计（n=277）	5.1%	6.2%	22.0%	30.4%	36.3%	100.00%

表 2.3.123 不同能力水平学生对"我是否可以自己确定完成工作要遵循的规则、规章制度和协议"的回答

能力水平	1 完全不可以	2	3	4	5 完全可以	总计
名义性能力（$n=11$）	10.7%	1.8%	14.3%	30.4%	42.9%	100.00%
功能性能力（$n=68$）	3.6%	6.4%	19.1%	26.4%	44.5%	100.00%
过程性能力（$n=83$）	3.7%	1.2%	13.6%	16.0%	65.4%	100.00%
设计能力（$n=34$）	3.6%		35.7%	32.1%	28.6%	100.00%
总计（$n=277$）	5.1%	3.3%	18.2%	24.7%	48.7%	100.00%

表 2.3.124 不同能力水平学生对"我是否可以自己确定完成工作需要的信息、原材料的性能和规格"的回答

能力水平	1 完全不可以	2	3	4	5 完全可以	总计
名义性能力（$n=11$）	3.6%	3.6%	25.0%	25.0%	42.9%	100.00%
功能性能力（$n=67$）	2.8%	11.9%	22.0%	26.6%	36.7%	100.00%
过程性能力（$n=83$）	9.9%	3.7%	19.8%	23.5%	43.2%	100.00%
设计能力（$n=33$）		3.6%	50.0%	21.4%	25.0%	100.00%
总计（$n=277$）	4.7%	6.9%	24.8%	24.8%	38.7%	100.00%

表 2.3.125 不同能力水平学生对"我是否可以自己确定完成任务的合作伙伴"的回答

能力水平	1 完全不可以	2	3	4	5 完全可以	总计
名义性能力（$n=10$）	5.4%	3.6%	16.1%	35.7%	39.3%	100.00%
功能性能力（$n=66$）	3.6%	9.1%	18.2%	27.3%	41.8%	100.00%
过程性能力（$n=83$）	4.9%	4.9%	15.9%	12.2%	62.2%	100.00%
设计能力（$n=34$）		3.6%	46.4%	21.4%	28.6%	100.00%
总计（$n=277$）	4.0%	6.2%	19.9%	23.9%	46.0%	100.00%

5）小结

在测试动机方面，参加测评学生完成测评任务用时主要集中在 0.5～1.5 小时。各能力级别均有超过 60%的参评者对测试任务感兴趣；各有超过 50%的参评者认为测试任务比较或非常有用；超过半数的参评者认为测试任务和他们的职业有关系，其中设计能力的参评者无人认为完全无光。

在与实习实训指导教师人员交流方面，达到设计能力水平的学生更多认为能经常接受到实训指导人员的反馈和支持，而处于名义性能力水平阶段学生对此认同度较低。总体来看，65%以上的参评者认为实训指导人员经常提

供各方面的指导。这些情况说明实训指导人员指导工作都比较全面，经常为学生示范如何处理具体问题，告诉学生解决专业问题的思路，解释要这样做而不那样做的理由和提醒学生需要特别关注和留心哪些方面。

在明白所做工作的目的和意义方面，绝大部分学生均认可实习实训能帮助他们从工作过程的结构上了解企业的一些实际情况，在了解的具体内容方面，不同能力水平学生的感受差异并不明显。在任务的丰富性方面，不同能力水平学生能感受到任务变化的比例在 50% 以上，没有太大差异；在各能力层级学生中，均有超过 80% 认为有机会做不同的工作，并且用到多种知识和技能；但各能力层级学生中，仅有超过 55% 认为他们有机会与很多不同人打交道。这一现象说明在实习实训中，提供学生更换不同工作的机会是较多的，但人际交流方面的锻炼还有待给予更多的机会。

在任务难度方面，89.4%的名义性能力水平学生认为能多或非常多地吻合，这个比例高于其他三个能力水平；设计能力水平有 42.8% 的学生经常或非常多地感受到工作任务对自己是个挑战，这一比例明显低于其余三个能力水平的学生，说明具备高职业能力水平的学生完成工作任务更容易。所有学生都愿意接受有挑战性的任务，认为这些任务能与他们的技能相适应，能让他们在实习实训中展示所拥有的能力。

学生对任务复杂性的体验也比较一致，对任务完成过程决定权的感受在细节上有一些差异。所有测评学生的总体来看，学生在完成任务过程中所涉及各因素上的决定权是相似的，均较高，但相对来说，所有学生在选择工作任务和确定所需经费上的决定权略低于其他因素。需引起注意的是，达到设计能力水平学生在多方面的决定权低于其他能力水平。所反映这些信息在某种程度上是矛盾的，需要进一步的分析。

4. 各高职院校的教学特征

以下根据各学院全体参评学生（277 人）的情况，从实习实训、教师和校风方面对各院校的教学特征做一初步分析。

1）实习实训

（1）实习实训的组织和指导。

在实习实训指导人员安排方面，各校均以学校教师指导为主。A 校和 E_2 校试点有超过一半学生认为有企业兼职教师指导，B 校和 C 校部分同学指出有高年级学生指导，见表 2.3.126。高年级学生参与指导，说明以学生为中心的教学改革取得了积极的进展。

表 2.3.126　不同院校学生对实习实训指导人员的选择情况

实习实训指导人员的选择		A (n=51)	B (n=33)	C (n=40)	D (n=39)	E_1 (n=38)	E_2 (n=41)	F (n=35)
学校教师	是	100.0%	100.0%	92.5%	94.9%	89.5%	95.1%	97.1%
	否			7.5%	5.1%	10.5%	4.9%	2.9%
企业兼职教师	是	54.9%	3.0%	7.5%	7.7%	28.9%	63.4%	8.6%
	否	45.1%	97.0%	92.5%	92.3%	71.1%	36.6%	91.4%
高年级学生	是	3.9%	39.4%	15.0%	2.6%	10.5%	4.9%	5.7%
	否	96.1%	60.6%	85.0%	97.4%	89.5%	95.1%	94.3%
没有人专门指导	是			2.5%	2.6%		2.4%	
	否	100.0%	100.0%	97.5%	97.4%	100.0%	97.6%	100.0%

在所有参评学生中，46.9%的学生认为他们在完成实训任务过程中能比较多地得到实训指导人员的反馈和支持，16.6%的学生认为他们能非常多地得到反馈和支持。E_2校和F校有80%的学生认为能比较多或非常多地得到实训指导人员的反馈和支持。B校的这一比例最小，为33.3%，如图2.3.172所示。

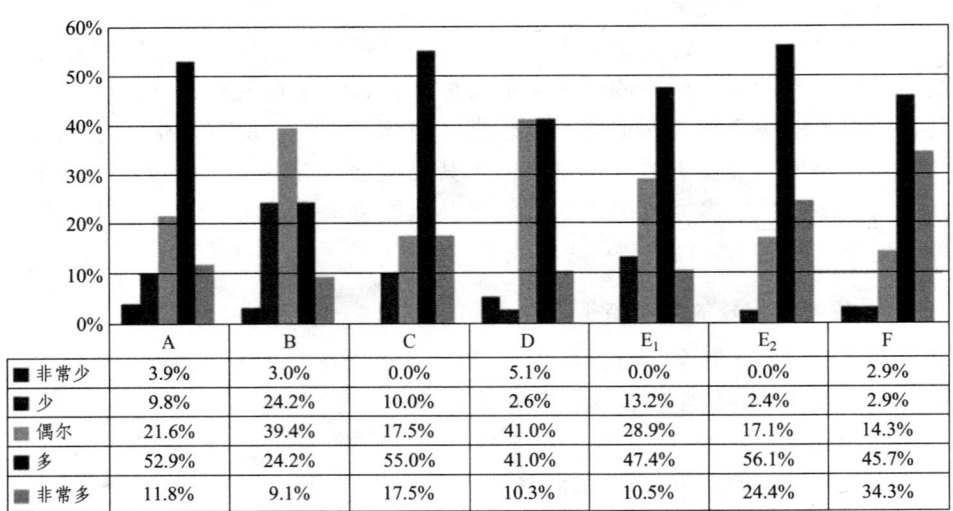

图 2.3.172　不同院校学生对于"我在完成实训任务的过程中，可以得到实训指导人员的反馈和支持"的回答情况

就指导内容方面，针对实训指导人员经常示范如何处理具体问题方面，E_2校和F校学生认为能比较多地获得指导，B校的这一比例略小；在告诉解

决专业问题的思路方面，D 校和 F 校比例较大，而 B 校偏低；在解释这样做的原因方面，E_2 校和 F 校比例较大，而 E_1 校专业偏低；在了解作为企业员工需要特别关注和留心的内容方面，E_2 校和 F 校各有 80% 以上学生选择了"比较多"或"非常多"的认同选项，如图 2.3.173～图 2.3.176 所示。

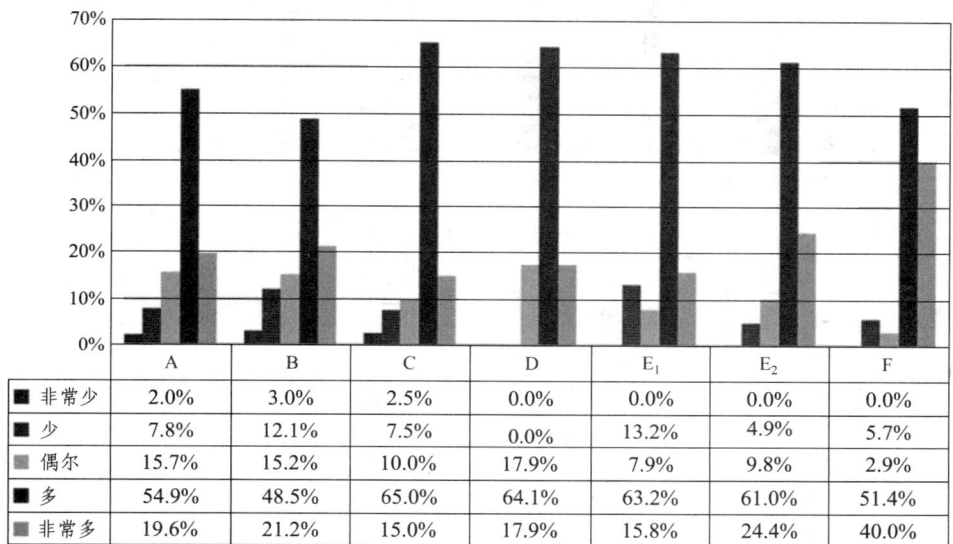

图 2.3.173　不同院校学生在实训时，实训指导人员示范如何处理具体问题的情况

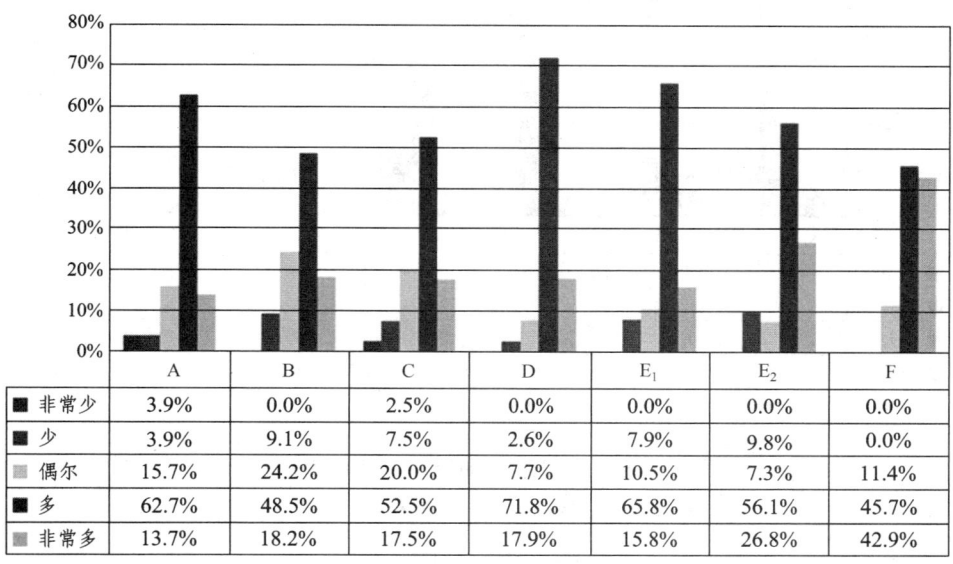

图 2.3.174　不同院校学生在实习实训时，实训指导人员告诉学生解决专业问题的思路

第二部分　实证研究　177

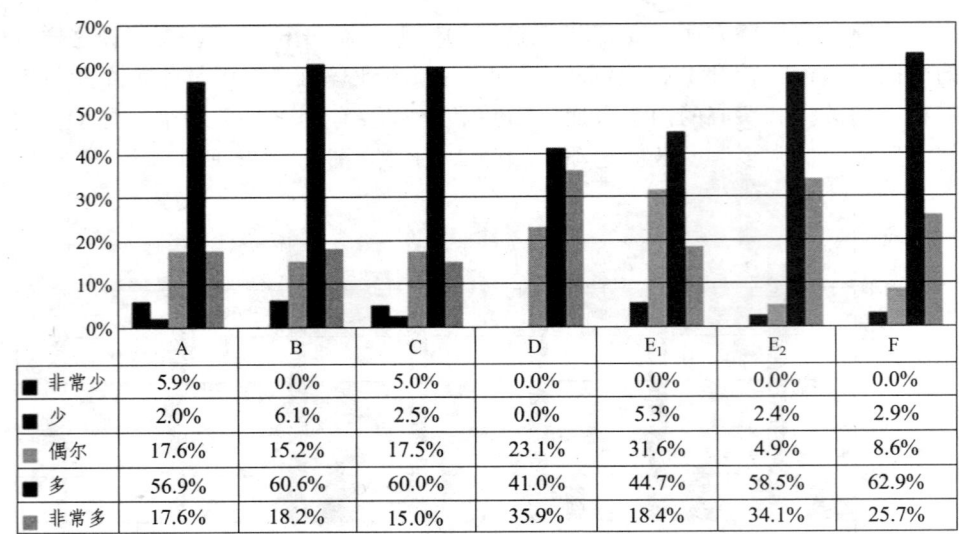

图 2.3.175 不同院校学生对"为了让我掌握处理任务的方式方法，解释要这样做而不那样做的理由"的回答

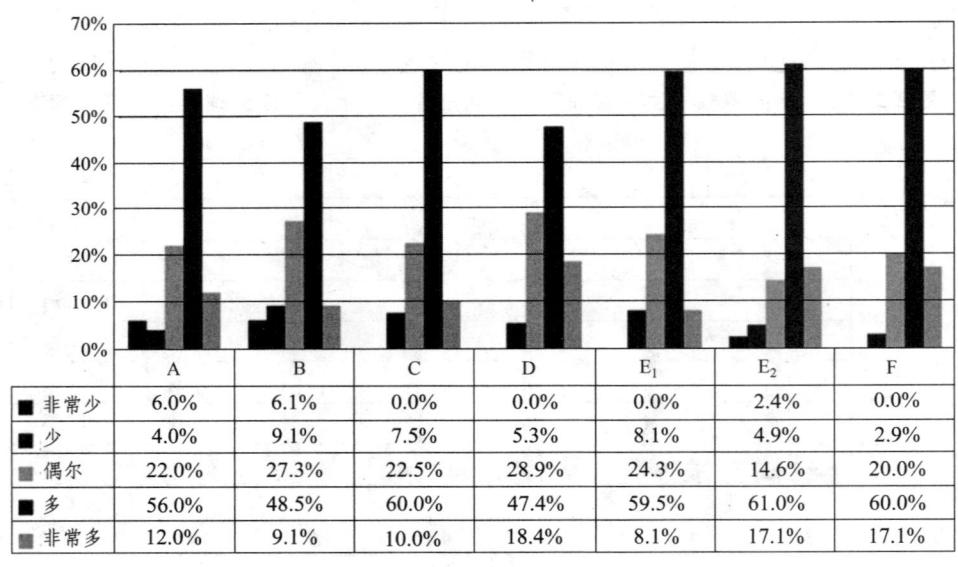

图 2.3.176 不同院校学生对"我更加清楚了如果我是一个企业工作人员需要特别关注和留心哪些方面"的回答

（2）实习实训帮助学生了解工作的目的和意义。

在实习实训期间，各学院都注重让学生了解他们所做的工作。其中 F 校

90%以上同学表示比较或完全认同,而 B 校学生的认同比例相对低一些,约为70%,如图 2.3.177 所示。

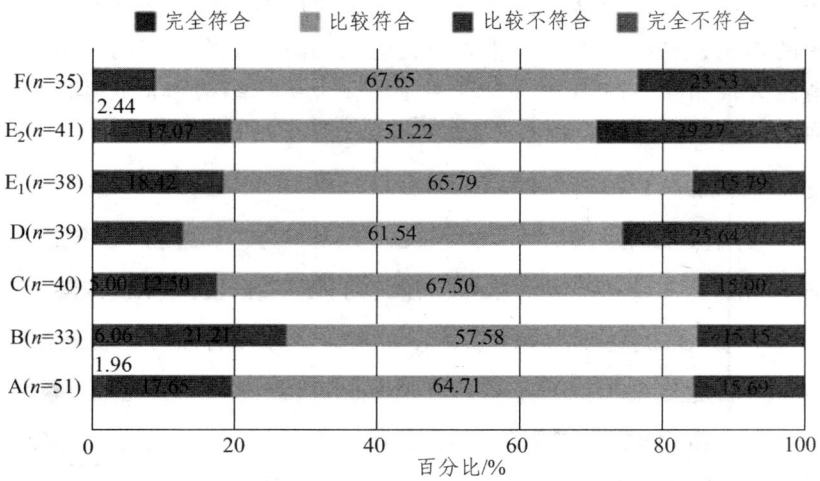

图 2.3.177　不同院校学生对"向我介绍承担其他角色任务的同学们在从事哪些工作"地回答

各院校都重视让学生明白他所承担的工作对于企业实际工作的意义。各校均有 80%以上学生表示比较或完全认同,D 校和 E_2 校的学生这一比例高达97%,如图 2.3.178 所示。

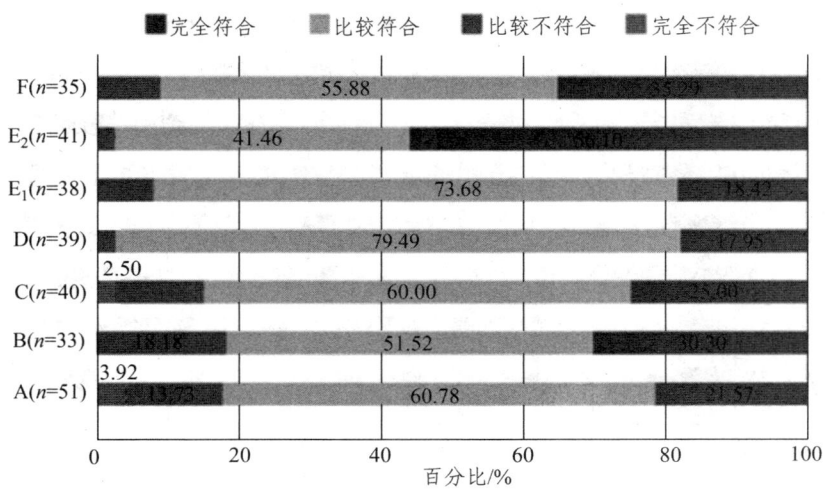

图 2.3.178　不同院校学生对"使我明白了我所承担的工作是整个企业工作成果的一部分"的回答

第二部分　实证研究　179

各院校均能帮助学生理解所在部门在整个企业生产业务体系中的作用，理解其他部门的工作，理解学生个人任务与所在部门的组织关系，即重视工作过程的重要性。总体来看，在帮助学生理解所在部门在整个企业生产业务体系中的作用，理解学生个人任务与我所在部门的工作组织的关系方面，各校的情况大致相同，但 B 校在让学生了解企业组织结构和企业其他部门的工作方面还有改进的余地，如图 2.3.179 ~ 图 2.3.182 所示。

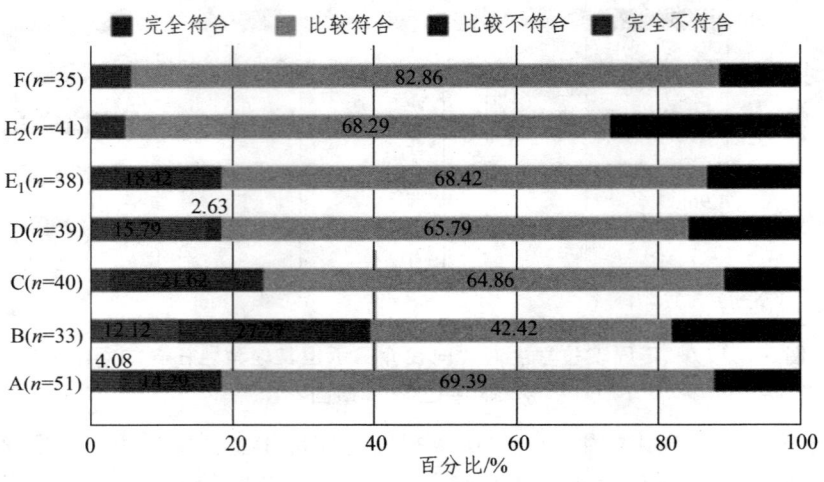

图 2.3.179　不同院校学生对"使我了解企业的组织结构"的回答

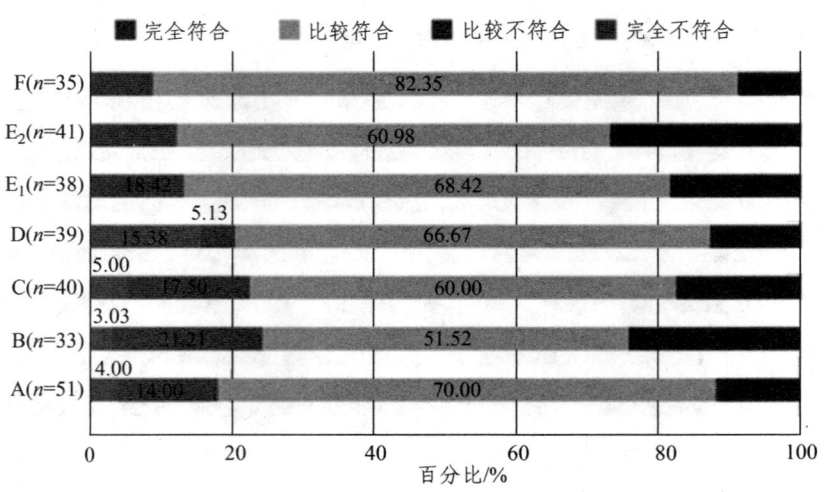

图 2.3.180　不同院校学生对"使我明白所在部门在整个企业生产业务体系中的作用"的回答

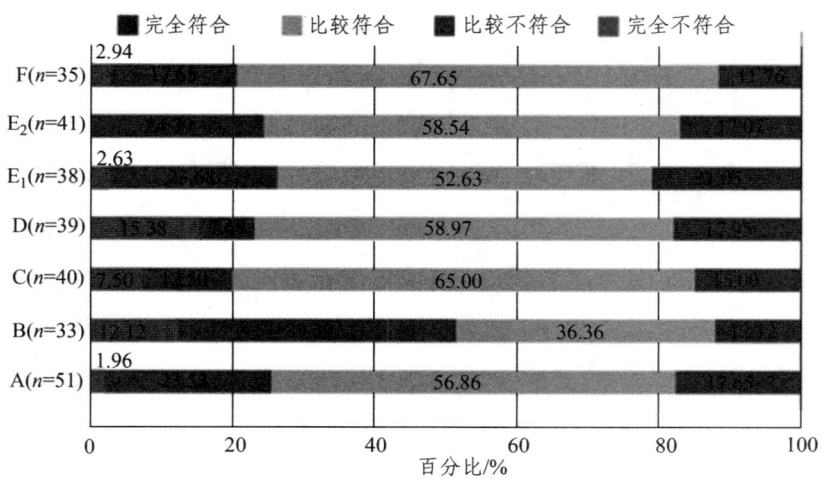

图 2.3.181　不同院校学生对"向我简要介绍企业其他部门的工作"的回答

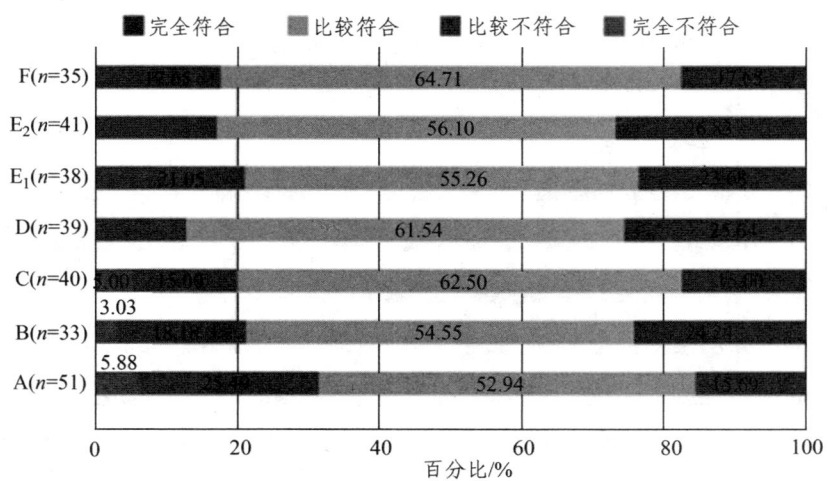

图 2.3.182　不同院校学生对"向我解释我的任务与我所在部门的
工作组织的关系"的回答

（3）实习实训工作内容的丰富性。

在对其他同学的岗位和任务了解方面，除了 B 校，各校都有超过接近 80% 的学生认为了解到其他同学的岗位和任务，但这个比例在 B 校相对较低，只有约 70%，如图 2.3.183 所示。

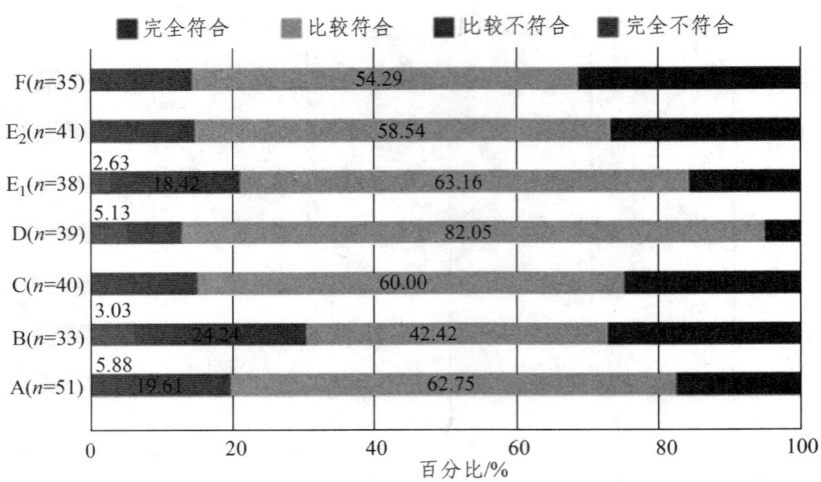

图 2.3.183 不同院校学生对"我可以了解到其他同学的岗位和工作任务"的回答情况

E_2 校有超过 60% 的学生认为其任务有变化，A 校约 70% 的学生认为其任务很少有变化，其他学校的情况都大致相同，都有 40%~50% 的学生认为其任务有变化，如图 2.3.184 所示。

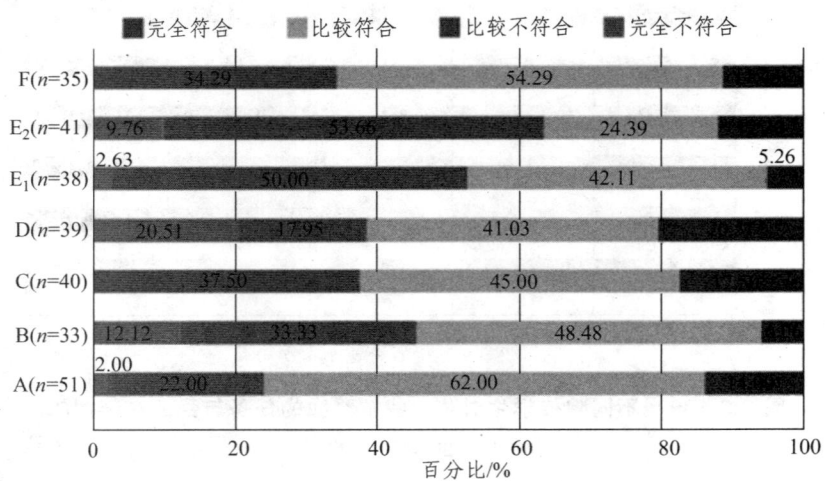

图 2.3.184 不同院校学生对于"实习实训期间，我执行的任务很少有变化"的回答情况

在是否有机会做不同工作并且用到多种知识技能方面，各院校均有超过 75% 的学生表示认同，F 校的这一比例更是达到 100%，如图 2.3.185 所示。这反映了各校实习实训中的学习成分还是很高的。

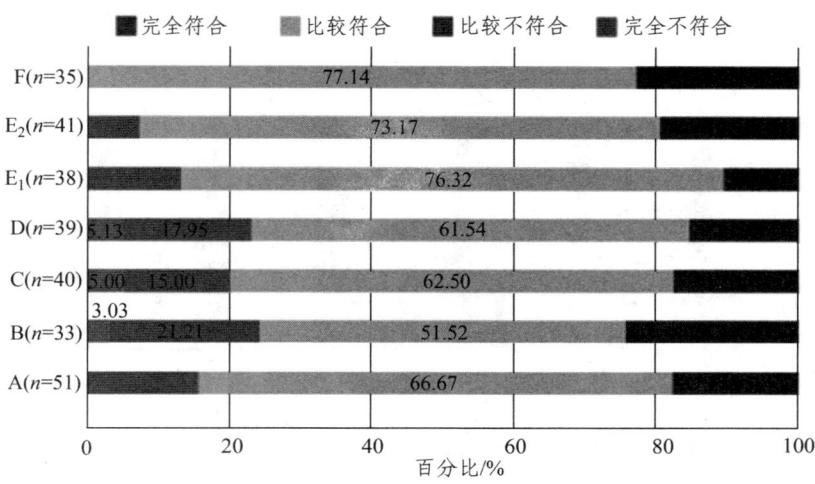

图 2.3.185　不同院校学生对"实习实训期间,我有机会做不同的工作,并且用到多种知识和技能"的回答

在有机会与不同人打交道方面,A 校学生认同度较高,B 校学生的认同度相对较低,如图 2.3.186 所示。

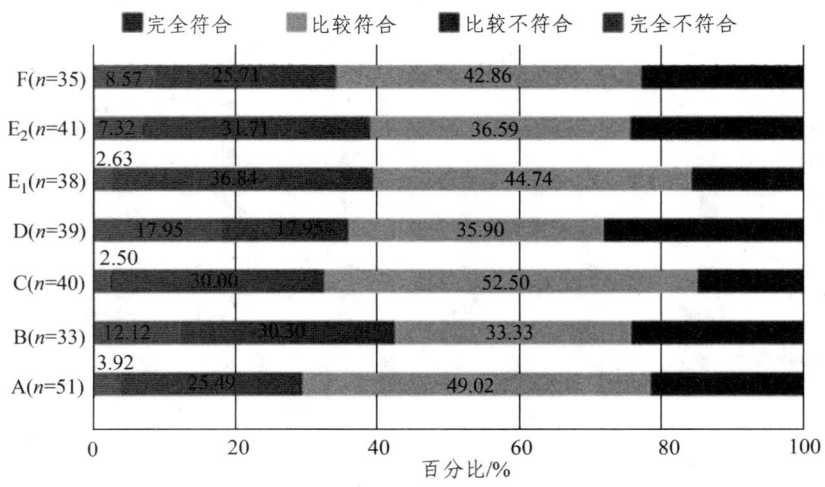

图 2.3.186　不同院校学生对"实习实训期间,我有机会与很多不同的人打交道"的回答

(4)实习实训要求与学生能力的吻合度。

在实习实训岗位与专业对口性方面,B、E_2 和 F 校学生的认同度相对较高,都有超过 90% 的学生选择"多"或"非常多",如图 2.3.187 所示。

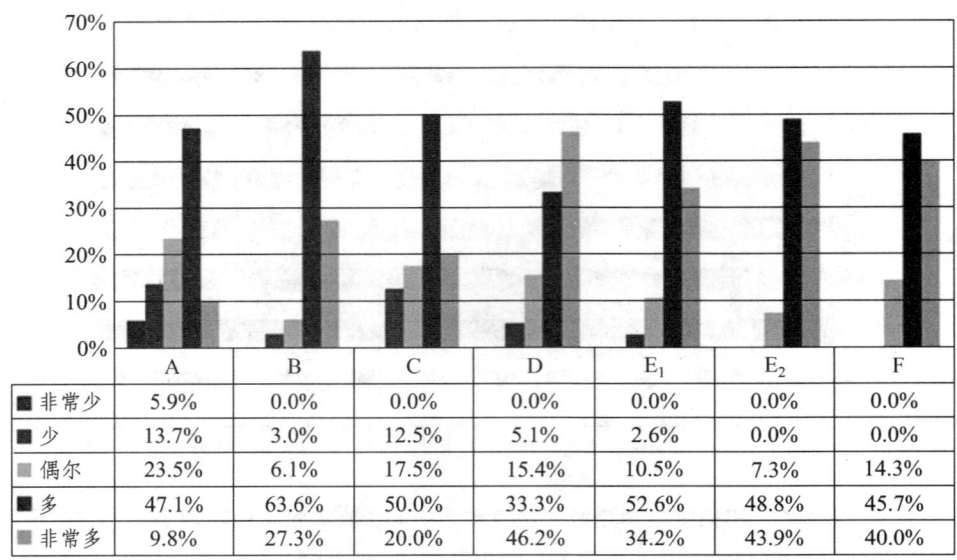

图 2.3.187　不同院校学生对"实习实训岗位与我所学的专业对口"的回答

从学生感受到的任务难度看,F 校学生较多感受到工作任务对自己是个挑战,选择"多"或"非常多"的比例超过了 70%,如图 2.3.188 所示。

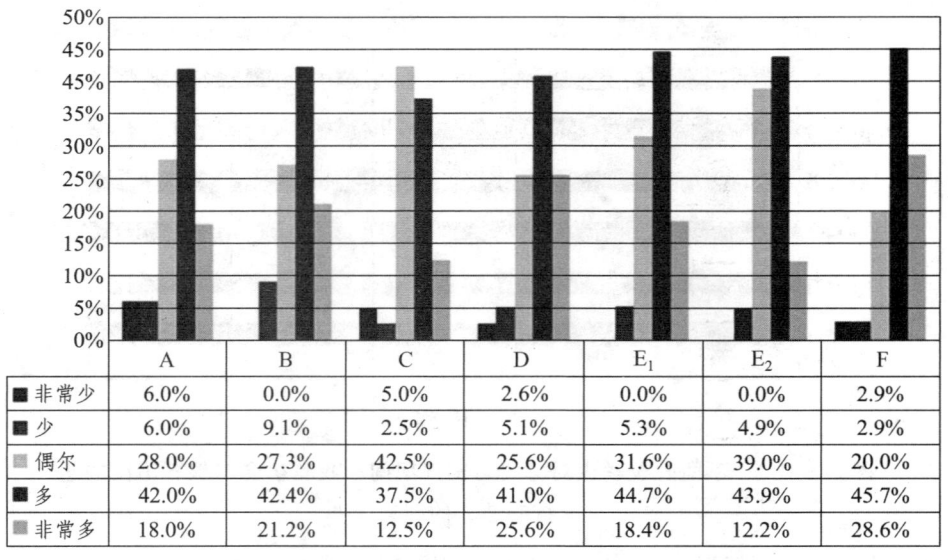

图 2.3.188　不同院校学生对"我接受的工作任务对我而言是个挑战"的回答

在工作任务与专业技能的吻合度方面,各校均有约 70% 以上学生表示

"多"或"非常多"吻合。D、E_2 和 F 校学生更多认为能在实习实训期间展示出所学的东西，选择"多"或"非常多"的比例接近 80%，如图 2.3.189、图 2.3.190 所示。

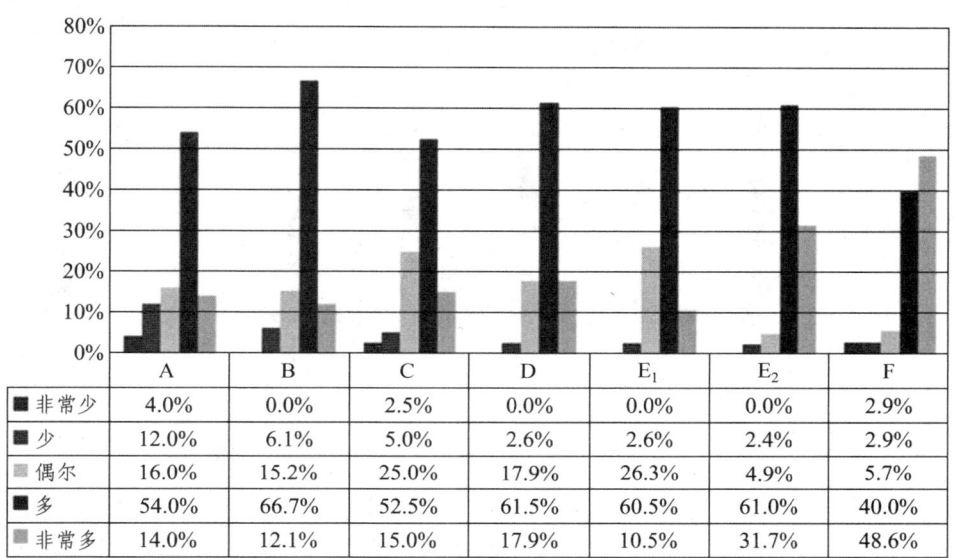

图 2.3.189　不同院校学生对"我的专业技能与接受的工作任务相适应"的回答

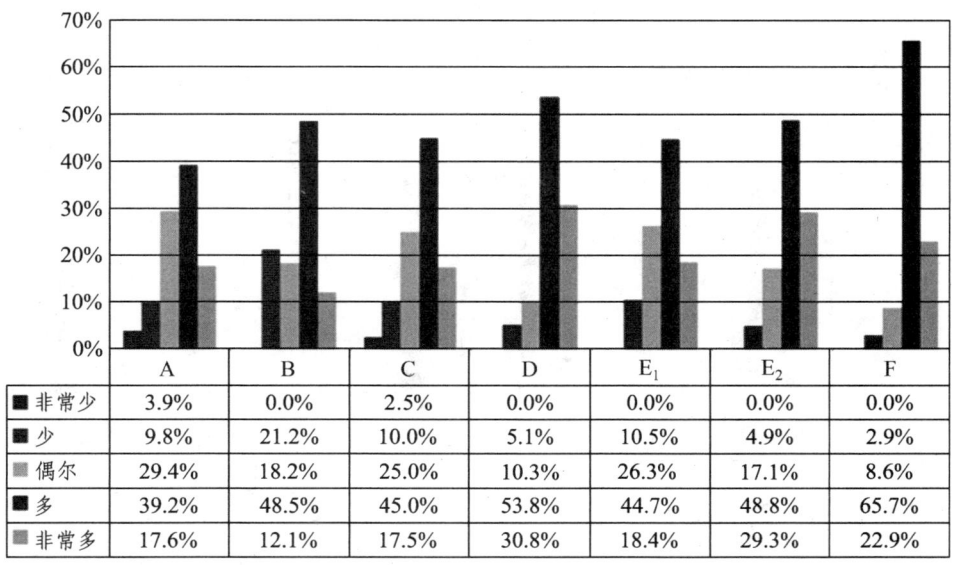

图 2.3.190　不同院校学生对"实习实训期间，我能展示出所学的东西"的回答

（5）实习实训任务的复杂性

工作任务内容之间联系的复杂性方面，D 校和 F 校约 65% 学生认为联系复杂。而这一比例在 B 校仅为 45.2%，如图 2.3.191 所示。

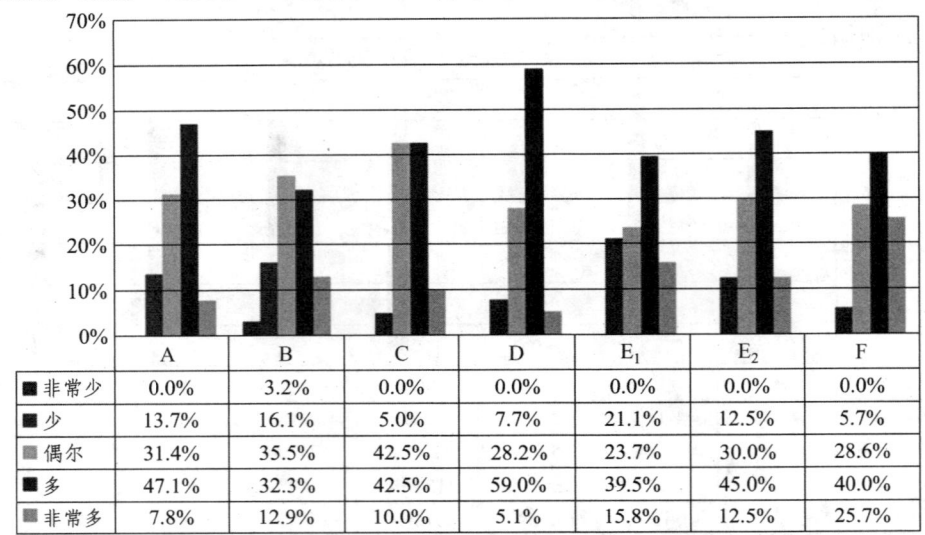

	A	B	C	D	E_1	E_2	F
■ 非常少	0.0%	3.2%	0.0%	0.0%	0.0%	0.0%	0.0%
■ 少	13.7%	16.1%	5.0%	7.7%	21.1%	12.5%	5.7%
■ 偶尔	31.4%	35.5%	42.5%	28.2%	23.7%	30.0%	28.6%
■ 多	47.1%	32.3%	42.5%	59.0%	39.5%	45.0%	40.0%
■ 非常多	7.8%	12.9%	10.0%	5.1%	15.8%	12.5%	25.7%

图 2.3.191　不同校院学生对"工作任务的内容之间的联系很复杂"的回答

F 校有超过 80% 的学生能认识到"任务完成的结果应当有助于实现不同的目标"，B 校的这一比例略低，C、E_2 和 F 校学生能比较多地意识到必须准确确定工作的目标，如图 2.3.192、图 2.3.193 所示。

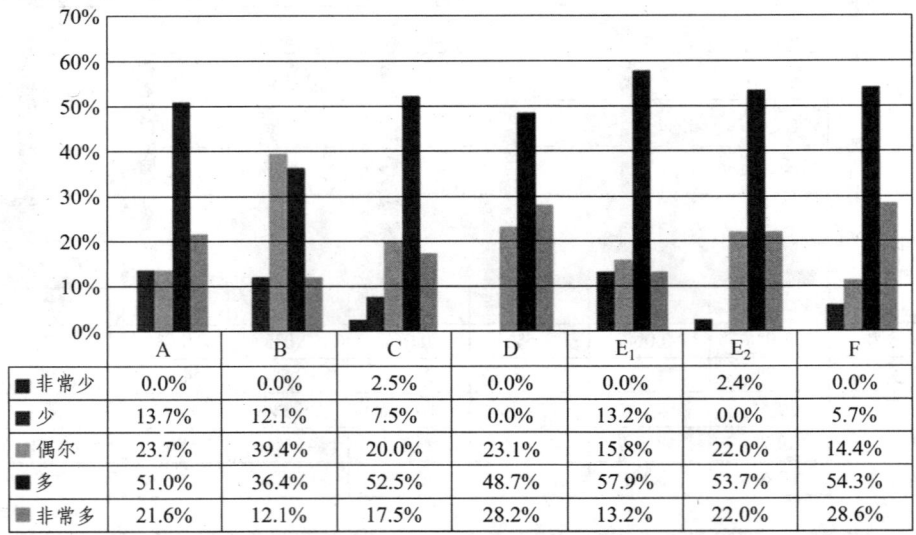

	A	B	C	D	E_1	E_2	F
■ 非常少	0.0%	0.0%	2.5%	0.0%	0.0%	2.4%	0.0%
■ 少	13.7%	12.1%	7.5%	0.0%	13.2%	0.0%	5.7%
■ 偶尔	23.7%	39.4%	20.0%	23.1%	15.8%	22.0%	14.4%
■ 多	51.0%	36.4%	52.5%	48.7%	57.9%	53.7%	54.3%
■ 非常多	21.6%	12.1%	17.5%	28.2%	13.2%	22.0%	28.6%

图 2.3.192　不同院校学生对"任务完成的结果应当有助于实现不同的目标"的回答

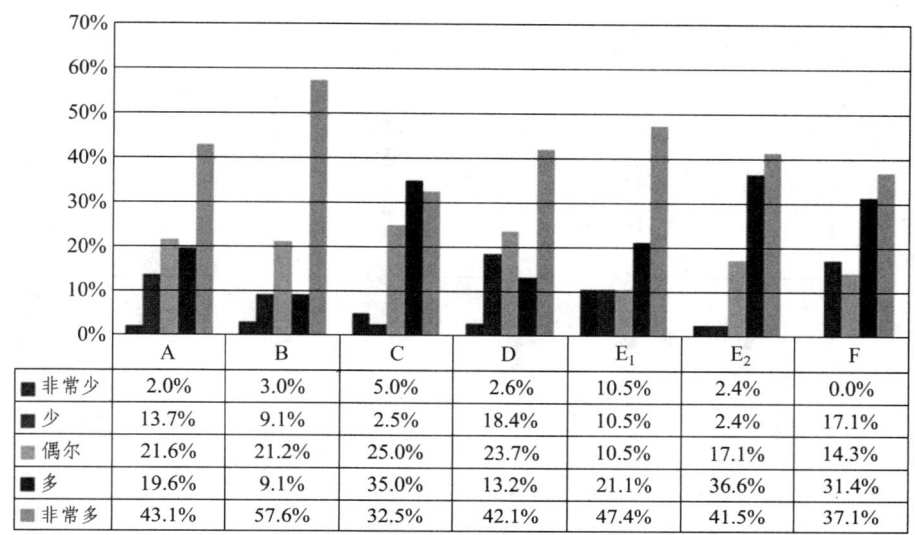

图 2.3.193　不同院校学生对"在完成任务过程中，我必须准确确定目标"的回答

针对任务的复杂性，从图 2.3.194～图 2.3.198 中可以看出，完成复杂任务需要综合考虑各方的需求，平衡各方关系，考虑多种因素，要搜集处理各种相关重要信息和应对多种变化。各校 55%以上学生能经常考虑以上各方面，其中 F 校在各个方面都做得较好；E_2 校在综合考虑各方的需求和平衡各方的关系方面做得较好；E_1 校在搜集并处理很多与工作相关的重要信息和应对很多变化方面做得较好；D 校在平衡各方的关系方面做得较好。

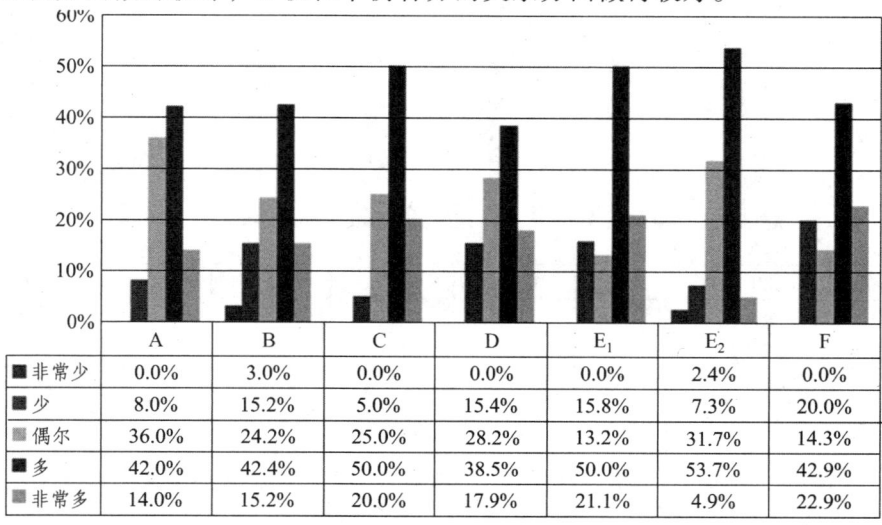

图 2.3.194　不同高职院校学生对"我必须搜集并处理很多与工作相关的重要信息"的回答

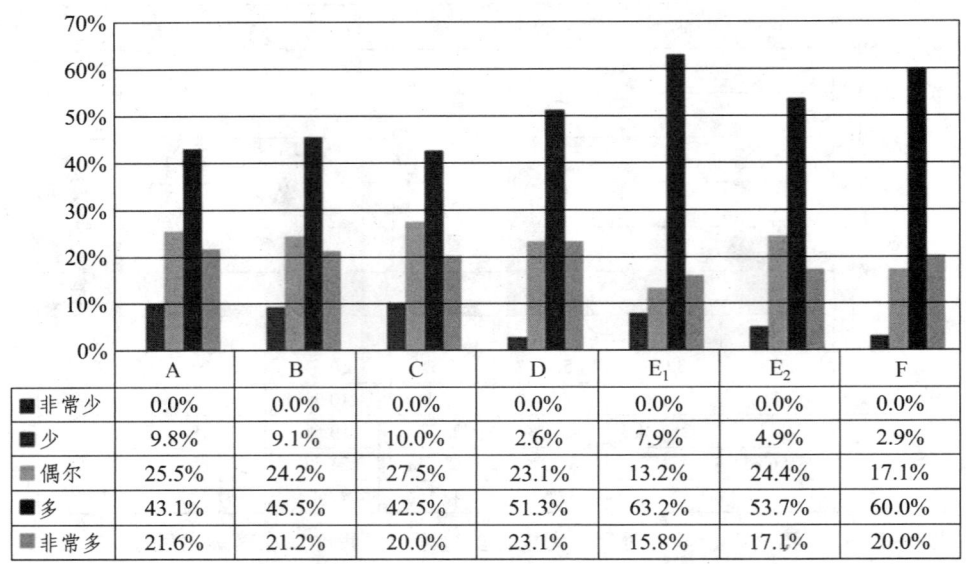

图 2.3.195　不同院校学生对"做工作期间，我必须应对很多变化"的回答

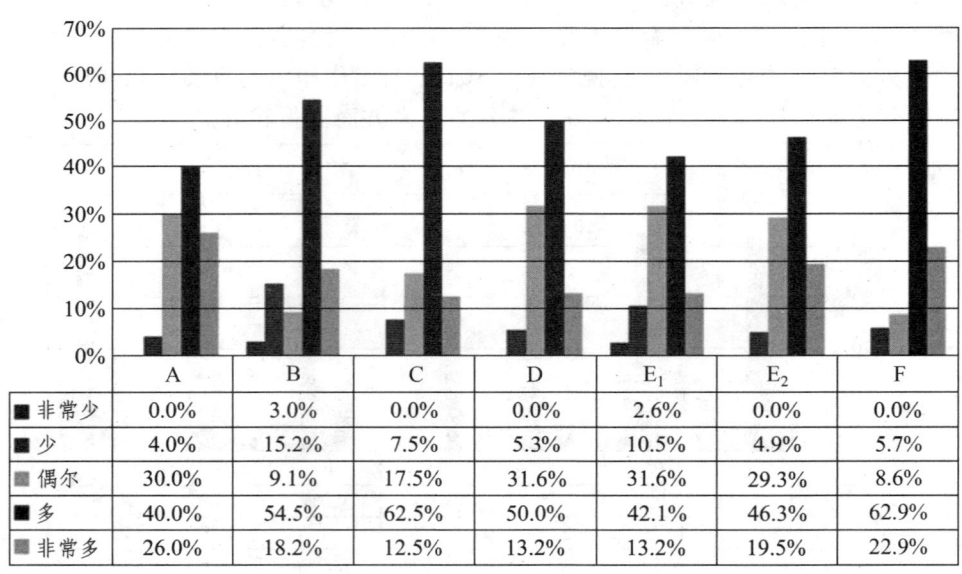

图 2.3.296　不同院校学生对"在完成任务过程中，我必须考虑工作任务受多种因素影响"的回答

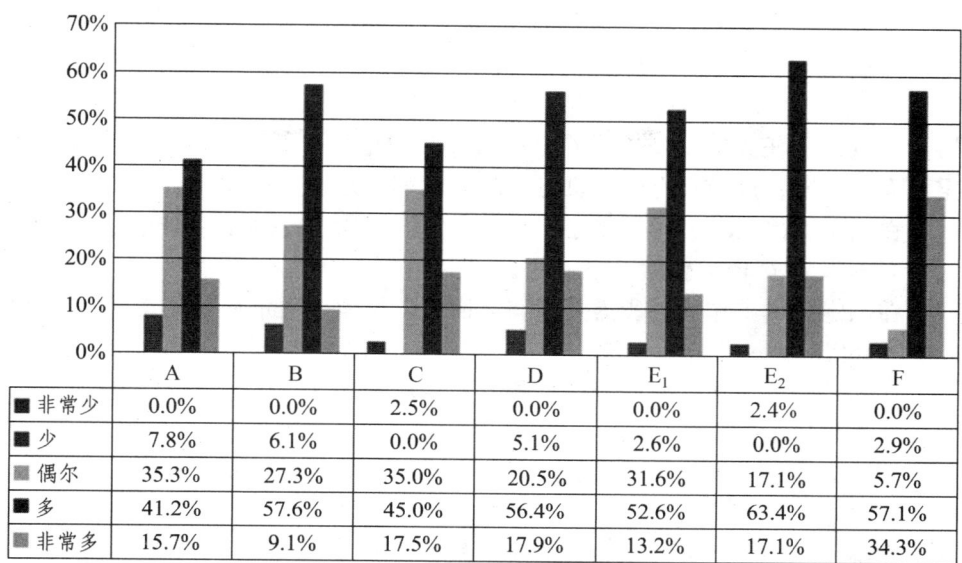

图 2.3.197 不同院校学生对"在完成任务时，我必须综合考虑各方的需求"的回答

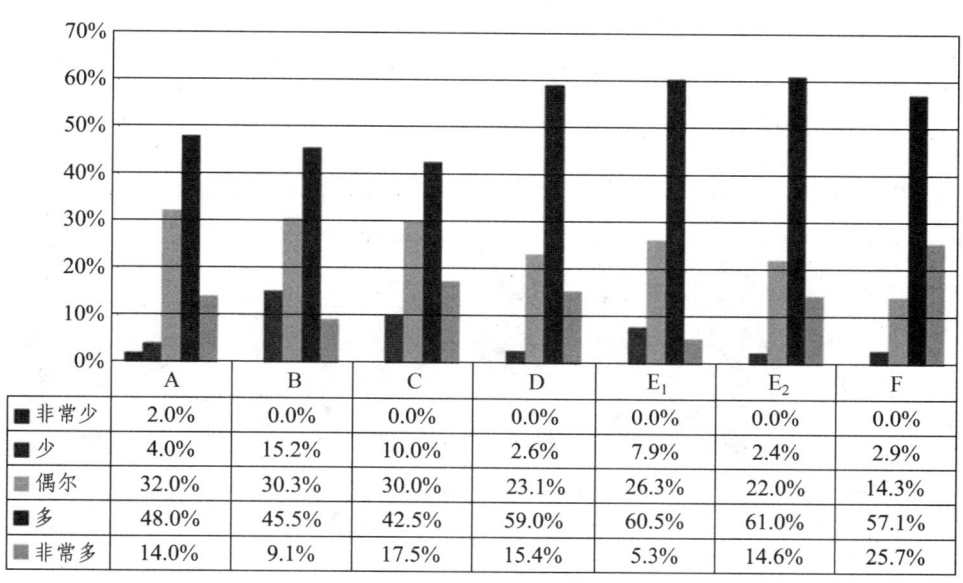

图 2.3.198 不同院校学生对"在完成任务时，我必须平衡各方的关系"的回答

（6）学生完成任务的决定权。

在实习实训期间，学生能在一定程度上对完成任务的过程做出决策，但各院校学生在不同方面的决定权有较大差异，如图 2.3.199～图 2.3.209 所示。

在选择工作任务方面，各个学校学生的决定权大致相同，选择有较大决定权（选项 4 和 5）的学生比例在 50% 左右。

在确定工作任务目标、确定完成工作需要的信息、原材料的性能和规格、协调完成工作任务进度安排和确定完成任务的途径方面，各个学校学生的决定权大致相同，选择具有较大决定权的比例都接近或超过 60%。

在确定如何展示工作过程与工作成果方面，E_1、E_2 和 F 校学生决定权较大，而 B 校和 C 校学生相对小一些。

在确定完成工作任务所需要时间方面，C 校学生决定权较大，而 A 校和 F 校学生相对小一些。

在确定完成工作任务的合作伙伴方面，E_2 校和 F 校学生决定权较大，而 A 校学生相对小一些。

确定完成任务的具体方法和步骤方面，E 校决定权较大，而 A 校和 C 校学生相对小一些。

在确定所需经费方面，各校的决定权整体较低，但 D 校相对大一些。

在确定完成任务的途径方面，交通学生的决定权较大。

在确定完成工作要遵循的规则、规章制度和协议方面，B 校和 E_2 校学生决定权较大，而 A 校学生相对小一些。

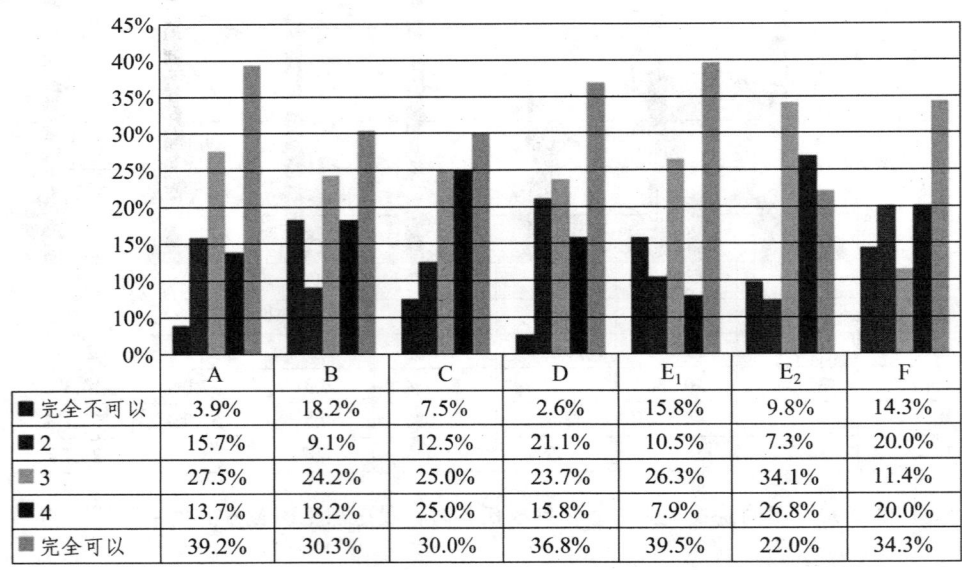

图 2.3.199　不同院校学生对"选择工作任务"的回答

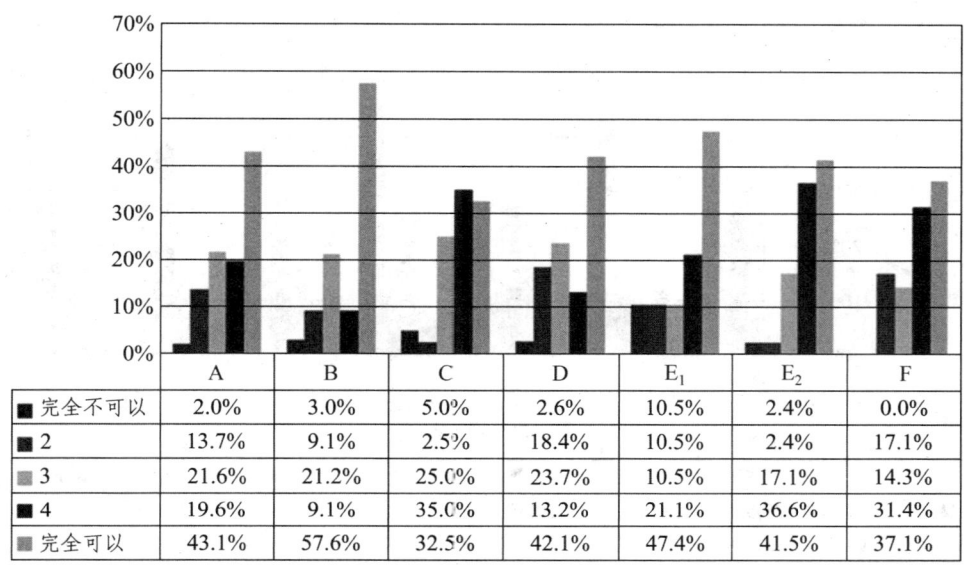

图 2.3.200 不同院校学生对"确定工作任务目标"的回答

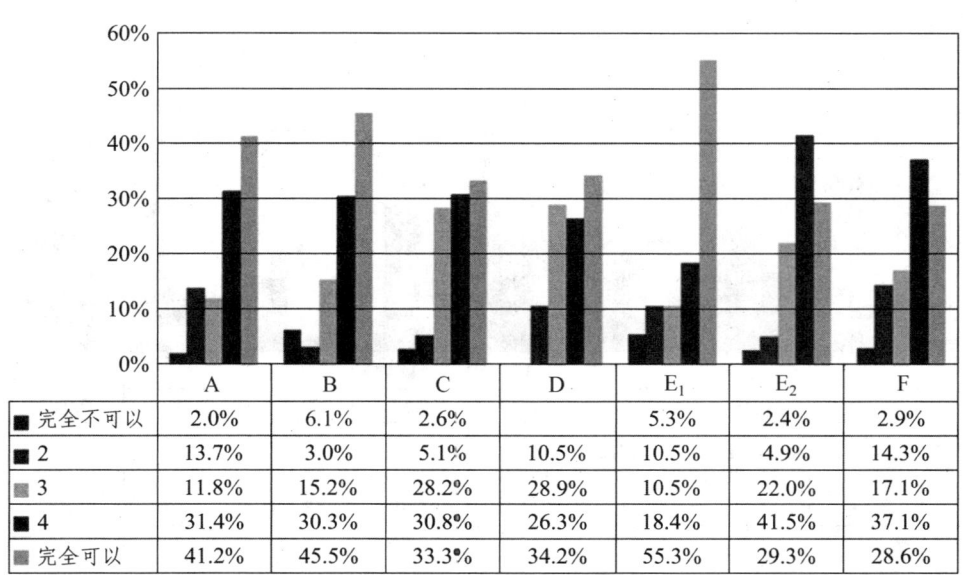

图 2.3.201 不同院校学生对"协调完成工作任务的进度安排"的回答

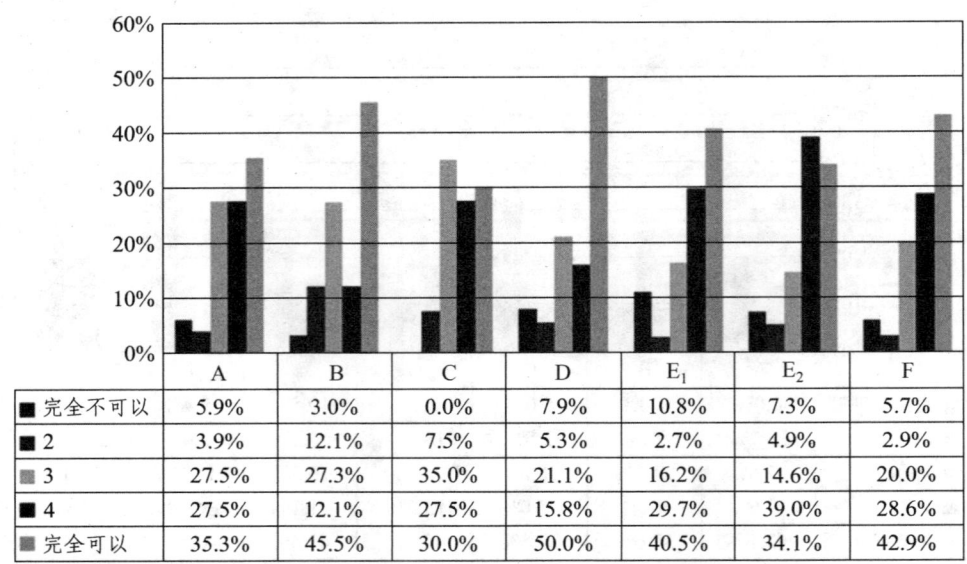

图 2.3.202 不同院校学生对"确定如何展示工作过程与工作成果"的回答

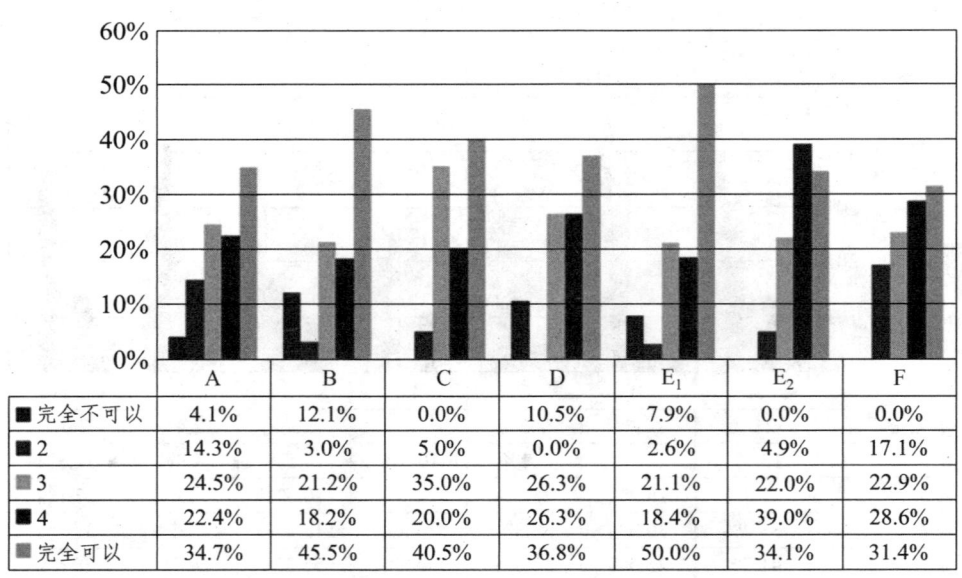

图 2.3.203 不同院校学生对"确定完成工作需要的信息、原材料的性能和规格"的回答

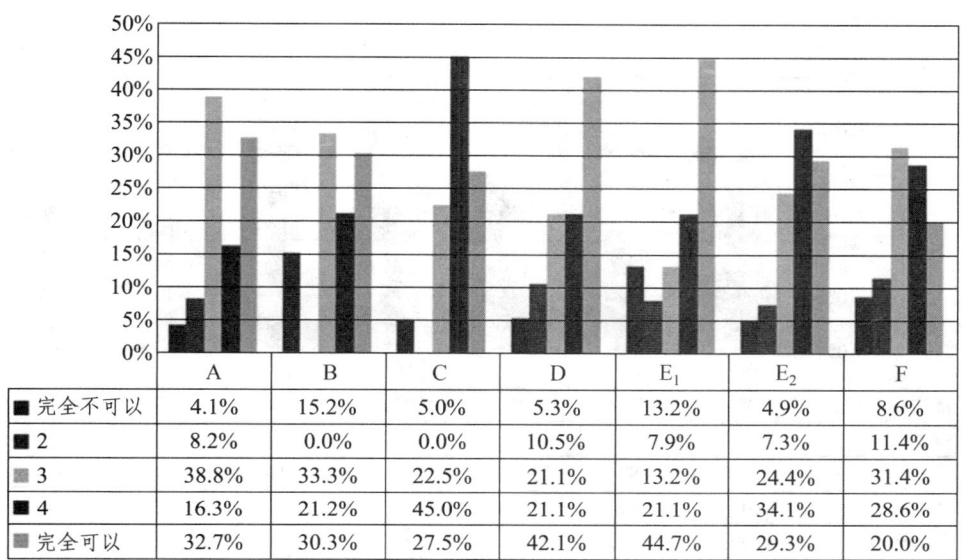

图 2.3.204　不同院校学生对"确定完成工作任务所需要的时间"的回答

	A	B	C	D	E₁	E₂	F
■ 完全不可以	4.1%	15.2%	5.0%	5.3%	13.2%	4.9%	8.6%
■ 2	8.2%	0.0%	0.0%	10.5%	7.9%	7.3%	11.4%
■ 3	38.8%	33.3%	22.5%	21.1%	13.2%	24.4%	31.4%
■ 4	16.3%	21.2%	45.0%	21.1%	21.1%	34.1%	28.6%
■ 完全可以	32.7%	30.3%	27.5%	42.1%	44.7%	29.3%	20.0%

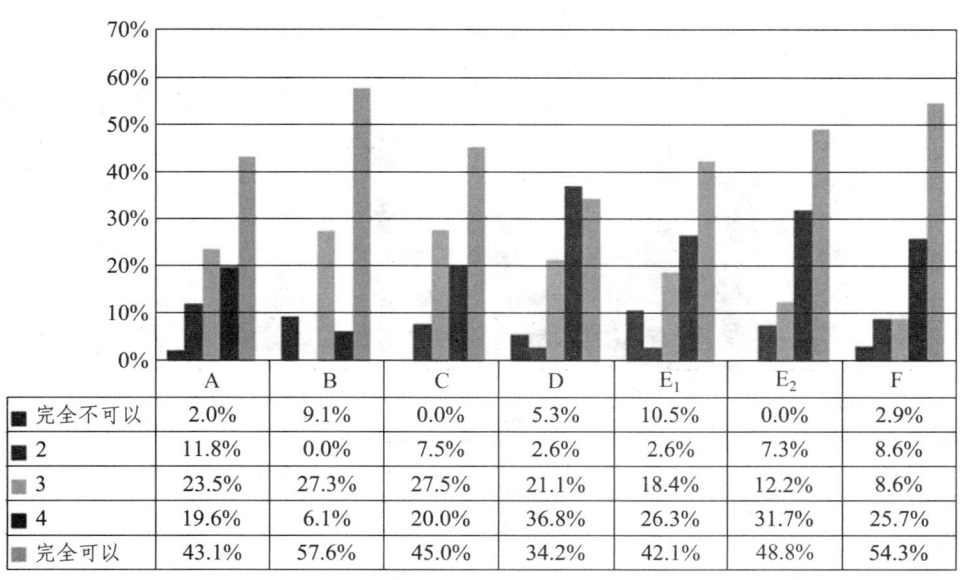

	A	B	C	D	E₁	E₂	F
■ 完全不可以	2.0%	9.1%	0.0%	5.3%	10.5%	0.0%	2.9%
■ 2	11.8%	0.0%	7.5%	2.6%	2.6%	7.3%	8.6%
■ 3	23.5%	27.3%	27.5%	21.1%	18.4%	12.2%	8.6%
■ 4	19.6%	6.1%	20.0%	36.8%	26.3%	31.7%	25.7%
■ 完全可以	43.1%	57.6%	45.0%	34.2%	42.1%	48.8%	54.3%

图 2.3.205　不同院校学生对"确定完成工作任务的合作伙伴"的回答

第二部分　实证研究

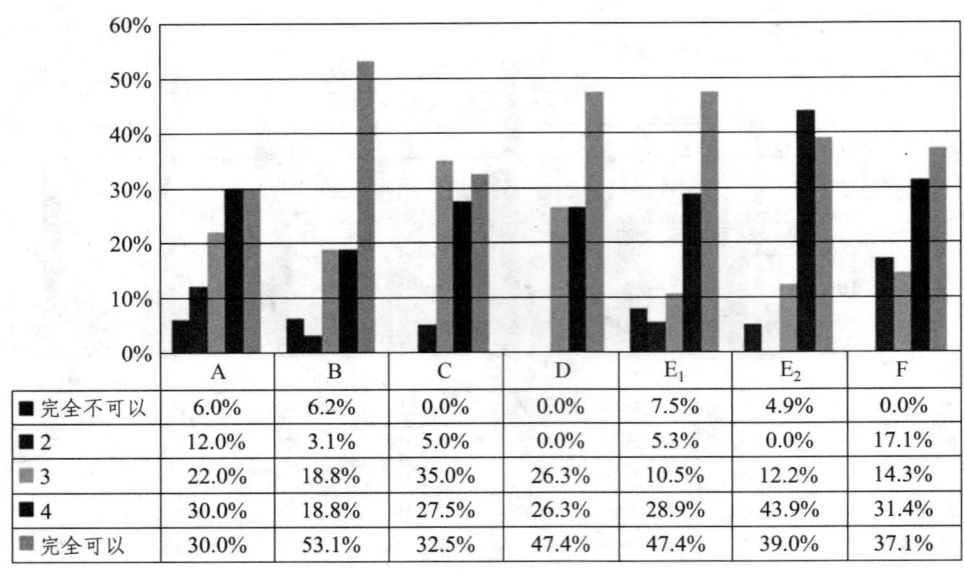

图 2.3.206 不同院校学生对"确定完成任务的具体方法和步骤"的回答

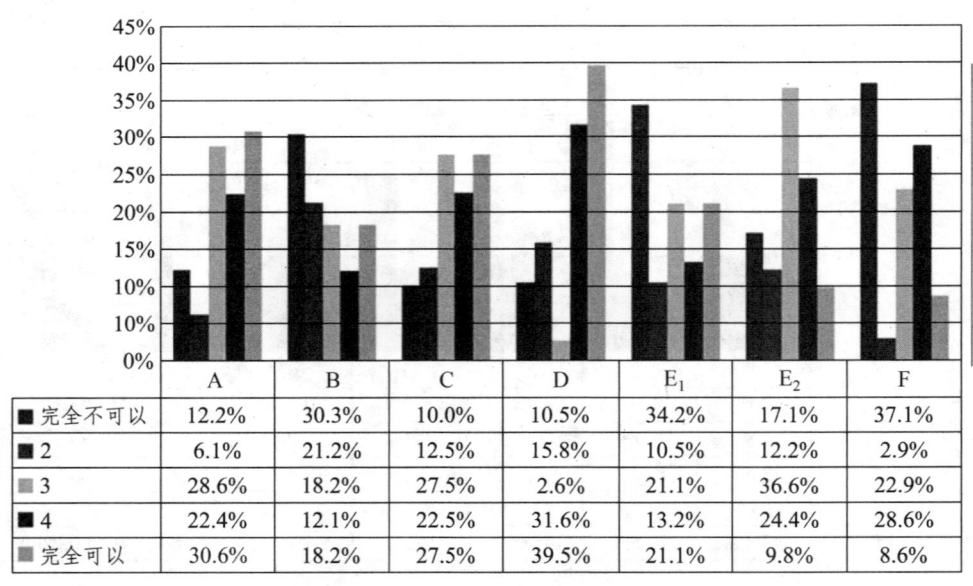

图 2.3.207 不同院校学生对"确定所需经费"的回答

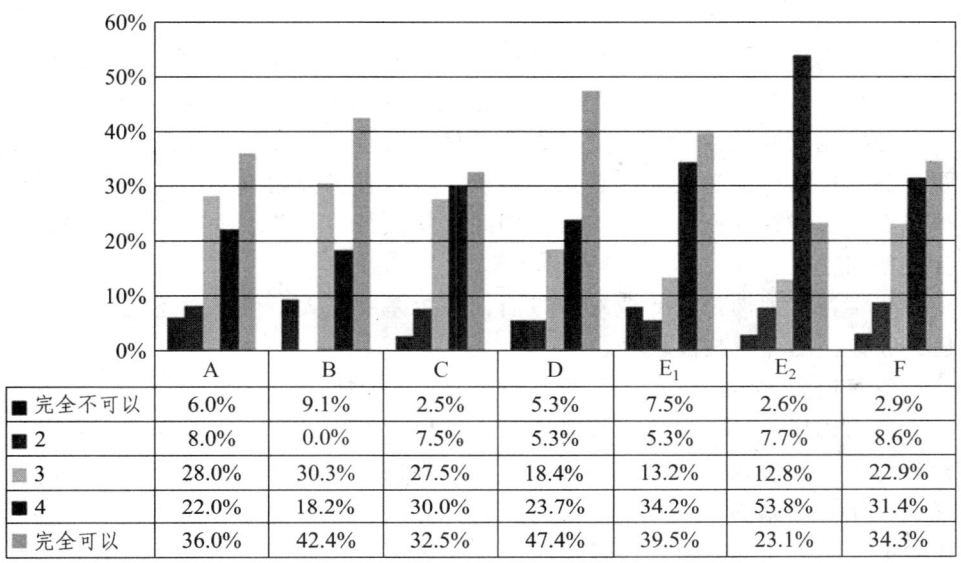

图 2.3.208 不同院校学生对"确定完成任务的途径"的回答

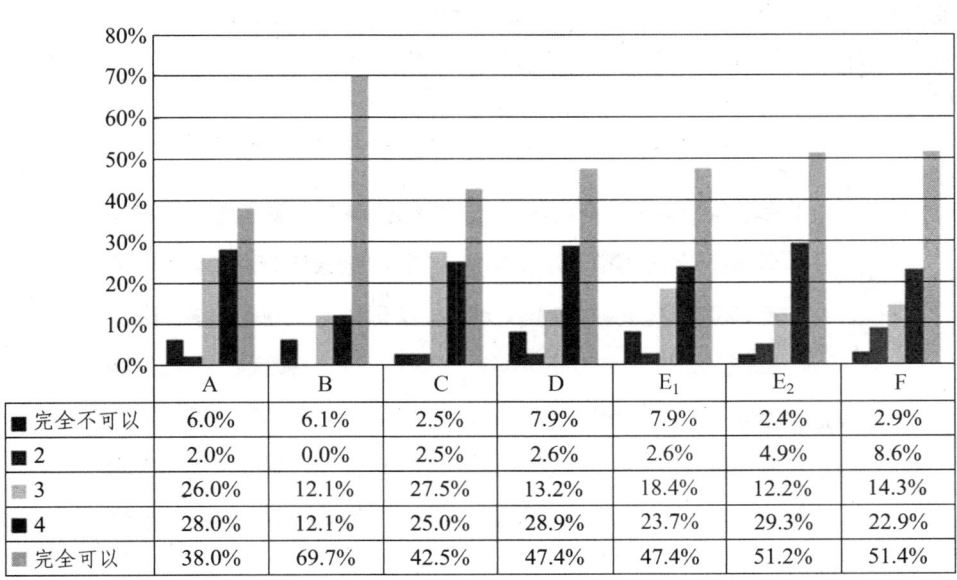

图 2.3.209 不同院校学生对"确定完成工作要遵循的规则、规章制度和协议"的回答

（7）小结。

各校的实习实训指导人员以学校教师为主，个别院校安排了较多的企业兼职教师，部分院校安排了高年级学生，从多方面向学生提供具体指导。

各校能较好地帮助学生了解工作的目的和意义。在工作任务的丰富性方面，各院校学生的感受差别较大；各校学生均有机会做不同工作，并用到多种知识和技能；在回答"实习实训期间，我执行的任务很少有变化"方面，各校差别较大。

在实习实训岗位与专业对口方面，各校差别较大，但学生还是认同工作任务和他们的专业技能较吻合。

各院校为学生提供的工作任务的复杂性不一样。

在完成任务过程的决定权方面，各院校学生均可在一定程度上对完成任务的过程做出决策，但在各具体方面上，各校差异较大。相对来说，在确定完成工作要遵循的规则、规章制度和协议方面，各校学生的决定权均较高；在确定所需经费方面，各校决定权相对较低。

2）关于教师

参评各院校学生总体上对教师满意。除 C 校和 E_1 校外，各校有超过 70%的学生认为教师在教学中能部分或充分考虑到学生的兴趣；除 B 校和 C 校外，各校均有超过 70% 的学生认为课堂教学生动有趣，如图 2.3.210、图 2.3.211 所示。

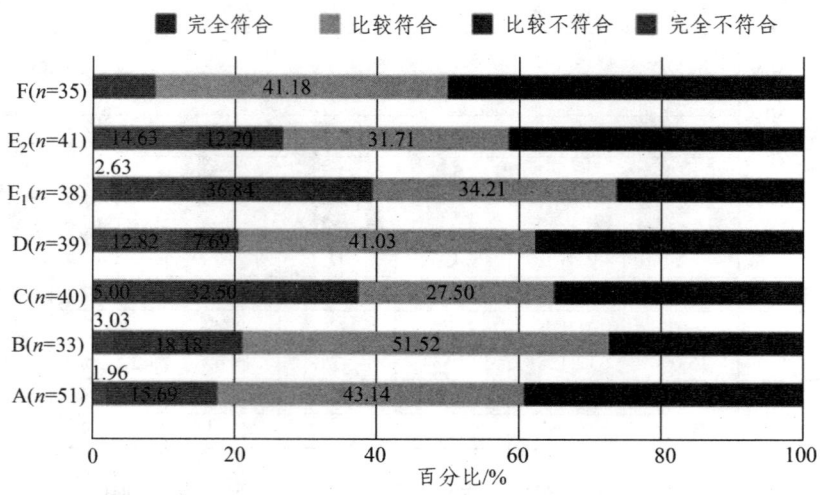

图 2.3.210　不同高职院校学生对"在教学中考虑学生的兴趣"的回答

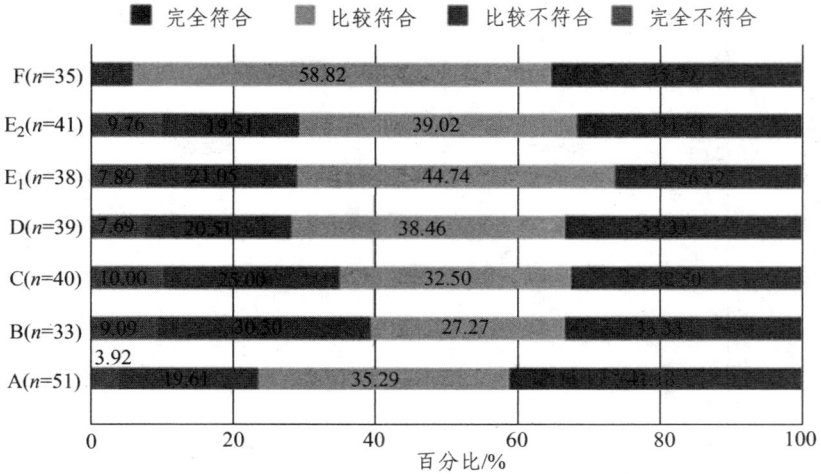

图 2.3.211　不同院校学生对"课堂教学生动有趣"的回答

各校均有 76% 以上的学生认为教师对学生负责，F 校学生认为教师认真负责的比例甚至达到 90% 以上。在教师关心学生这一项上，除 A 校和 B 校外，各校均有 73% 以上学生认为教师关心学生，F 校的这一比例甚至超过 90%。这一情况说明 F 校的教师在工作认真和关心学生上，是做得非常好的，如图 2.3.212、图 2.3.213 所示。

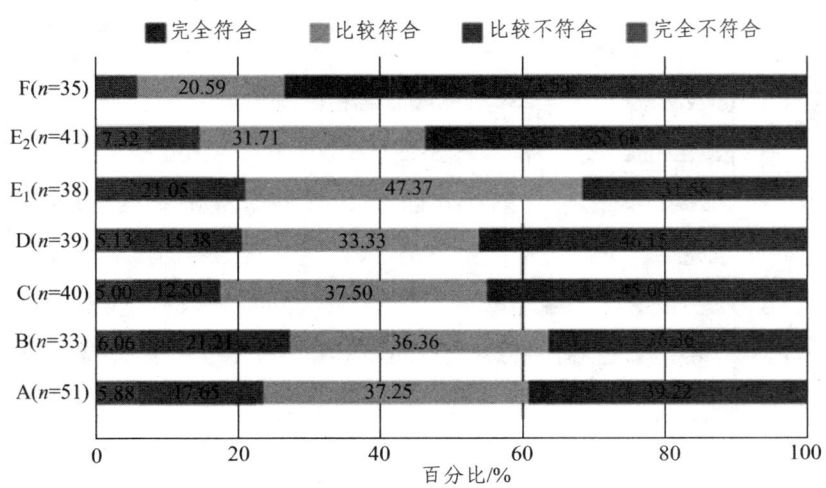

图 2.3.212　不同院校学生对"对学生认真负责"的回答

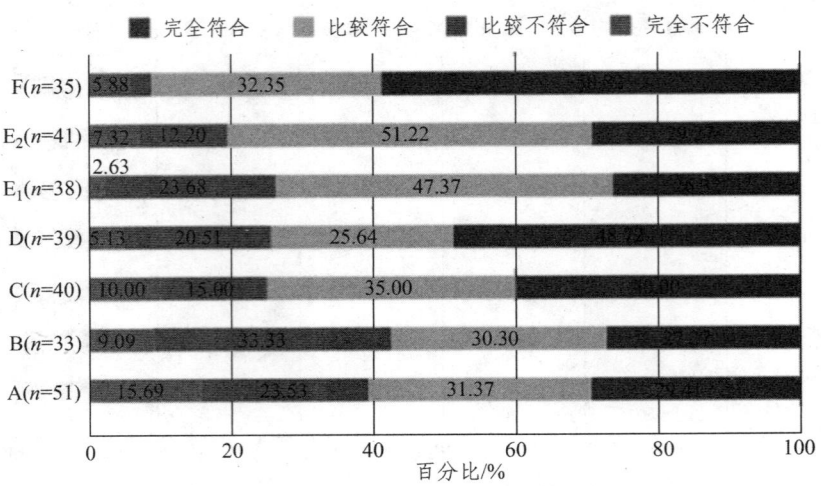

图 2.3.213　不同院校学生对"关心各个学生"的回答

在教师了解企业实际方面，E（E_1、E_2）校和 F 校超过 80% 的学生认为其教师了解或非常了解企业实际情况，而 B 校的这一比例略低。D 校和 E_2 校有超过 84% 的学生认为其教师与企业兼职教师合作，但 B 校的这一比例略低，这方面是 B 校值得改进的地方，如图 2.3.214、图 2.3.215 所示。

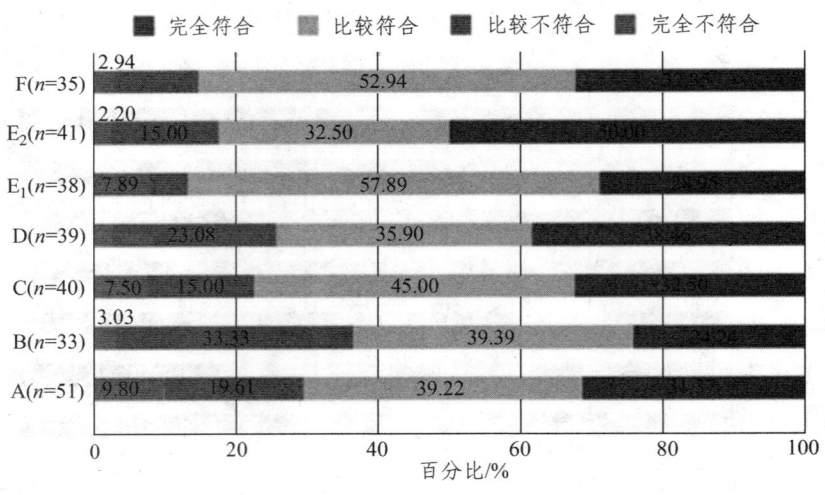

图 2.3.214　不同院校学生对"非常了解企业实际情况"的回答

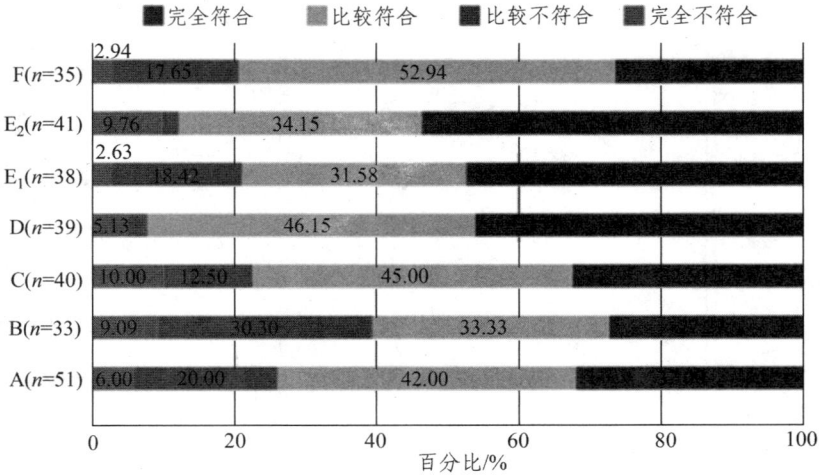

图 2.3.215　不同院校学生对"与企业兼职教师合作"的回答

整体来看,各学院学生对教师课堂教学、对学生负责并关心学生、教师了解企业等方面比较满意,但 B 校的学生总体满意度略低。

3) 校风

在出勤方面各校有一定差异。其中,D 校学生对整天逃学、逃课和迟到现象选择"完全不正确"的比例在各校中均是最高的;B 校学生对学校存在这几种现象选择"部分正确"和"正确"的比例,在 7 所学院中相对较高,需引起学校关注,如图 2.3.216 ~ 图 2.3.218 所示。

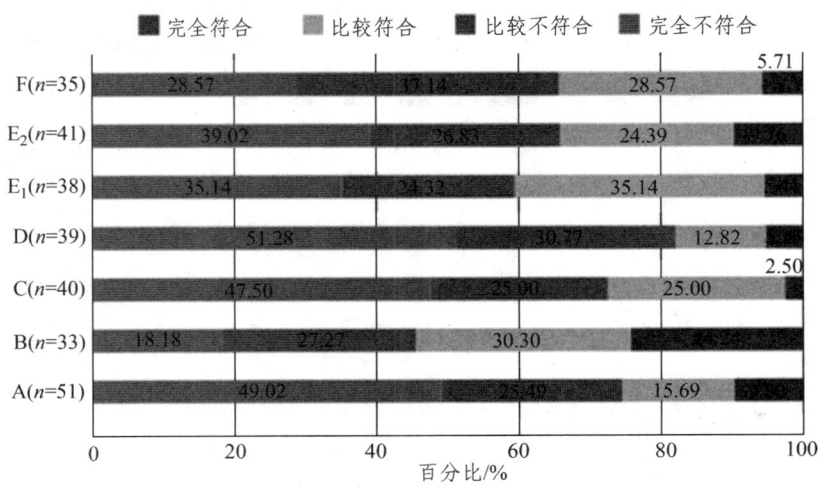

图 2.3.216　不同院校学生对"整天逃学"的回答

第二部分　实证研究

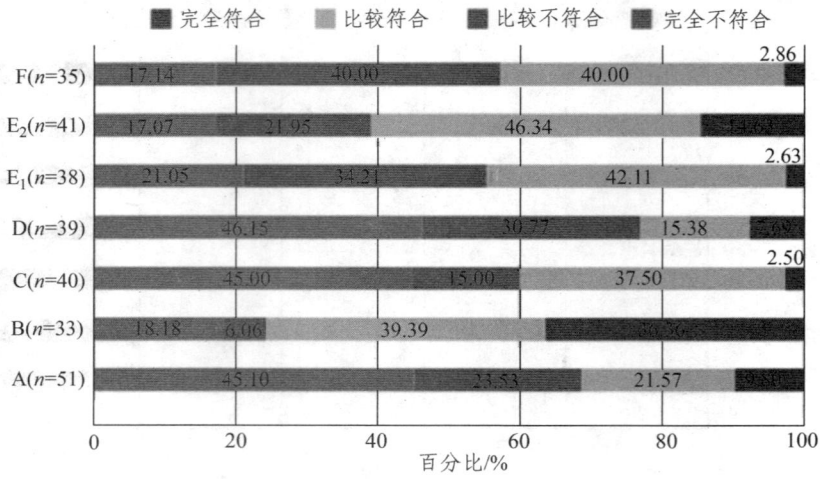

图 2.3.217　不同院校学生对"逃课"的回答

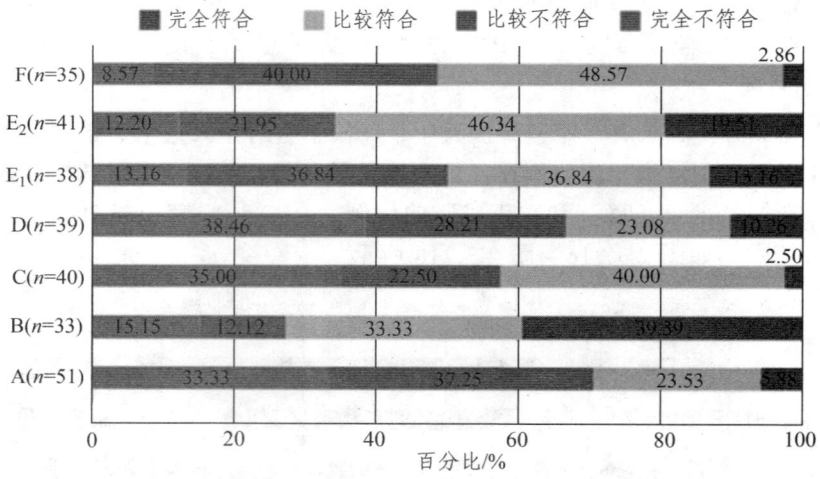

图 2.3.218　不同院校学生对"迟到"的回答

在学生行为方面，除 B 校外，各院校有接近或超过 80% 的学生认为学校中较少存在学生殴打其他同学的情况，这个比例值在 B 校为 51.51%，如图 2.3.219 所示。

在课堂纪律方面，各校学生均认为课堂纪律较好，各校有接近或超过 80% 的学生不认可学校中有同学扰乱课堂教学，且 F 校这一比例超过 97%，如图 2.3.220 所示。

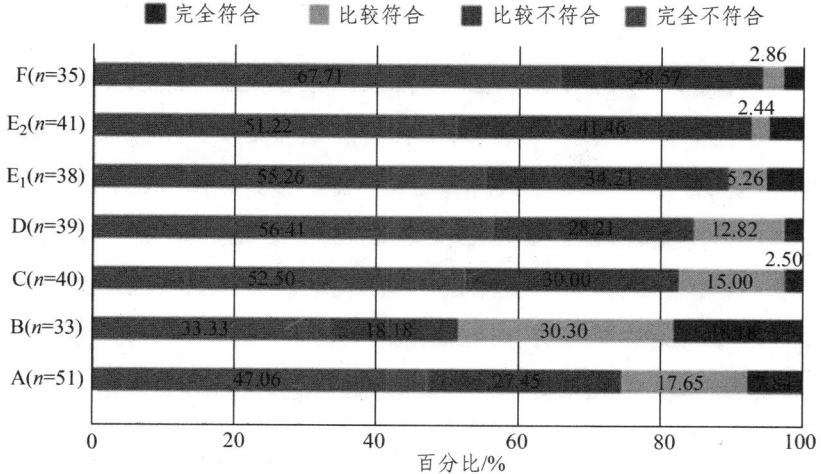

图 2.3.219　不同院校学生对"殴打其他同学"的回答

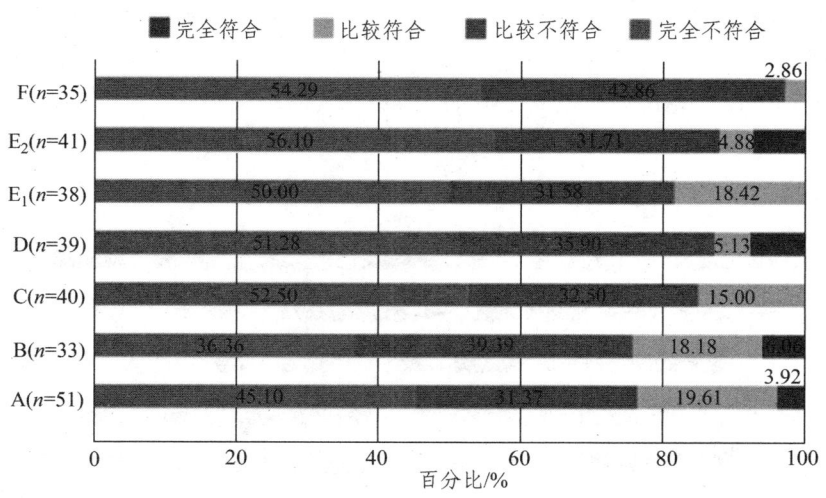

图 2.3.220　不同院校学生对"经常扰乱课堂教学"的回答

在尊重同学方面，各校均有超过 57% 的学生不认可或不太认可学校里有同学不尊重其他同学，C 校的这一比例达到 95%，但 A 校和 B 校的比例相对低一些，如图 2.3.221 所示。

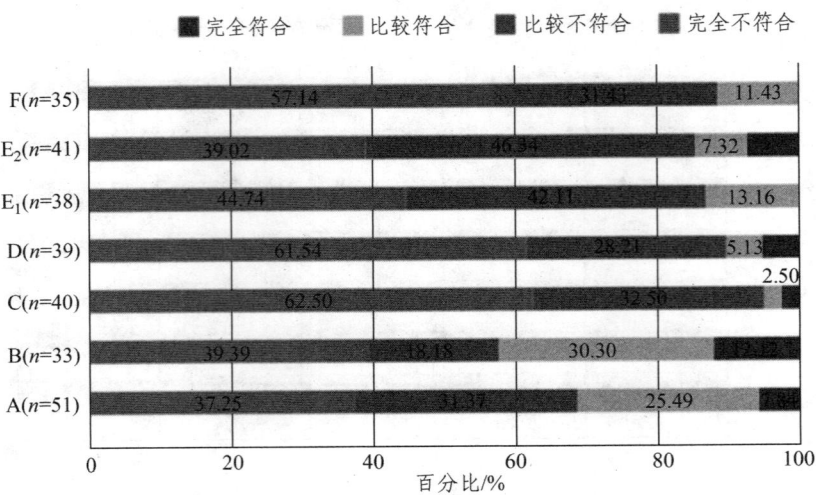

图 2.3.221 不同院校学生对"不尊重其他同学"的回答

在爱护校园环境方面,各校均有接近或超过 60% 的学生表示不太认可或不认可学校有人在墙上乱写乱画,D 校和 F 校的这一比例超过 90%,但 B 校的比例相对低一些。各校均有超过 70% 学生表示不太认可或不认可学校里有人故意破坏设施,且 F 校的这一比例甚至达到 97%,如图 2.3.222、图 2.3.223 所示。

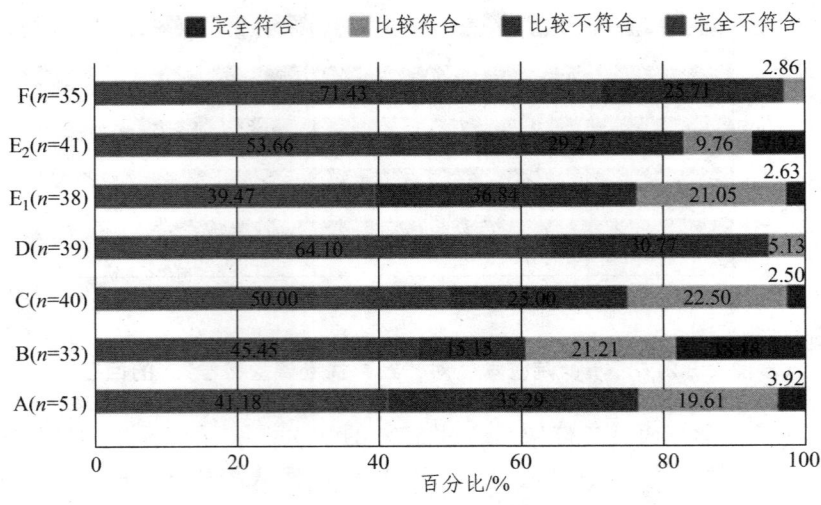

图 2.3.222 不同院校学生对"在墙上乱写乱画"的回答

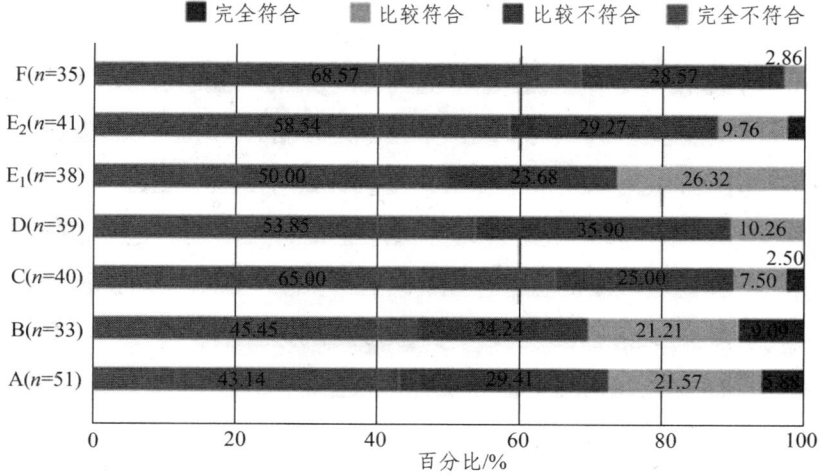

图 2.3.223　不同院校学生对"故意破坏设施"的回答

总的来看，各校在出勤、学生行为、课堂几率、尊重同学和爱护校园环境方面做得较好，但也有个别学校的情况（如 B 校）需引起关注。

5. 学生对学习的总体满意度

1）对整个学习的满意度

如图 2.3.224、图 2.3.225 数据显示，各能力层级学生对学习整体满意和很满意的比例分别是：名义性能力水平 83.6%、功能性能力水平 72.9%、过程性能力水平 69.5%、设计能力水平 64.3%；D 校和 E_2 校有超过 80%的学生表示对学习满意或很满意，但 B 校学生的这一比例刚接近 60%。

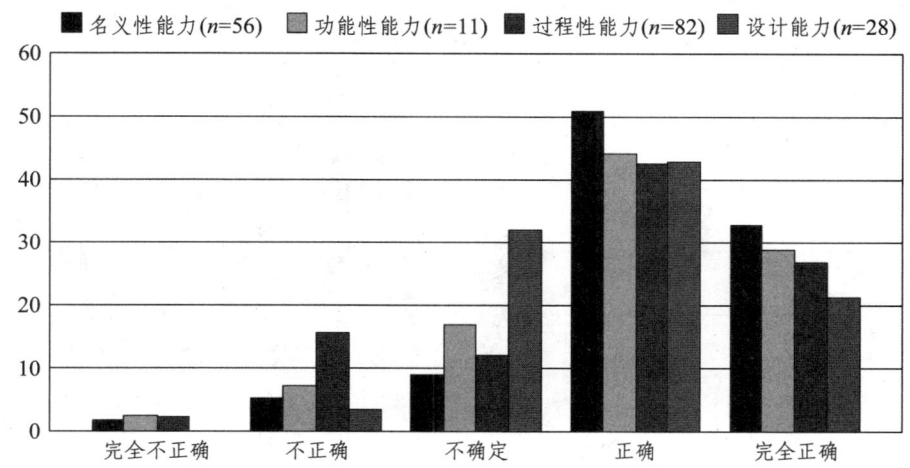

图 2.3.224　不同能力水平学生对"总体说来，我对整个学习很满意"的回答

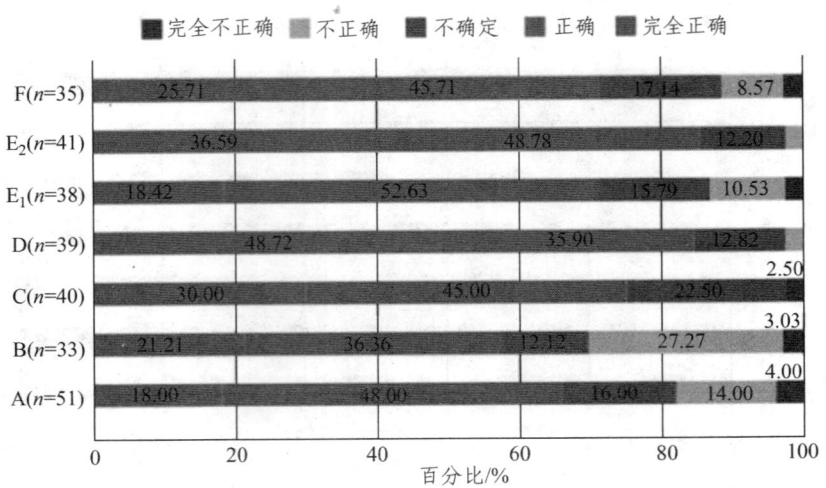

图 2.3.225　各院校学生对"总体说来，我对整个学习很满意"的回答

2）对自己在校表现和成绩的满意度

除设计能力水平学生外，名义性、功能性和过程性能力水平学生对自己在校表现和成绩的满意情况接近，达到 70% 左右，而设计能力水平学生满意比例只有 46.4%，说明设计能力水平学生对自身要求更严格。D 校有超过 84% 的学生表示对自己在校表现和成绩满意，其他学校情况大致相同，选择满意的比例在 60%～70%，如图 2.3.226、图 2.3.227 所示。

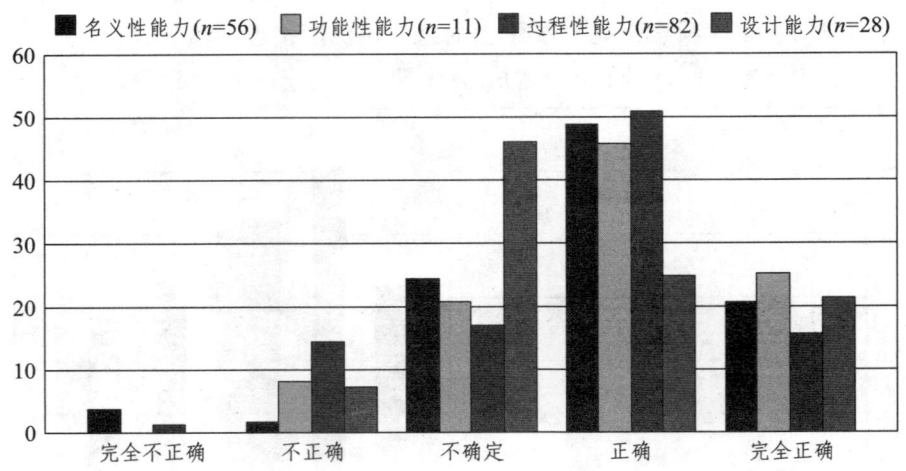

图 2.3.226　不同能力水平学生对"我对自己在学校的表现和成绩很满意"的回答

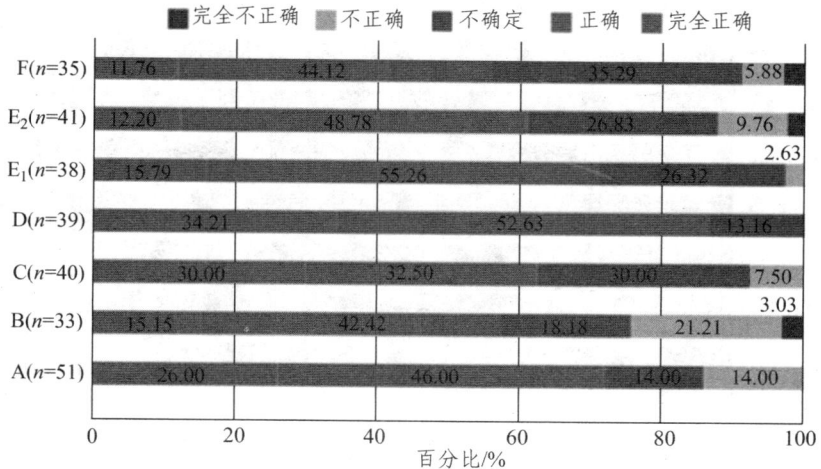

图 2.3.227　各院校学生对"我对自己在学校的表现和成绩很满意"的回答

3）对专业的兴趣

关于现在是否比入学时对专业更感兴趣的问题，从设计能力水平到名义性能力水平学生的认同度依次是：50%、76.8%、76.5%和76.8%。从各院校来看，各校均有超过60%的学生认为现在比入学时对专业更感兴趣，且 E_2 校的这一比例超过90%，如图 2.3.228、图 2.3.229 所示。

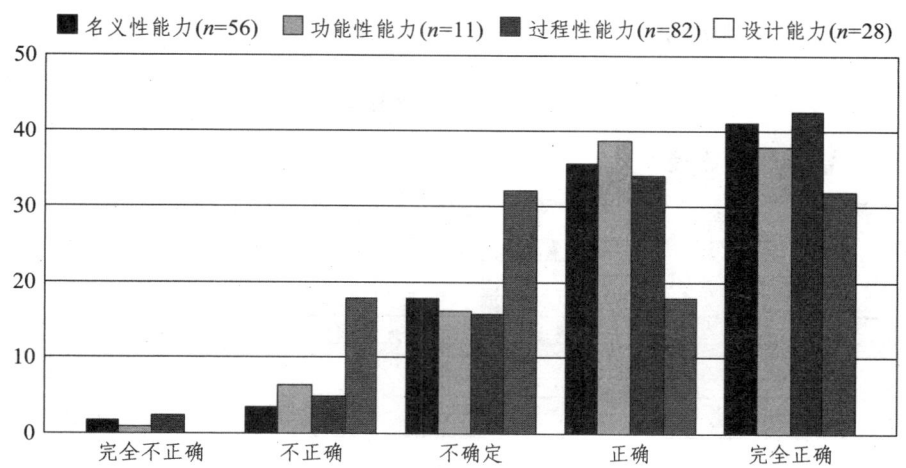

图 2.3.228　不同能力水平学生对"现在，我对所学的专业比入学时更感兴趣了"的回答

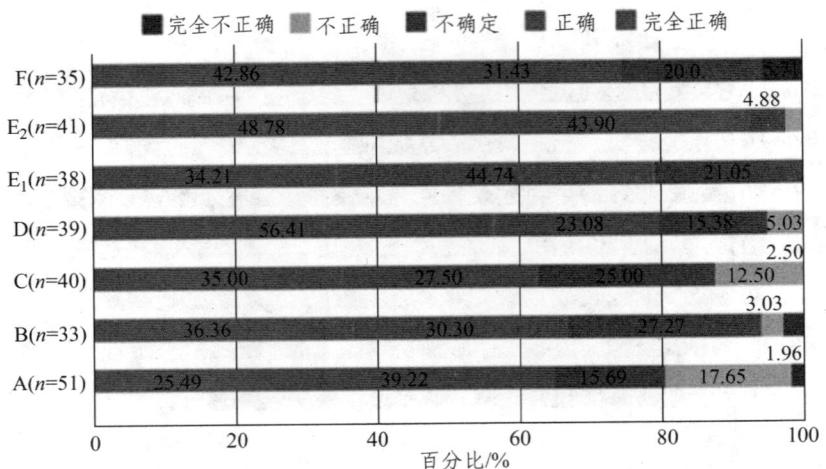

图 2.3.229 不同类型院校学生对"现在,我对所学的专业比入学时更感兴趣了"的回答

总体来看,除设计能力水平学生外,名义性、功能性和过程性能力水平学生对整个学习、在校表现和成绩的满意度,以及对"对所学的专业比入学时更感兴趣"的认同感都接近。具备设计能力水平的学生对自身有更严格的要求。

各校学生在整体满意度、在校表现和成绩满意度,以及对"比入学时更感兴趣"的认同都较高。

四、比较研究

(一) 基于E校试点班与普通班职业能力的对比分析

1. 能力级别比较

参加测评学生职业能力级别水平的总体分布如表2.4.1所示,试点班和普通班学生各能力级别人数和比例对比如图2.4.1、图2.4.2所示。

表 2.4.1 试点班和普通班学生职业能力水平的分布

班级类型		名义性能力	功能性能力	过程性能力	设计能力	总计
试点班	计数	0	1	39	3	43
	所占比例	0.0%	2.3%	90.7%	7.0%	100.0%
普通班	计数	2	47	0	0	49
	所占比例	4.1%	95.9%	0.0%	0.0%	100.0%
总计	计数	2	48	39	3	92
	所占比例	2.2%	52.2%	42.4%	3.3%	100.0%

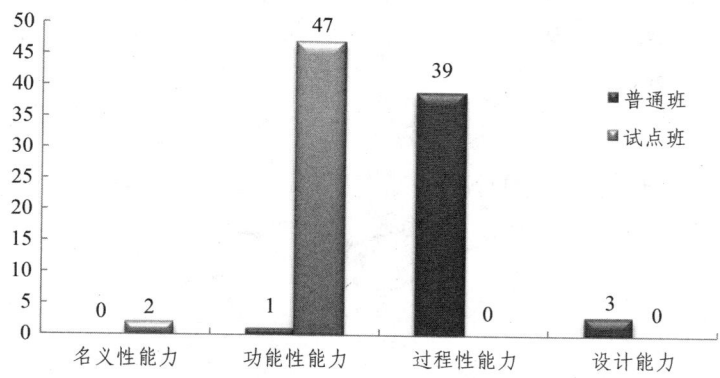

图 2.4.1 试点班和普通班学生各职业能力级别人数对比图

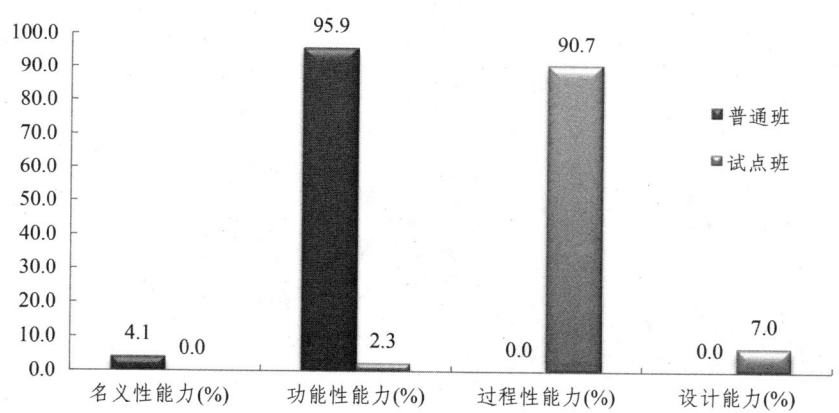

图 2.4.2 试点班和普通班学生各职业能力级别人数比例对比图

参加能力测评的学生共 92 人，由进行工学结合一体化课程改革的试点班 43 人和未进行课改的普通班 49 人组成。可以看出，两个班级学生的能力分布有显著差异，试点班学生以过程性能力为主，有 39 人达到此能力级别，占该班总人数的 90.7% 以及学院参评人数的 42.2%，还有 3 人达到了设计能力水平；而普通班学生以功能性能力为主，有 47 人达到此能力级别，占该班总人数的 95.9%，另有 2 人处于名义性能力，没有人达到过程性能力水平和设计能力水平。

2. 指标得分比较

试点班和普通班的三个能力级别平均分值比较如图 2.4.3 所示，试点班和普通班学生三个能力级别分值分布散点图如图 2.4.4 所示，试点班和普通班能力指标平均分值如图 2.4.5 所示，试点班和普通班能力指标平均分值与总分对比如图 2.4.6、图 2.4.7 所示。

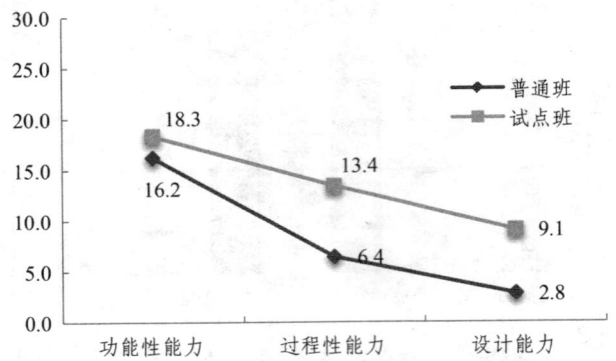

图 2.4.3　试点班和普通班能力级别平均分值折线图

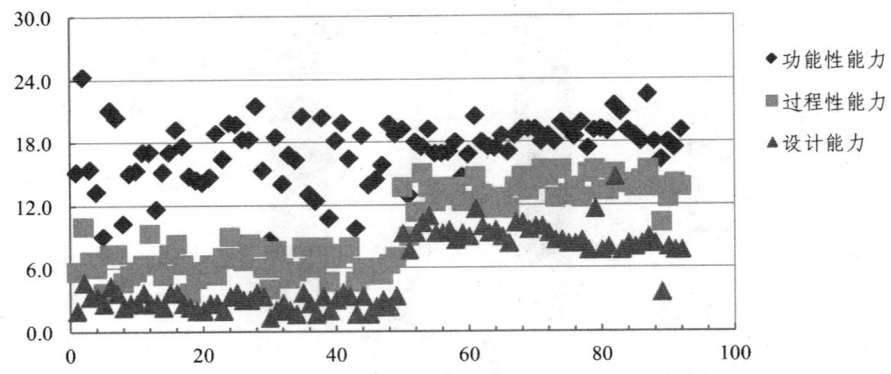

图 2.4.4　试点班和普通班学生能力级别分值分布散点图

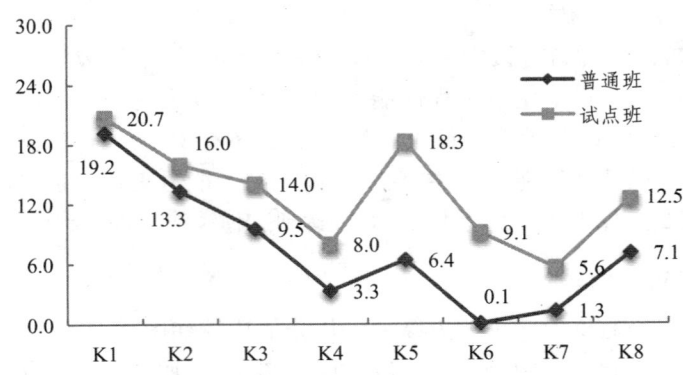

图 2.4.5　试点班和普通班能力指标平均分值折线图

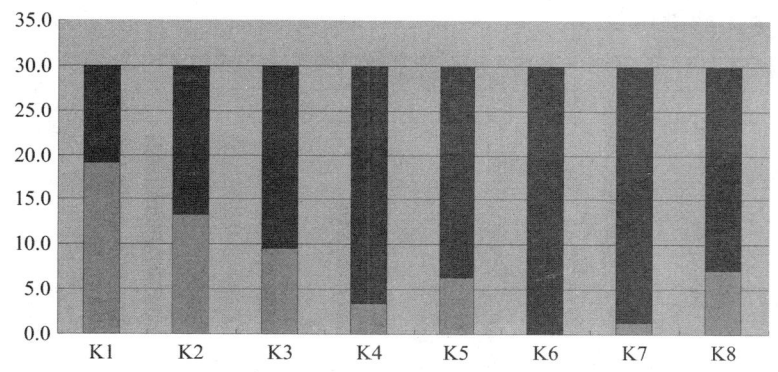

图 2.4.6 普通班能力指标平均分值与总分对比条形图

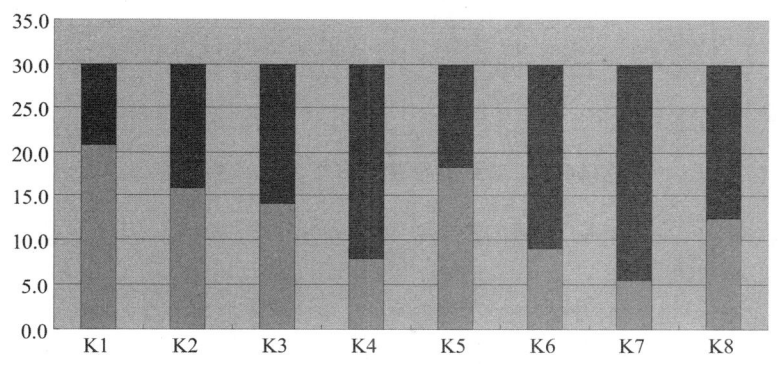

图 2.4.7 试点班能力指标平均分值与总分对比条形图

如图 2.4.3 可见，从班级平均分值上看，试点班和普通班在功能性能力分值只相差 2.1 分，差别不显著，然而过程性能力和设计能力差别显著，分值分别相差 7 分和 6.3 分。从图 2.4.4 也可见，试点班和普通班学生的功能性能力得分大多数分布在 15~20 分，而过程性能力和设计能力的分值分布就呈现出明显差异：试点班的两个分值大多分布在 10~15 分和 8~11 分，普通班的两份分值大多分布在 5~10 分和 0~5 分。图 2.4.5 显示出试点班在 8 个能力指标的平均得分均高于普通班，第 4~8 个能力指标分值的差异尤为明显。这反映了大多数普通班学生仅仅具备提出解决方案、提供技术服务、满足客户基本需求等基础性职业能力，而试点班学生除了具备这种基本的能力外，还能从各方经济利益、企业工作和经验经营流程方面去综合考虑如何在完成技术任务的同时顾及和协调成本、利益、生产流程等矛盾，少数学生甚至从人性化的角度还考虑到了顾客接受度、环保要求，并提出了一些创新性的建议，具备了一定的综合职业能力。

3. 能力轮廓比较

试点班和普通班学生的能力轮廓如图 2.4.8 所示。

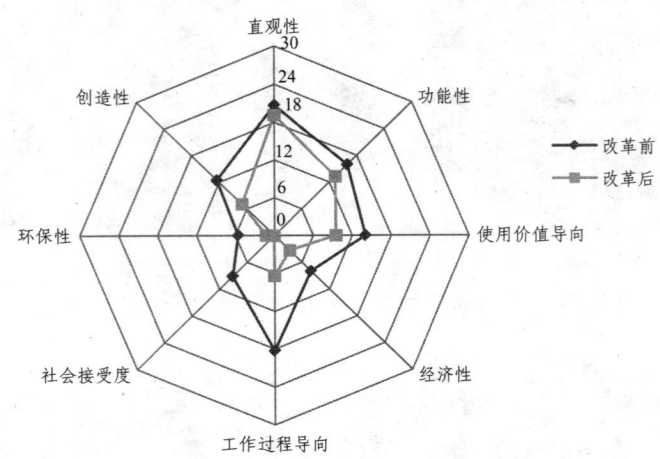

图 2.4.8 试点班和普通班学生的能力轮廓

可以看出，试点班能力轮廓完全将普通班包含其中，说明试点班学生在 K1（直观性和展示性）、K2（功能性）、K3（使用价值导向）、K4（经济性）、K5（企业流程导向）、K6（社会接受度）、K7（环保性）和 K8（创造性）等方面的能力水平总体上均高于普通班学生。具体来讲，普通班学生在 K1（直观性和展示性）、K2（功能性）和 K3（使用价值导向）等方面的能力有一定发展，但更高级的能力则比较欠缺；试点班的情况则明显优于普通班，除了具备较高的功能性能力外，K4（经济性）、K5（企业流程导向）方面的能力也有一定的发展，总体上职业能力发展更为全面和均衡。

4. 职业认同感比较

数据分析发现，改革后的课程提高了学生对所学专业（职业）的认可，在专业认可度方面两班学生有明显差异（$t=2.301$，$p=0.024$）。60%的普通班学生表示，如果有机会，他们会考虑选择学习另一个专业，而试点班的这一比例仅为 35%，见图 2.4.9。这说明，工学结合一体化课程有利于促进学生职业认同感的建立，从而为职业道德的发展奠定基础。

测评结果表明，试点班职业能力普遍优于普通班，学生达到过程性能力水平及以上的比例比普通班高，在过程性能力二级指标"企业生产流程和工作过程导向"、设计能力的二级指标"社会接受度"和"创造性"上也优于普通班,且职业认同感发展也较好,这说明新课程较好地促进了学生的全面能力发展,在一定程度上实现了其"认知发展与价值观形成的统一"的一体化课程目标。但同时,实验班名义能力水平学生比例略高于普通班;且从两班的整体情况来看,达到设计能力的学生比例仍然较低,名义性能力学生占一定比例,学生在环保性、社会接受度和创造性等方面较弱,这些需要引起重视。

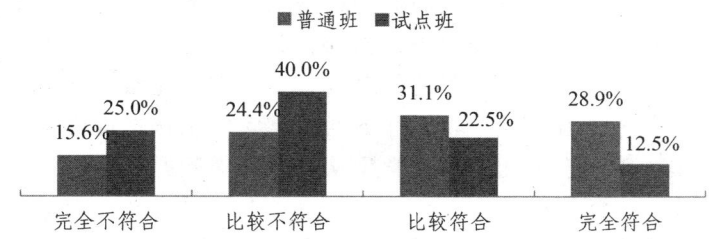

图 2.4.9　两班学生对"如果有其他机会,我想学习另一个专业"的回答情况

5. 影响因素分析

研究发现,不同课程对学生职业能力的发展造成了影响。结合测评中背景情况问卷反映的信息,可以细分为以下几个方面:

1) 实践教学比例

按照新课程模式,实验班加强了实践教学比例,特别是加强了初始阶段(一年级)的实践教学。在一年级($t=2.185, p=0.032$)和二年级($t=2.48, p=0.015$)开设的"与专业有关的实习课"方面,实验班明显多于普通班。超过 3/4 实验班学生认为一年级课有实践性,而普通班仅有 1/2;4/5 的实验班学生认为二年级课程有实践性,普通班只有 1/2。这对我国传统的课程安排,即低年级开设基础课和专业基础课,高年级才接触专业课和实践课的"分段式人才培养模式"提出了质疑。事实上,按照 Dreyfus 的"职业发展的逻辑规律"理论,先理论后实践的分段式教学模式是不科学的。而新课程以"职业活动的工作过程"为逻辑线索,将相关的理论知识贯穿于学习任务中。按照理论与实践结合的模式,既可以避免学生单一、枯燥的纯理论知识学习以提高学生的学习积极性,又有利于理论与实践的相互渗透,学生不仅能在实践中检验理论,反过来理论也能指导实践,从而达到理论和实践的统一。但是,这一被国外多个专业大量实证研究证明的规律始终没有引起我国职教界,特别是教育管理部门的注意。

2) 岗位设置与学习任务安排

不同实训课岗位设置和学习任务安排对能力发展有显著影响,试点班情况优于普通班，见表 2.4.2。在实习实训岗位与专业对口方面（t=2.096，p=0.039），大部分学生都认为实习实训岗位与所学专业对口，试点班学生的比例更高。69%的普通班学生认为实习实训岗位与所学专业对口，而试点班的比例高达 92.5%。在任务难度方面（t=2.291，p=0.025），大部分学生都认为工作任务和自身专业技能较匹配，试点班（87.5%）比普通班学生（69%）比例更高。新课程的学习任务是从职业的典型工作任务的工作内容中提炼出来的，并按照职业成长的逻辑规律进行排列，其不仅更贴近实际工作，也更符合学生的学习认知规律。新课程的任务设置更合理，能激发学生的动机和潜力，提高学生学习的有效性。学习任务通过真实的工作情境引出，与企业生产流程和工作情境联系密切，需要学生从整体考虑问题，在制订工作计划和完成工作任务时全面权衡功能性、经济性、社会接受度和环保性等相互竞争的标准，使学生不仅仅获得岗位能力，而是具备综职业能力，即在真实工作情境中整体化地解决综合性的专业问题的能力，包括职业知识和技能、分析和解决问题的能力、信息接收和处理能力、经营管理、社会交往和不断学习的能力等。新课程不仅有利于培养学生当前就业的能力，也有利于培养学生终身发展所需的能力。此外，与企业生产流程和工作情境联系密切的学习任务可以帮助学生在完成工作任务的同时感悟职业角色内涵、体验职业岗位的情感，从而建立一定的职业认同感。

表 2.4.2　试点班与普通班在实训课组织的岗位设置和任务布置方面情况

岗位设置和任务布置		非常少	少	偶尔	经常	非常多
实习实训岗位与我所学的专业对口	试点班	0%	2.5%	5%	57.5%	35%
	普通班	4.4%	6.7%	20%	37.8%	31.1%
我的专业技能与接受的工作任务相适应	试点班	0%	2.5%	10%	52.5%	35%
	普通班	0%	8.9%	22.2%	48.9%	20%

3）实训课组织的自由度与学生参与度

在实训课组织的自由度与学生参与度方面，两班存在显著性差异，试点班的自由度较大，见表 2.4.3。在对其他同学的岗位和任务的了解方面（即工作过程的关联性），普通班和试点班也有较大差异（t=2.605，p=0.011）。试点班学生比普通班学生更了解其他同学的岗位和工作任务：69%的普通班学生认为自己了解，而试点班的这一比例高达 90%。在"是否有机会做不同的工作、并且用到多种知识和技能"方面，两班也有较大差异（t=3.548，p=0.001），试点班学生（97.5%）比普通班学生（78%）觉得自己更有机会。在实训期间是否有机会和不同人员交流方面，普通班和试点班具有显著差异（$t=2.374$，$p=0.02$）。超过一半的学生都认为自己有机会和不同人员交流，但试点班学生（70%）比普通班学生（51%）觉得自己机会更多。这些与工作过程相关的因素均表明，新课程与工作过程结合得更紧密，可以提高学生的参与度，较好地调动学生的学习积极性。新课程模式鼓励学生进行自我行动和独立思维，使其有充分的机会利用多种知识和技能进行尝试错误，在反思和总结经验中获得工作过程知识，并在问题的引导下和思考中激发自身潜能、提升创造性能力；此外，宽松的学习环境有利于学生间的沟通、交流，培养学生的社会能力。然而，值得注意的是，以学生为中心的新课程教学方法在促进大多数学生能力发展的同时，对极少数独立学习能力较弱的学生效果欠佳，新课堂教学模式需要配套的学生管理机制跟进。

表 2.4.3　试点班与普通班在实训课组织的自由度与学生参与度方面情况

自由度与学生参与度		完全不符合	比较不符合	比较符合	完全符合
我可以了解到其他同学的岗位和工作任务	试点班	0%	10%	60%	30%
	普通班	8.9%	22.2%	51.1%	17.8%
实习实训期间，我有机会做不同工作，且用到多种知识技能	试点班	0%	2.5%	67.5%	30%
	普通班	2.2%	20%	68.9%	8.9%
实习实训期间，我有机会与很多不同的人打交道	试点班	5%	25%	45%	25%
	普通班	17.8%	31.1%	40%	11.1%

4. 教师指导力度

新课程加大了教师指导的力度，这是职业能力提高的重要原因。关于学校教师的指导，两班学生存在显著差异，见表 2.4.4。例如，相比于普通班（55.5%），试点班学生（67.5%）更经常得到实训指导人员的反馈和支持（$t=2.001$，$p=0.049<0.05$），18%的普通班学生认为自己很少得到实训指导人员的反馈和支持，而试点班的这一比例仅为5%。在"实训指导人员示范如何处理具体问题"方面（$t=2.086$，$p=0.040<0.05$），相比于普通班，试点班学生较经常得到实训指导人员的示范。其中，71%的普通班学生认为自己经常得到实训指导人员的示范，试点班的这一比例为85%；29%的普通班学生认为自己不经常得到实训指导人员的示范，而试点班的这一比例仅为15%。新课程采用"学生主体、教师主导"的教学方式，教师的任务是为学生独立学习起咨询和辅导作用，对学习过程进行控制和质量保证，使得学生在充分发挥主观能动性的

同时，也更能得到教师针对性的指导和及时的反馈，并以此为依据及时调整自己的行动方式，朝着目标努力。这有利于学生顺利完成学习任务，并获得相关的知识技能与经验。

表 2.4.4　试点班与普通班在学校教师的指导方面情况

学校教师指导情况		非常少	少	偶尔	经常	非常多
我在完成实训任务过程中，可以得到实训指导人员的反馈和支持	试点班	0%	5%	27.5%	45%	22.5%
	普通班	4.4%	13.3%	26.7%	44.4%	11.1%
实训指导人员示范如何处理具体问题	试点班	0%	5%	10%	55%	30%
	普通班	0%	6.7%	22.2%	60%	11.1%

综上所述，新课程与传统学科课程相比，由于采用具体的工作任务为载体和"做中学"的教学模式，实践实习课的比重增大，相应要求教师的指导力度也加大了。学生对工作构成参与度的提高，对综合职业能力的提高起到了积极的作用。同时需要注意的是，新课程模式的高自由度与灵活教学，在促进大部分学生职业能力成长的同时，也可能影响一些自控力较差而没有深入参与到学习过程中的学生的学习。此外，测评结果也显示达到设计能力的学生比例仍有待提高，新课程教学改革还有一段路要走。

（二）基于交通类、综合性与技师学院三类院校的比较分析

2012 年，在四川、广东和交通运输部等所属数十所职业学校电气技术和汽车维修专业进行了职业能力测评。参加测评的有 724 名学生和 76 名教师，包括交通运输部系 6 所和四川省 3 所高等职业学院，以及广州市的 7 所技师学院。高职学院的测试者均为二年级学生，技师学院由于学制复杂，测试学生有中技班、高技班和预备技师班等不同类型的班级，但是其专业学习时间具有可比性。

测评结果显示，9.9%被测学生处于名义能力水平，44.6%达到功能性能力水平，38.8%达到过程性能力水平，有 6.6%达到了设计能力水平。

测评结果表明，不同职业院校学生职业能力存在显著差异。如交通系统院校有一半学生处于功能性能力，32%达到过程性能力，1.2%达到了设计能力水平，但有 15.8%处于名义能力水平。在广州市技师学院学生中，53.3%的学生达到了过程性能力水平，13.5%的学生达到了设计能力水平。总的来看，广州技师学院的平均分（33）高于总体平均分（29），高分段比例也优于其他两类学校；综合类高职院校的平均分为 28 分，与总体平均分基本持平。

三类院校参加能力测评学生在K1（直观性和展示性）和K2（功能性）方面表现较好，这反映了我国当前职业教育重视岗位技能培训的结果；K5（企业生产流程和工作过程导向）、K3（使用价值导向）和K4（经济性）次之；而在K8（创造性）、K6（社会接受性）和K7（环保性）方面较弱，这与我国传统教育忽视创造能力、生态环境能力的培养有关，也对全面素质教育提出了挑战。此外，综合类院校和技师学院学生能力的一致性较高（V分别为0.327和0.303），而行业类院校的一致性相对较差（$V=0.397$）。这可能是某些院校较弱的设备设施和教师质量造成的。

本次测评有76位教师参加，结果表明，有1/3的被测教师达到了设计能力水平，超过40%的老师达到了过程性能力水平，有23%的老师处于功能性能力水平阶段。

教师在K1（直观性和展示）、K2（功能性）、K3（使用价值导向）和K5（企业生产流程和工作过程导向）方面得分较高，而在K6（社会接受度）和K7（环保性）上的得分较弱，与学生的能力轮廓基本类似，反映了教师的能力结构对学生的能力形成有直接的影响。

测评还显示，技师学院学生对"职业教育的整体满意度、在校表现和学习成绩满意度"及"比入学时更感兴趣"的认同，都高于其他院校学生。高达79.5%的学生愿意今后在所学的专业领域工作。这反映了广州技师学院近年在课程和教学改革方面取得的成果，这些学校在人力资源和社会保障部的一体化课程和教学试点工作中承担着重要的任务，并受到国家领导人的肯定。学生职业能力较强，与这些学校相对较好的企业实习环境有关。

相反，职业能力发展水平较弱的学校多处于经济不发达地区。这些学校的设备和师资条件与发达地区相比有较大差距，课程和教学改革的力度也较弱，这从交通类学校学生能力发展离散度较大的状况可以得到证实。因为在这一组学校里，既有公认的"好"学校，也有处于经济欠发达省份且各方面相对落后的学校。

从三类院校学生能力轮廓图可以看出，尽管被测学生在能力级别上有明显差异，但是这些差异在"功能性能力"上表现得并不显著。也就是说，课程改革的成果主要表现在过程性能力和设计能力的提高方面，这与当前职业教育进行的强调"综合职业能力"培养的改革追求也是一致的。

测评还发现了一些特别值得注意的问题。例如在职业认同感方面，超过2/3的学生表示愿意从事本专业工作，但有近一半的学生表示：如果有其他机会，想学习另一个专业。这说明学生总体上对本职业的认同感不高。这一方面说明汽车维修技工的社会地位和吸引力不高，另一方面也反映了当前青年普遍存在的浮躁心态。

测评还发现一些过去没有意识到，但可能由于文化传统引发的问题。如"不同类型院校学生父母对其子女专业学习的帮助"有较大差异，广州市学生父母对子女学习的帮助明显高于其他地区。

第三部分　研究反思

一、对测评结果的反思

（一）2011、2012、2013年参加测评学生基本情况的比较分析

1. 年龄结构（图3.1.1）

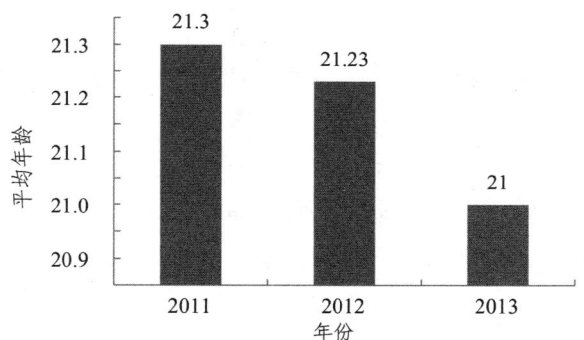

图3.1.1　测评学生的年龄结构

就测评学生的年龄结构而言，三年的测评年龄基本一致，平均年龄在21岁左右。

2. 原毕业学校结构（图3.1.2）

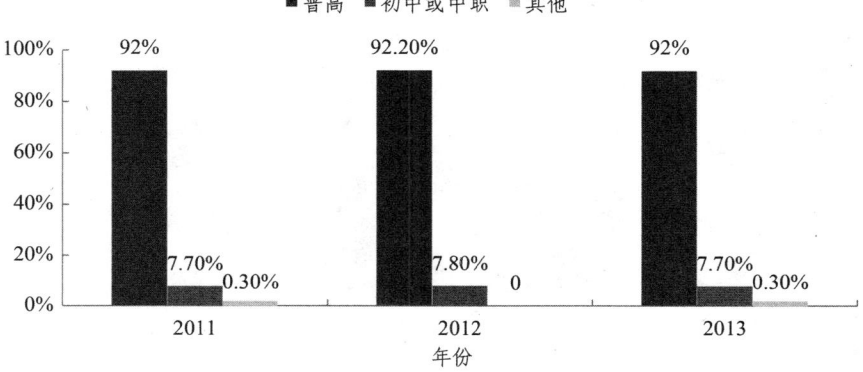

图3.1.2　测评学生的原毕业学校结构

从三年参加测试学生的生源情况来看，基本没有变化，普通高中学生占了绝大部分。

3. 先前在校学习情况（图3.1.3）

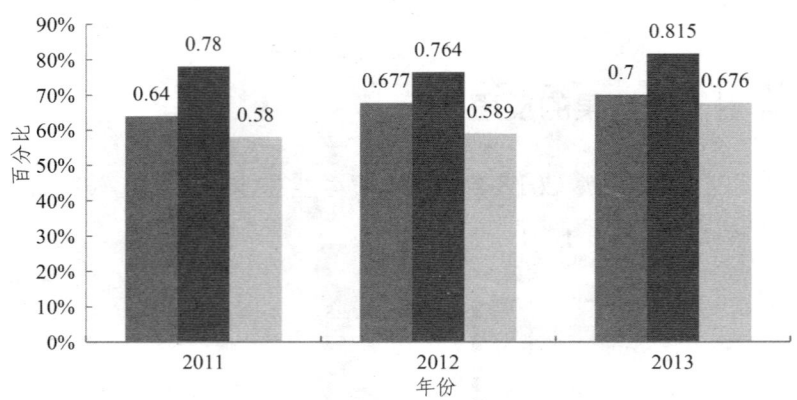

图 3.1.3　测评学生先前在校学习情况

调查显示，不同类型学校学生的学习自信心不一样。总的来看，各院校学生自信心较高，认为自己能掌握学校学习的学生达到65%左右，75%左右的学生认为自己能掌握课堂测验和考试，超过60%的学生认为自己能理解学校里最难教的学习内容，各院校整体情况基本一致。

4. 家长的支持情况（图3.1.4）

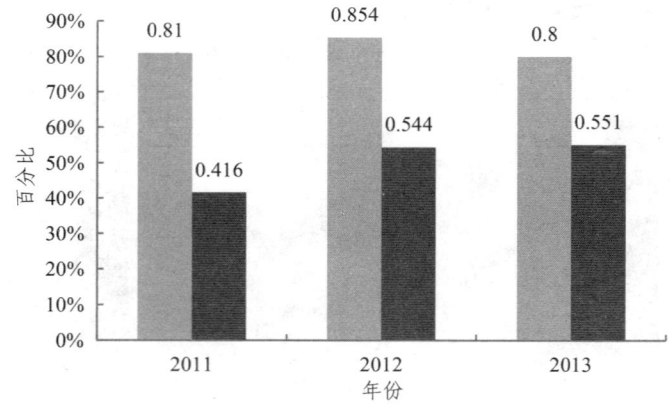

图 3.1.4　测评学生家长的支持情况

总体来看，参评学生家长学历以高中及以下为主，且父亲学历为高中的比例高于母亲。参评学生中近90%认为家长对其接受职业教育感兴趣，长期望其子女获得更高水平的技能资格证书。超过一半的参评学生认为家长对其专业学习有帮助。

5. 对本专业的认同感（图3.1.5）

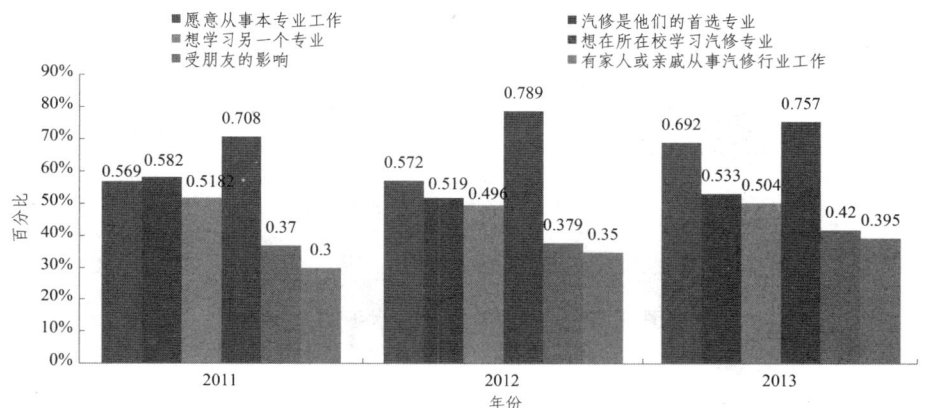

图3.1.5 测评学生对本专业的认同感

在如何看待本专业，即对本专业的认同感方面，接近60%的学生表示愿意从事本专业工作。总体来看，在一开始选择专业时大部分学生的首选专业还是汽修。与此同时，接近一半的学生认为，如果有其他机会，他们想学习另一个专业。这个数据同时也反映了学生总体上的专业和职业的认同感不高，这在将来会造成很大的质量和责任心问题，这一现象值得引起院校的重视和反思。各院校学生对于所在学校和专业的认同度基本相同，超过75%的行业类高职院校学生表示想在所在校学习汽修专业，这说明专业教育教学的成功度。在选择专业方面，学生受朋友、家人或亲戚影响相对较小，有家人或亲戚从事汽修行业工作的学生也较少。

（二）2011、2012、2013年参加测评学生职业能力的比较分析

1. 参加测评学生能力水平的总体分布比较（图3.1.6）

由于只具备名义性能力的学生是风险群体，在能力测试过程中主要考察学生的功能性能力、过程性能力和设计能力。根据2011—2013年这三年总体学生的测试结果，大部分学生都具备功能性以及过程性能力，在2013年的测试中，学生也表现出了更多的设计能力，可视为职业教育质量有所提高的表现之一。

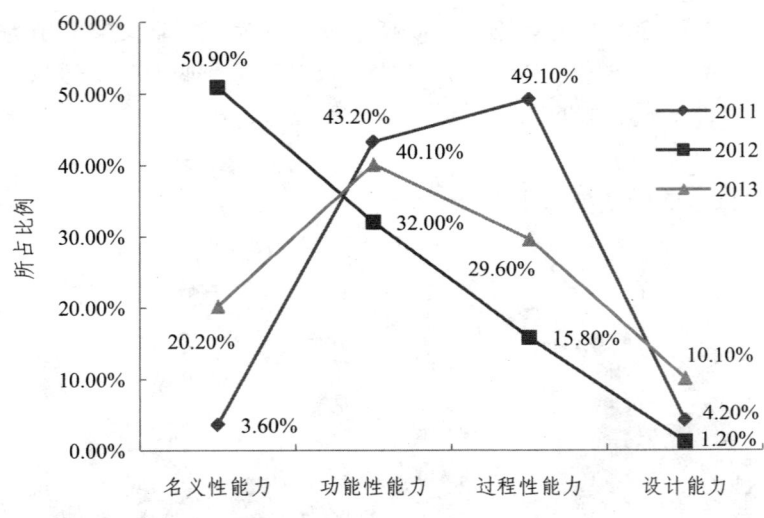

图 3.1.6 测评学生能力水平的分布

1）A 校学生三年能力水平的比较（图 3.1.7）

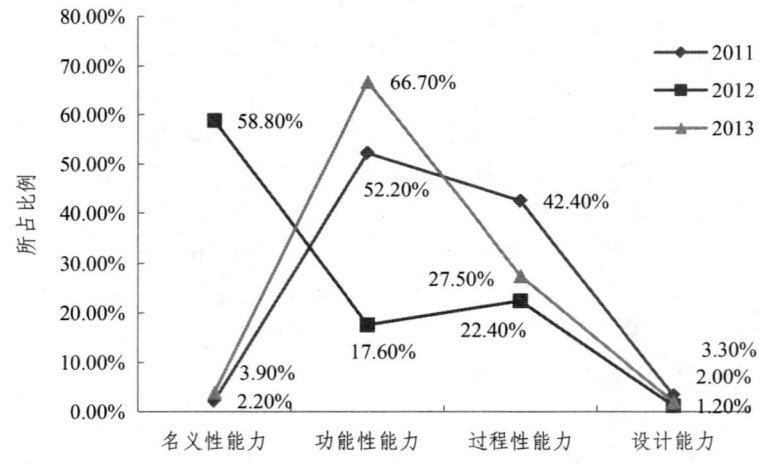

图 3.1.7 A 校学生三年能力水平的比较

根据学生三年能力水平比较，学生能力水平逐渐向功能性能力的过程性能力集中，具备设计性能力的学生仍占少数。根据数据显示，在 2012 年测评中将近 60% 的学生属于风险群体，具体原因值得深究。

2）B校学生三年能力水平的比较（图3.1.8）

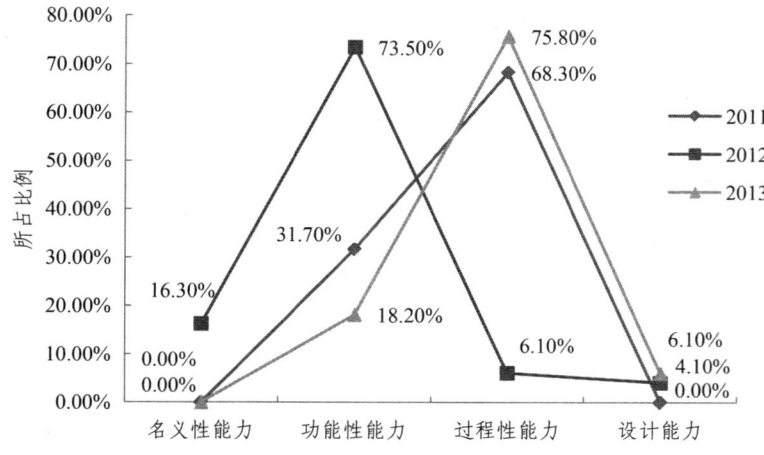

图3.1.8 B校学生三年能力水平的比较

根据学生三年能力水平比较，2011年与2013年学生能力水平走势基本一致，受测学生主要集中表现为过程性能力与功能性能力，具备设计性能力的学生仍占少数。

3）C校学生三年能力水平的比较（图3.1.9）

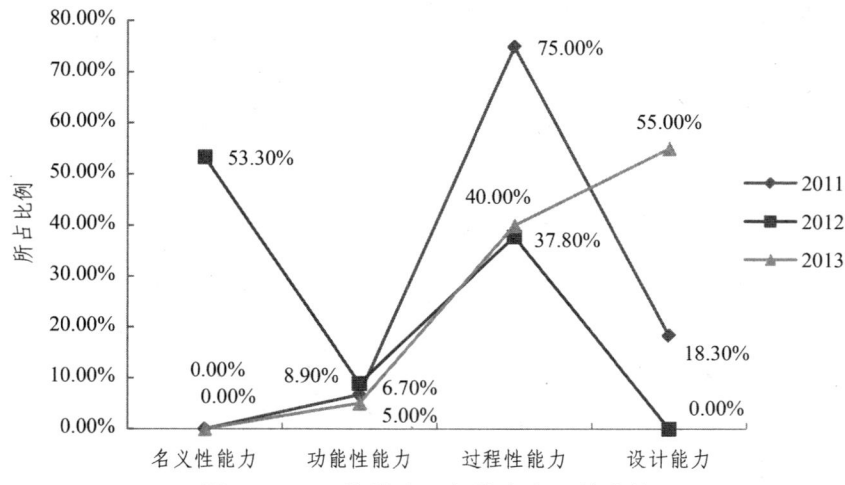

图3.1.9 C校学生三年能力水平的比较

根据学生三年能力水平比较，2011年与2012年学生能力水平走势基本一致，受测学生主要集中表现为过程性能力与功能性能力，具备设计性能力的学生仍占少数。根据数据显示，在2012年测评中将近60%的学生属于风险群体，2013年超过一半的学生表现为设计能力，具体原因值得深究。

4）D校学生三年能力水平的比较（图3.1.10）

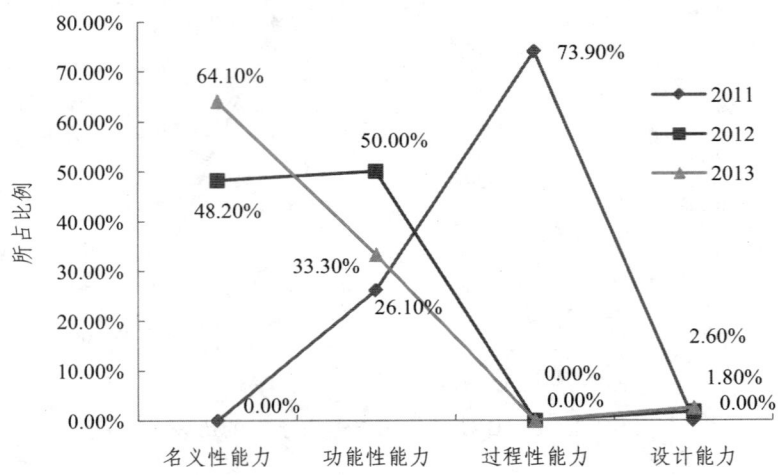

图3.1.10　D校学生三年能力水平的比较

根据学生三年能力水平比较，2011年学生主要处于过程性能力水平，2012年与2013年学生能力水平走势基本一致，受测学生主要集中表现为功能性能力，具备设计性能力和过程性能力的学生仍占少数。

5）E校学生三年能力水平的比较（图3.1.11）

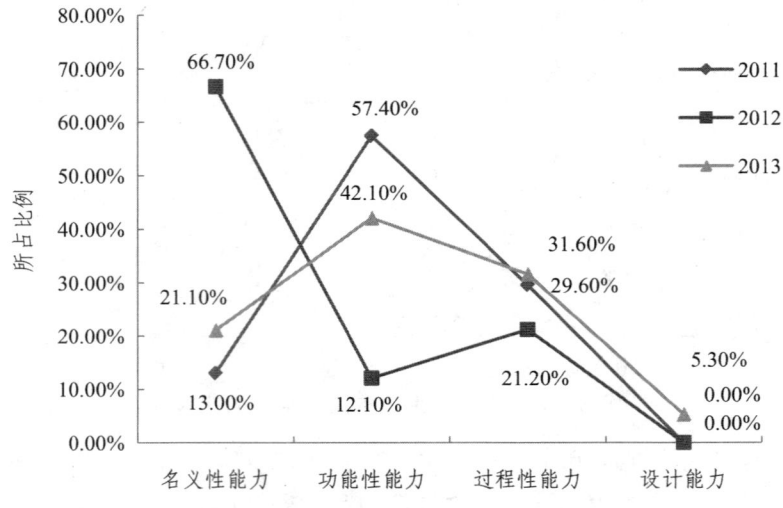

图3.1.11　E校学生三年能力水平的比较

根据学生三年能力水平比较，2011 年与 2013 年学生能力水平走势基本一致，受测学生主要集中表现为过程性能力与功能性能力，具备设计性能力的学生仍占少数。根据数据显示，在 2012 年测评中超过 60% 的学生属于风险群体，具体原因值得深究。

6）F 校学生三年能力水平的比较（图 3.1.12）

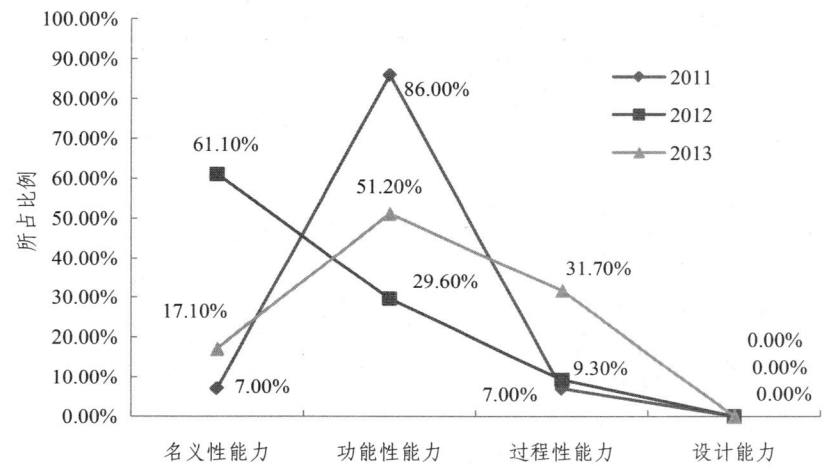

图 3.1.12　F 校学生三年能力水平的比较

根据学生三年能力水平比较，2011 年与 2013 年学生能力水平走势基本一致，受测学生主要集中表现为过程性能力与功能性能力，具备设计性能力的学生仍占少数。根据数据显示，在 2012 年测评中超过 60% 的学生属于风险群体，具体原因值得深究。

综上，根据各学校三年数据对比，2012 年测评结果中，有多所学校出现超过 50% 学生属于风险群体。导致出现这一特殊情况的原因可能有三方面：试题难度较大、学生样本较差、评分过程太严。若要探求这一测量异常值产生的原因，还需要进一步探究。

2. 被测学生职业能力的轮廓

1）参加测评学生能力轮廓的总体分布比较（图 3.1.13）
2）6 所院校学生能力轮廓总体分布比较
（1）A 校学生三年能力水平的比较（图 3.1.14）。

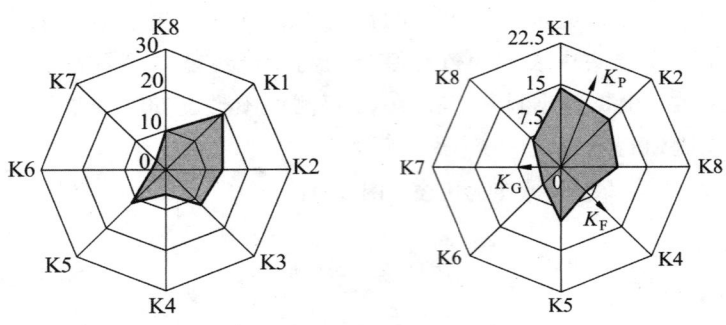

图 3.1.13 参加测评学生能力轮廓的总体分布比较

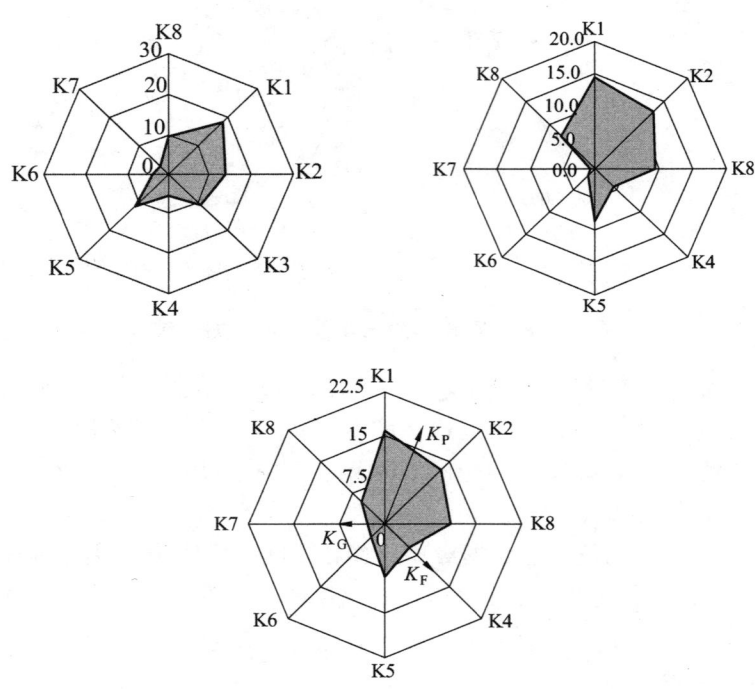

图 3.1.14 A 校学生三年能力水平的比较

由图 3.1.14 可以看出，三年学生职业能力轮廓图非常相似，表现为 K1 和 K5 的能力水平较强，K2、K3 和 K8 次之，K4、K6、K7 较弱。

（2）B 校学生三年能力水平的比较（图 3.1.15）。

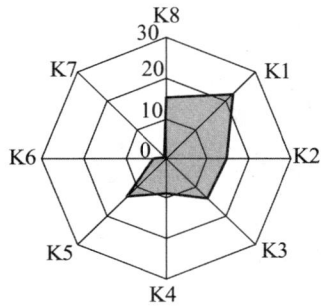
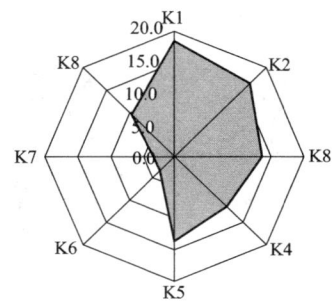

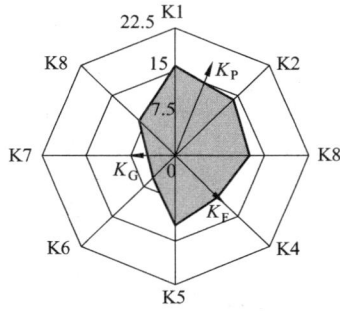

图 3.1.15　B 校学生三年能力水平的比较

由图 3.1.15 可以看出，三年学生职业能力轮廓图非常相似，表现为 K1、K2 和 K5 的能力水平较强，K3 和 K8 次之，K4、K6、K7 较弱。

（3）C 校学生三年能力水平的比较（图 3.1.16）。

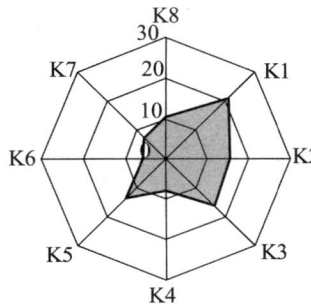
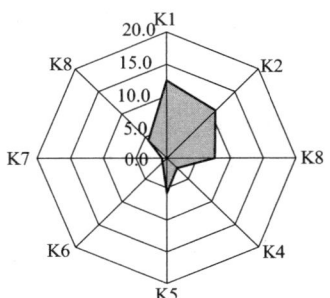

第三部分　研究反思　225

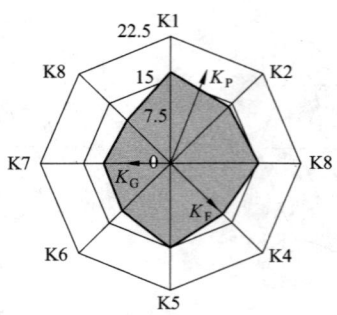

图 3.1.16 C 校学生三年能力水平的比较

由图 3.1.16 可以看出，三年学生职业能力轮廓图非常相似，表现为 K1、K2 和 K5 的能力水平较强，K3 和 K8 次之，K4、K6、K7 较弱。

（4）D 校学生三年能力水平的比较（图 3.1.17）。

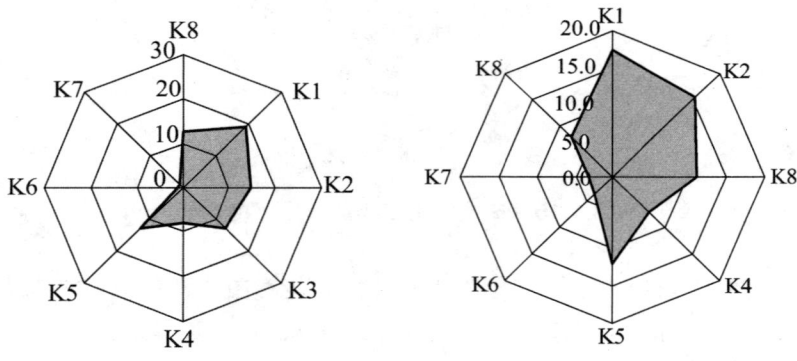

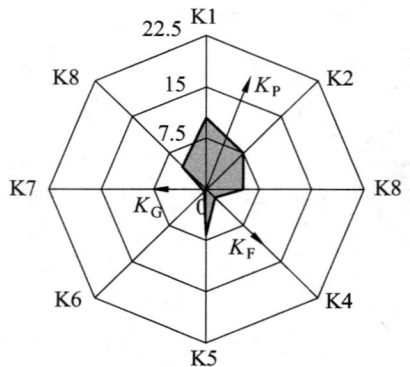

图 3.1.17 D 校学生三年能力水平的比较

由图 3.1.17 可以看出，三年学生职业能力轮廓图非常相似，表现为 K1、K2 和 K5 的能力水平较强，K3 和 K8 次之，K4、K6、K7 较弱。

（5）E 校学生三年能力水平的比较（图 3.1.18）。

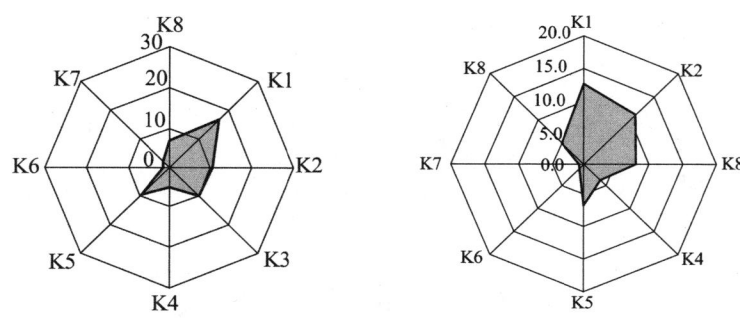

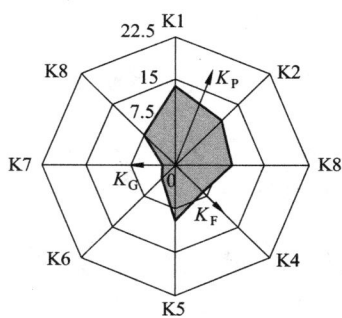

图 3.1.18　E 校学生三年能力水平的比较

由图 3.1.18 可以看出，三年学生职业能力轮廓图非常相似，表现为 K1、K2 和 K5 的能力水平较强，K3 和 K8 次之，K4、K6、K7 较弱。

（6）F 校学生三年能力水平的比较（图 3.1.19）。

由图 3.1.19 可以看出，三年学生职业能力轮廓图非常相似，表现为 K1、K2 和 K5 的能力水平较强，K3 和 K8 次之，K4、K6、K7 较弱。

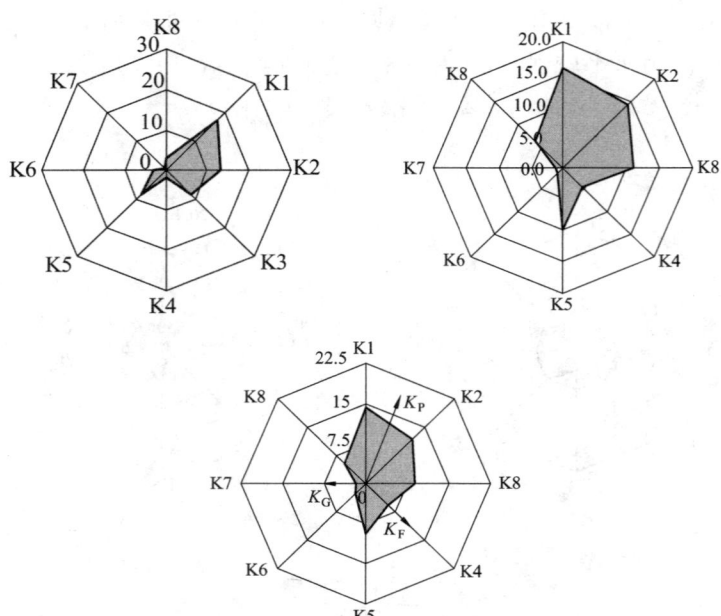

图 3.1.19 F 校学生三年能力水平的比较

二、对测评本身的反思

对于当前高职教育质量评价改革而言，迫切需要破解两个难题：一是如何有效评价不同专业的教育质量，体现专业特性；二是如何有效评价学生的综合职业能力，由输入评价转变为输出评价，实现"评为所需"。这两个难题的突破归结为一点，即通过对传统评价方式的革新，实现对不同专业学生综合职业能力评价来反映专业教育质量。通过对 KOMET 职业能力测评的实证研究可以发现，对于高职教育而言，对专业的评价重点与难点在于如何突显专业的特性；也只有突显了专业特性的评价，才具有真正的评价价值。KOMET 职业能力测评在高职汽车检测与维修专业质量评价中的成功实践，给予我们以下理念启示：

（1）开放性理念。

开放性理念是基于以人为本的教育理念而言的，无论是何种教育评价，其评价的目的不在于为了评价而评价，从根本上来讲是为了学生的最大限度的发展而评价。因此，传统的客观性试题以及机械化的考核方式，在一定程度上都限制了学生的创造性，因此，对于高职专业教育质量评价而言，首要的就是要找到一种具有开放性的考核方式，让学生具有充分广阔的创造空间，实现对学生综合职业能力的评价，并最大限度地挖掘学生的创造力。

（2）可持续理念。

学生的可持续发展是终身教育理念的重要体现。当前的各种质量评价方式，无论是外部评价（如专业评估）还是内部评价（如专业课程考核）在一定程度上都将评价的重心放在学生当前的状态，而忽视了对学生长远发展、可持续发展潜力的测试和评价，因而评价结果对教育教学改革的指导意义没有最大限度的挖掘。基于此，应建立一种注重测试学生未来在本专业或本职业发展潜力的评价方式，让学生、教师、家长、企业、学校对学生在该专业或职业的发展潜力有清晰的了解，以尽早采取相应措施，服务于学生的职业生涯发展。

（3）高效化理念。

尽管以技能大赛和实操考试为标志的高职专业教育质量评价方式能在很大程度上体现高职教育的特性和专业特性，然而，这种高投入的考核方式不仅对硬件有极高的要求，更是对软件（如评价者的水平以及相关单位的组织能力）有很高的要求，因而大规模的实施这种实操性的评价方式，对于当前高职院校的现状而言是不现实的。基于此，需要探寻一种既能兼顾高职教育的专业特性，又能评价学生综合职业能力，同时也能以较低的成本和较便捷的方式来实施的评价方式，以体现高效化理念。

（4）个性化理念。

中国传统的"大一统"观念在教育评价中仍然存在，在当下，这不仅体现为对于高等职业教育与普通本科教育在教育评价上的差异性体现不足，更体现在难以对高职教育的专业体现出不同的专业特性，因而大多数评价都停留在表面上，难以对专业建设存在的问题作深入的诊断和剖析。基于高职教育专业之间的显著差异，对于专业教育质量的评价，显然不能简单地用同一标准来评判，应当体现出个性化的评价方案。

综上，对于职业教育学生能力评价，KOMET 职业能力测评不仅仅为我们提供了一套比较完善的基于汽车检测与维修专业的质量评价方案，也为我们研究与实践其他专业的专业教育质量评价提供了思路，更为我们更新评价理念提供了重要的启示。因此，无论采取怎样的评价，关键在于是否突显了开放性理念、可持续理念、高效化理念和个性化理念，沿着这些理念，才能真正体现评价的价值，发挥评价的诊断、引导、区分、激励等功能，避免评价的形式化倾向。

（一）对测试题目的反思

测试题目不仅涵盖了职业和企业工作实践中的某个现实问题，同时包含了该职业的典型工作任务以及与之相关的职业教育培养目标。题型是开放式的，没有所谓的"正确"或"错误"答案，而是根据特定要求，给出不同的解决方案。

因此，试题本身的质量是保证测试质量的关键。试题开发过程中要充分保证学生在答题时能够获取尽可能接近真实工作内容，并且足够复杂的信息，以保证学生设计方案的完整性。在试题开发完成之后，进行前期预测是十分必要的。通过小范围预测，检验试题对40项评分点、8个评分指标的体现程度；试题的信度和效度等指标，能够有效提高试题质量。

（二）对评分的反思

与学习成果检查不同的是，测试题目与教学计划或课程标准无关。答题时，学生不必一定要实际做出来，只要采用该职业所特有的方式方法进行，并用相应的描述形式记录下来即可。因为测试题所测试的重点是方案层面上的职业能力发展情况，而不是具体技能层面上的。评分时，要求学生以符合职业要求的专业态度和方式（根据自身能力发展水平）解答试题，记录解题过程和结果，并说明理由，同时又不能排除简短的解决方案。

因此，评分者信度是保证测试质量的重要指标。但由于在评分者培训过程中，长时间高强度的分析和评价，评分者达到评分者信度，中国人有一种趋同和中庸的习惯，导致评分阶段在科学性和客观性上将会存在一定偏差。

（三）对测评结果的反思

对测评结果的展示，不太容易让一般人理解，特别是对职业能力水平和轮廓的表述，通俗性不够；在对结果的深度分析上，目前停留在简单的百分比分析上，还没有充分利用背景问卷对测试结果进行相关分析，智力测试题目的结果，也没有充分利用起来，是后续研究的着重点。

第四部分 工作实录

课题组历经 2011—2013 年近三年时间完成高职汽车运用技术专业（汽车检测与维修专业）职业能力测试题目的开发，主要分为分析德国机油损耗题目及解题空间、课题组尝试开发题目、开发题目的学生测试、修改完善以及成功开发题目等几个阶段。

一、内化理念，首次测试

从 2011 年开始，课题组全面深入学习 KOMET 职业能力测评的理念与方法，并尝试对德国开发的测试题目进行本土化，以全面适应国内实情，推动测试的顺利实施。2011 年 6 月，顺利组织了全国 11 所高职院校机油耗损题目的第一次大规模测试，如图 4.1.1、图 4.1.2 所示。

图 4.1.1 课题组学习职业能力测评的基本理念和方法

图 4.1.2 课题组教师对 2009 级学生实施职业能力第一次测试

二、论证分析、尝试开发

在 2011 年只有一道机油损耗题目可以测试的基础上，2012 年课题组拿到了以下 4 道测试题目（见表 4.2.1），组织课题组教师完善题目、解题空间以及答案。

表 4.2.1 2012 年 4 道测试题目任务一览表

题目编号	题目名称	题目完善	解题空间	参考答案
A 卷	车窗升降机检修	陈清	邱尚磊	邱尚磊
B 卷	二手车性能恢复	谢振	谢振	谢振
C 卷	故障警告灯点亮故障	吴建康	吴建康	吴建康
D 卷	加油故障	唐劲松	李臻	李臻

在此基础上，课题组聘请企业专家经过充分论证（见图 4.2.1），在 4 道题目的基础上，尝试开发了以下两道题目（见表 4.2.2），并请汽车工程系宝马服务顾问教师刘睿老师参加题目讨论，为后续开发服务类题目奠定基础。

表 4.2.2 2012 年第一批尝试开发的 2 道题目任务一览表

题目	出题教师	结题空间	参考答案
汽车空调冷气效果不好检修	陈清	陈清	陈清
发动机缺缸检修	周旭	周旭	周旭

图 4.2.1　课题组聘请企业专家论证开发题目

三、积累经验，全面开发

在 2012 年 4 道测试题目的基础上，以及课题小组 2012 年尝试开发 2 道题目的基础上，2013 年，在赵志群老师的指导下，秦兴顺老师带领汽车工程系课题小组的专业教师全面进行测试题目的开发，通过专题会议研讨的方式，组织课题组教师及企业专业专家经过多次研讨。

（一）职业能力测评题目开发第一次研讨

时间：2013 年 4 月 6 日

地点：汽车系一汽大众培训室

参加人员：秦兴顺　袁杰　陈清　吴健康　唐劲松　李臻　刘睿

会议议题：讨论测评题目前期开发情况汇总及下阶段任务布置

1. 意见汇总

各出题教师先完成情境描述，并认真完成解题空间和参考答案，然后根据答案中 8 个评分指标和 40 个评分点涵盖修订情境描述，依次循环不断修改测评题目。

任务落实：

吴健康——完善原有自动变速器锁档的题目，新出一个方向盘抖动的题目；

唐劲松——新出一个离合器故障题目，完善原有事故车方面的维修接待题目；

陈清——完善原有空调制冷不足的题目；

李臻——完善原有发动机水温报警灯亮的题目，新出一个与总线有关的雨刮故障的题目；

刘睿——完善原有发动机抖动方面故障的维修接待的题目；

周旭——完善原有发动机缺缸故障的题目，新出一个制动跑偏故障的题目。

2. 近期工作安排

各出题教师4月12日前完成测评题目相关内容（情境描述、解题空间、参考答案）并汇总到陈清处，陈清再将相关内容发至校内外专家处提前熟悉内容。

4月13日组织召开一次校内外专家研讨会。校内专家邀请电气方面专家罗斌老师，维修方面专家卜军伟老师；校外专家要求服务顾问方面宝马店史小光（刘睿老师负责邀请及联系）以及一个丰田维修专家（周旭负责邀请及联系）和一个雪铁龙店维修专家（吴健康负责邀请及联系）。

（二）职业能力测评题目开发第二次研讨

时间：2013年4月14日
地点：汽车系东风雪铁龙培训室
参加人员：
校内：秦兴顺　袁杰　陈清　吴健康　唐劲松　李臻　刘睿　周旭
校外专家：成都集大成汽车销售服务有限公司技术总监　黄庆华
　　　　　成都启阳华通丰田汽车销售服务有限公司服务经理　黄云
　　　　　成都宝悦宝马汽车销售服务有限公司前台经理　史小光
会议议题：研讨前期开发测评题目情况及下阶段任务布置

1. 意见汇总

① 题目情境描述内容偏多，应侧重故障现象描述，故障现象描述应符合生产实际，描述方式应从顾客的角度来写。

② 背景描述还应包含车辆基本信息（车型、生产日期、车牌等）、故障代码。

③ 如需说明故障原因应放在后面描述为维修技师检查结论。

④ 建议在做答案时，每一部分涵盖的指标标注出来，后面针对每一个指标逐项解读。

⑤ 直观性/展示指标大家一致解读为：是否准确完整简洁的描述了客户需要了解的信息（维修方案、维修项目、维修费用、等候时间等）；是否层次分明、条理清晰、字迹工整；是否列举了与顾客需要沟通的问题。

⑥ 功能性指标大家一致解读为：是否分析了故障原因；是否使用先进检测仪器。"功能拓展"是否理解为"顾客建议"。

2. 近期工作安排

① 各出题教师对情境描述应再仔细斟酌修订。
② 请卜军伟老师出一个发动机方面的题目。
③ 4月19日前各出题老师将修订后的题目情境描述发到陈清老师出汇总,请专家们再提修改意见。
④ 4月30日前完成解题空间和参考答案的修订工作。

四、完成开发,实施预测

（一）题目组合与预测

针对2013年课题组教师先后开发的11道题目,按照发动机、底盘、电气及维修接待等四个方面,完成三套题目组合方式,见表4.4.1。

表4.4.1 2013年职业能力测评本土化11道开发题目预测评测试组合

序 号	题目1	题目2	题目3	题目4
汽运11试点1班（44人）	01发动机不能启动	11自动变速器故障	06方向盘抖动故障	09发动机抖动故障接待
汽运11试点2班（51人）	02发动机断缸缺火	04离合器故障	07空调制冷故障	10事故车维修接待
汽运11级1班（46人）	03发动机水温过高	05刹车偏软故障	08	10

最终选定在汽运11级试点2班（51人）,汽运11级1班（46）共计97名学生中对02-发动机断缸缺火、03-发动机水温过高、04-离合器故障、05-刹车偏软故障、07-空调制冷故障、08-雨刮故障、10-事故车维修接待等7道题目实施学生测试,测试现场如图4.4.1所示。

图4.4.1 2013年职业能力测评本土化11道开发题目预测评

（二）阅卷遴选与优化

在对 7 道题目实施预测评阅卷的基础上，课题组对题目实施进一步遴选，以及对评分标准实施进一步优化，在阅卷基础上，组织教师进一步完善题目、解题空间及参考答案，并对评分标准实施适合汽车维修行业特点方面的进一步细化，如图 4.4.2 所示。

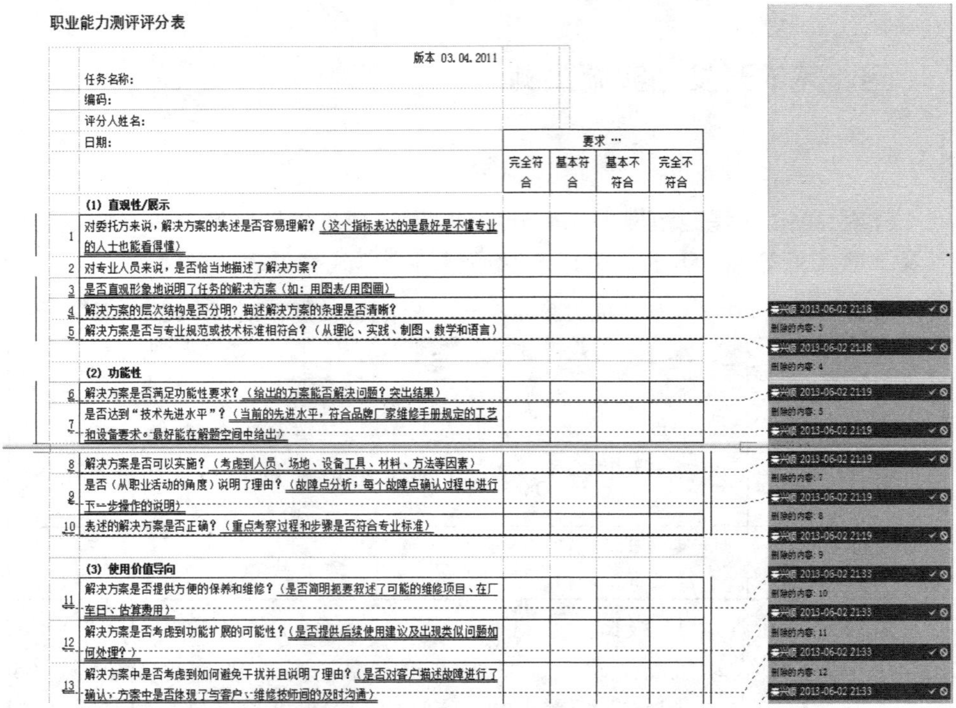

职业能力测评评分表

	版本 03.04.2011				
	任务名称：				
	编码：				
	评分人姓名：				
	日期：	要求…			
		完全符合	基本符合	基本不符合	完全不符合
	(1) 直观性/展示				
1	对委托方来说，解决方案的表述是否容易理解？（这个指标表达的是最好是不懂专业的人士也能看得懂）				
2	对专业人员来说，是否恰当地描述了解决方案？				
3	是否直观形象地说明了任务的解决方案（如：用图表/用图画）				
4	解决方案的层次结构是否分明？描述解决方案的条理是否清晰？				
5	解决方案是否与专业规范或技术标准相符合？（从理论、实践、制图、数学和语言）				
	(2) 功能性				
6	解决方案是否满足功能性要求？（给出的方案能否解决问题？突出结果）				
7	是否达到“技术先进水平”？（当前的先进水平，符合品牌厂家维修手册规定的工艺和设备要求。最好能在解题空间中给出）				
8	解决方案是否可以实施？（考虑到人员、场地、设备工具、材料、方法等因素）				
9	是否（从职业活动的角度）说明了理由？（故障点分析；每个故障点确认过程中进行下一步操作的说明）				
10	表述的解决方案是否正确？（重点考察过程和步骤是否符合专业标准）				
	(3) 使用价值导向				
11	解决方案是否提供方便的保养和维修？（是否简明扼要叙述了可能的维修项目、在厂车日、估算费用）				
12	解决方案是否考虑到功能扩展的可能性？（是否提供后续使用建议及出现类似问题如何处理？）				
13	解决方案中是否考虑到如何避免干扰并且说明了理由？（是否对客户描述故障进行了确认，方案中是否体现了与客户、维修技师间的及时沟通）				

图 4.4.2　对原有的评分标准实施适合汽车维修行业特点的个性化修改

五、选定题目，正式测试

在预测试及阅卷的基础上，结合全国高职交通院校的实际，最终在 7 道题目中选定 A—发动机水温过高、B—离合器打滑故障、C—空调制冷故障、D—事故车维修接待 4 道题目作为 2013 年职业能力测试的题目，并在湖南、广西、贵州、云南、湖北、四川等 6 所交通高职院校中实施学生职业能力测评，并于 2013 年 9 月 15 日在赵志群老师的指导下在四川交通职业技术学院进行集中阅卷，如图 4.5.1 所示。

图 4.5.1　2013 年 9 月 6 所交通高职院校集中阅卷

至此，通过学习德国机油损耗题目→尝试自主开发题目→开发题目预测评→开发题目阅卷→开发题目优化→确定 4 道自主开发题目并实施顺利测评，这一过程逐步完善了。

参考文献

[1] 袁振国. 中国教育政策评论[M]. 北京：教育科学出版社，2010.

[2] 菲利克斯·劳耐尔，赵志群，吉利. 职业能力与职业能力测评—KOMET理论基础与方案[M]. 北京：清华大学出版社，2010.

[3] 陈斌，等. 高职教学质量评价与测评系统开发[M]. 成都：西南财经大学出版社，2008.

[4] 肖化移. 高等职业教育的质量与标准[M]. 上海：华东师范大学出版社，2006.

[5] 李文玲，张厚粲，舒华. 教育与心理定量研究方法与统计分析[M]. 北京：北京师范大学出版集团，2009.

[6] 吴明隆. 问卷统计分析实务：SPSS 操作与应用[M]。重庆：重庆大学出版社，2010.

[7] 王海燕，张林英，李晓萍. 高等教育质量观与质量评价[J]. 中国质量，2007（3）.

[8] 朱红梅. 国内高职高专教学质量评价研究文献综述[J]. 中国商界，2009（12）.

[9] 薄锡年，张新爱. 高职高专院校教学质量监控体系与评价指标研究[J]. 继续教育研究，2010（10）.

[10] 郝建锋，吕文静. 对我国高职人才培养质量评价问题的探讨[J]. 职教论坛，2010（32）.

[11] 赵志群. 职业教育工学结合一体化课程开发指南[M]. 北京：清华大学出版，2009.

[12] 杨黎明. 关于学生职业能力的发展[J]. 职教论坛，2011（3）：4-15.

[13] 王瑷琳. 高职《导游服务》课程教学改革探索[J]. 产业与科技论坛，2013，12（8），211-212.

[14] 赵志群. 职业教育与培训学习新概念[M]. 北京：科学出版社，2006.

后　记

　　俗话说，"冬练三九，夏练三伏"。此项目的研究与实践已连续经历了四个三九与四个三伏！三九期间是项目研究的关键阶段；三伏期间是项目实践的关键阶段。此书的编撰是对这四年持续研究与实践的阶段性总结，因为在职业教育发展的关键时期，职业能力测评作为一种职业教育评价的理念与方法，还将持续地进行完善，并切实地发挥其诊断、指导与推动作用。

　　此项目的顺利开展，得到了北京师范大学职业与成人教育研究所赵志群教授的悉心指导，在赵老师及庄蓉霞老师的指导与帮助下，我们接触、认同、研究并实践了这一具有国际先进理念的 KOMET 职业能力测评；项目在实施过程中，交通职业教育教学指导委员会对测评的组织与实施给予了大力支持，感谢广西交通职业技术学院、云南交通职业技术学院、贵州交通职业技术学院、湖北交通职业技术学院、湖南交通职业技术学院等兄弟院校对项目的研究与实践提供的大力支持，以确保项目能够获取丰富、宝贵的数据。感谢四川交通职业技术学院王永莲教授对项目从头至尾的持续关注与帮助！感谢项目组成员袁杰、李燕、邓玲、雷菡、钟韬、刘敏在项目研究过程中所付出的努力！感谢四川交通职业技术学院汽车工程系陈清、方文、周旭等老师在项目组织过程中的辛勤劳动！

　　此书的编撰完成意味着一个新的开始，我们将对 KOMET 职业能力测评进行持续的关注、研究与实践，不断总结与完善，以期对构建具有职业教育特色的评价体系作出贡献！

编　者

2015 年 7 月于成都